일반 관리자를 위한

데이터 관리 및 **활용 전략**

■ 이춘열

서울대학교 산업공학과 학사, 경영학 석사, University of Michigan 경영정보학박사(Computer & Information Systems 전공)를 수여받았으며, 한국국방연구원, 한국통신연구개발단를 거쳐 현재 국민대학교 경영정보학부 교수로 재직 중이다. 국민대학교 정보기술연구소장, 정보과학대학원장, 비즈니스IT전문대학원장, 입학처장 등을 역임하였으며, 한국경영정보학회 부회장, 한국BI데이터마이닝학회 부회장 등을 역임하였다. 주 관심분야는 데이터 관리, 데이터웨어하우스, 비즈니스 인텔리전스, 정보 공유, 경영성과관리, 빅 데이터 분석 등이다.

■ 황철현

차세대 시스템, 범정부 수요자 중심 서비스 구축 등의 프로젝트에서 데이터 및 정보시스템 아키텍처 설계를 주로 담당하였으며 현재 투데이게이트와 국민대학교 BIT 대학원의 겸임교수로 재직 중이다. 공공분야에서 산업계 자문위원을 다수 역임하였으며 2014년에는 데이터 프로젝트 가이드북 공동 집필, DAP, DA공모전의 출제 및 평가위원으로 활동하였다. 주 관심분야는 정부 3.0과 관련된 데이터 공유와 개방, 마스터데이터관리, 빅 데이터 분석 등이다.

일반 관리자를 위한
데이터 관리 및 활용 전략

© 이춘열·황철현, 2014

1판 1쇄 인쇄__2014년 08월 19일
1판 1쇄 발행__2014년 08월 29일

지은이__이춘열·황철현
펴낸이__홍정표
펴낸곳__컴원미디어
　　　　등록__제324-2007-00015호
　　　　블로그__http://www.gcbook.co.kr
　　　　이메일__admin@gcbook.co.kr

공급처__(주)글로벌콘텐츠출판그룹
　　　　대표__홍정표
　　　　편집__김현열 노경민 김다솜 **디자인**__김미미 **기획·마케팅**__이용기 **경영지원**__안선영
　　　　주소__서울특별시 강동구 천중로 196 정일빌딩 401호
　　　　전화__02) 488-3280 **팩스**__02) 488-3281
　　　　홈페이지__http://www.gcbook.co.kr

값 20,000원
ISBN 978-89-92475-69-3 93000

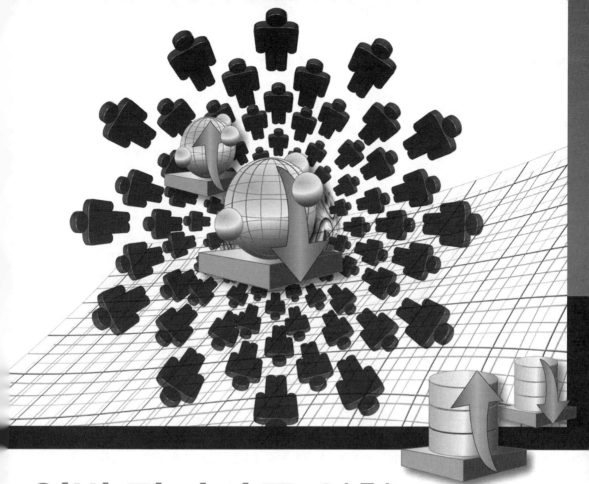

일반 관리자를 위한
데이터 관리 및
활용 전략

이춘열·황철현 공저

컴원미디어

머리말

데이터와 정보가 조직의 경쟁력을 결정하는 주요 자산임은 컴퓨터가 업무에 도입되기 시작한 1960년대부터 계속 설파되어 왔던 내용이다. 서로우(Lester C. Throw) 교수는 이미 1999년에 『지식의 지배 (The Wealth Pyramid)』에서 국가 경쟁력은 국가가 보유한 지식의 양에 의하여 결정된다고 역설하였다.

지식의 가장 기초가 되는 것이 데이터이다. 즉, 데이터가 축적되지 않은 조직이 높은 수준의 지식을 보유할 수 없으며, 새로운 지식을 창출할 수도 없다. 바꾸어 말하면, 무에서 갑자기 유가 만들어질 수 없듯이 지식도 갑자기 하늘에서 떨어질 수 없다. 기초적인 사실이나 현상, 실적, 사건 등이 잘 기록되어 관리되고 분석될 때, 새로운 지식이 생성되고 축적되어 증가하게 된다.

만약 지식이 국가나 조직의 경쟁력을 결정하는 요소이며 주요한 자산의 하나라면, 이를 최대화하기 위하여서는 지식의 원천이 되는 데이터들을 잘 관리하는 것이 필요하다. 그리고 한 걸음 더 나아가 과연 필요하고 중요한 데이터들을 보유하고 있는지, 정말 필요한 데이터들이 관리되지 않고 누락되고 있는 것은 아닌지, 불필요한 데이터들을 열심히 관리하고 있는 것은 아닌지 등에 대한 분석이 필요하다.

이러한 현실적인 중요성에도 불구하고 데이터 관리의 초점은 여전히 발생하는 데이터들을 잘 기록하고 저장하는 것을 중심으로 이루어져 왔다. 이에 따라 데이터 관리와 관련된 여러 자료들도 데이터의 효율적인 저장 관리를 위한 데이터베이스 관리 시스템에 대한 기술적인 내용이나 모델링에 관한 것들이 주를 이루고 있다. 즉, 발생하는 데이터들을 잘 관리하는 데에 초점이 맞추어져 있으며, 관리되고 있는 데이터들이 정말 가치 있는 데이터들인가에 대한 분석은 소홀히 다루어지고 있다.

이 책은 데이터의 전략적 가치에 초점을 맞추어 데이터를 관리함에 있어서 가장 중요한 고려 사항들은 무엇이며, 데이터가 조직의 경쟁력을 향상시키고 부의 축적을 효과적으로 실현하기 위하여서는 어떻게 관리되어야 하는 가를 다루고자 한다. 즉, 주어진 데이터를 잘 관리하는 것이 무엇보다도 중요하지만 더욱 근본적인 과제는 관리해야 할 데이터를 찾아내어서 빠뜨리지 않고 잘 관리하는 것이다. 특히 근자에는 소셜 데이터, 웹 데이터, 상세내역 데이터, 기계 간 데이터, 이미지나 동영상 등과 같이 전통적인 데이터 관리의 범주에 포함되지 않던 데이터들도 빅 데이터란 이름으로 기업 경영활동을 위한 주요 자원으로 그 중요성이 인식되고 있다. 이러한 점에서 정형 데이터들만이 아니라 비정형 데이터를 포함하여 기업 내부 및 외부의 모든 데이터들 중에서 관리할 가치가 있는 것들을 잘 파악하여 이들 데이터를 효과적으로 관리하는 것이 중요한 과제로 대두하고 있다.

데이터 관리와 연관하여 이 책은 전통적인 데이터 관리 과제들에 추가하여 기업이나 조직의 전략적 자산으로서 데이터 자원 관리에 대한 과제를 추가한다. 데이터 자원관리를 효과적으로 수행하기 위하여서는 데이터를 잘 관리하는 것도 중요하지만, 관리할 가치가 있는 데이터 자원들을 획득하거나 생산해서 관리하는 것이 필요하다. 전자는 데이터 모델링, 데이터 성능, 데이터 품질 등과 같은 전통적인 데이터 관리 주제들을 포함한다. 이에 반하여 후자는 데이터 자산 목록, 데이터 통합, 마스터 데이터 관리, 사용자 중심의 데이터 관리조직 등과 같이 최근 데이터 자원관리를 위하여 대두되고 있는 주제들을 포함한다. 저자들은 이러한 데이터 관리 활동을 통하여 사회 전반적으로 지식의 축적이 활성화되고 부를 증대시키는 데 본 서가 기여할 수 있기를 바라는 마음이다.

2014년
이춘열·황철현

목 차

제1장

데이터 자산 관리

1.1. 데이터 자산 관리의 중요성

데이터에 대한 관리는 인류가 문자를 사용하고 이에 따라 기록문화가 발전함과 더불어 발전해 왔다고 볼 수 있다. 그러나 컴퓨터가 발명되고 이를 활용한 정보시스템이 개발되고 사용됨에 따라 이전과는 다른 데이터 관리가 이루어지기 시작하였다. 즉, 컴퓨터가 도입되고 전산 시스템이 구축됨에 따라 종래의 기록물들과는 달리 데이터들이 전자적으로 저장되고 관리되기 시작하였다. 이에 따라 일반 문자를 이해하는 일반인들은 전자화된 데이터를 관리하기 어렵게 되었으며, 컴퓨터 언어를 이해하는 전문가들만이 데이터를 관리할 수 있게 되었다.

기업이나 조직에서 데이터 자산에 대한 관리라고 하면 데이터나 정보를 처리하는 컴퓨터나 통신망과 같은 전산 장비에 대한 관리로 인식되어 왔다. 그러나 근자에 이르러서는 유형의 전산 장비에 대한 관리보다는 무형의 정보 자산, 즉 데이터나 정보에 대한 관리가 더욱 강조되기 시작하였는데, 이의 원인을 살펴보면 다음과 같다.

- 정보나 데이터의 중요성이 증가함에 따라 정보 자원에 대한 올바른 관리가 기업 가치를 결정하는 주요 요인이 되고 있다. 이 결과, 전통적인 기업 회계에 있어서도 재무제표와는 별도로 지식자산의 측정과 보고를 담당할 지식자산보고서를 작성해야 한다는 주장이 호응을 얻어 가고 있다.[1] 즉, 이전의 재무제표는 유형자산의 측정과 관리 위주로 다루어져 왔다는 것으로 사회 전반적인 정보화의 발달로 정보 자산이 조직 활동에 미치는 영향이 커지게 되었고 중요성도 증가하게 되었다는 것이다.
- 웹 등을 통한 온라인 거래 비중이 증가하고 온라인 거래가 아닌 경우에도 고객이나 상품에 대한 데이터나 정보를 온라인으로 참조하지 않을 수 없게 됨에 따라 정상적인 기업 활동이 정보 자원에 의하여 좌우되게 되었다. 즉, 데이터와 같은 정보 자원의 효과적 관리가 이루어지지 않을 경우에는 기업이나 조직 활동이 정상적으로 이루어질 수 없게 되었다.

이와 같이 정보자원에 대한 중요성이 증가하였음에도 이에 대한 관리는 아직 미비한 실정이라고 할 수 있다. 데이터와 같은 정보자원관리의 현 실태를 나타내는 가장 대표적인 사례가 재무자산에 대한 관리와의 비교이다. 만약 기업의 최고경영자나 최고재무담당관(CFO)이 기업의 재무 자산(financial asset) 현황을 잘 파악하고 있지 못하거나, 이들 자산의 활용 계획이나 방안을 잘 모른다면 아마 그들은 곧 그 직에서 쫓겨날 것이다. 그러나 기업의 최고 정보 담당관(CIO)들은 자신들이 보유한 정보자산, 특히 데이터 자산에 대한 보유 현황과

---

1) 스칸디아 등 지식경영의 선도 기업들은 이미 수년 전부터 지식자산보고서를 공시하고 있으며 국내에서도 우량기업을 중심으로 지식자산보고서의 작성이 시도되고 있다(한인구, 「조직문화컬럼_지식경영」, 『금감원이야기』, 2002 7/8월호(http://fsszine.fss.or.kr/fsszine/20020708/part 01-06.jsp)).

자산 가치를 정확하게 파악하지 못하는 경우들이 적지 않다.[2]

자산 관리와 관련한 주요 관심 사항들을 요약하면 다음과 같다.

- 무슨 자산을 보유하고 있는가?
- 현재 보유하고 있는 자산의 수익률이 얼마이며 수익률 향상(개선) 방안은 무엇인가?
- 경쟁자와 비교한 우리의 수익률은 어떤가?
- 조직 경영에 미치는 위험 요소들이 무엇이며 이에 대한 대비방안은 무엇인가?

실물자산의 경우, 자산 관리자들은 이들 항목들에 대하여 보통 명확한 답을 가지고 있다. 그러나 정보 자산의 경우, 이들 각 항목에 대한 답이 명확하지 않은 경우들이 대부분이다. 즉, 정보자원들이 아직 기업의 자산으로서 효과적으로 관리되고 있지 못한 실태라고 할 수 있다.

그러면 왜 데이터 자산에 대한 파악이나 관리가 재무 자산과 비교하여 잘 이루어지고 있지 않은가? 이에 대한 답으로서 많은 사람들은 데이터 자산의 비가시성(invisibility)을 이야기 하여 왔다. 즉, 재무 자산은 화폐, 기계, 토지, 건물 등과 같이 직접 볼 수 있는 것들인 것에 반하여, 데이터 자산들은 대부분의 경우 전자적으로 기록되어 있기 때문에 눈에 잘 보이지 않으며, 따라서 이의 가치를 직접 평가하기가 쉽지 않다는 점이다. 이러한 점에서 이들 자산들에 대한 평가와 관리가 소홀히 다루어져 왔던 점이 있다. 최근에는 공정가치회계 (Fair value accounting)라고 하여 특허권, 상표권, 영업권 등과 같이 기업 가치를 결정하는 모든 것들을 자산으로 인식하여 평가하고 이를 재무제표에 반영하고자 하는 노력이 이루어지고 있다. 그러나 이러한 공정가치회계에서도 데이터들은 아직 자산으로 잘 반영되지 못하고 있는 실정이다. 다만 정보시스템 분야에서는 데이터 자산 또는 정보 자산이라는 용어들이 보편적으로 사용됨으로

---

2) Adelman, S., Moss, L. & Abai, M., *Data Strategy*, Addison Wesley, 2005, p. 1.

써, 컴퓨터, 하드 디스크와 같은 유형적인 자산들뿐만이 아니라 그 안에 저장되어 있는 데이터가 더욱 중요한 자산이며, 이를 잘 관리하는 것이 매우 중요하다고 이해되고 있다.

이상에서 제시된 자산 관리 분야와 정보시스템 분야에서의 데이터에 대한 인식을 종합해 볼 때, 데이터 또는 정보자산에 대한 인식은 정보시스템 분야에서 평가되고 있는 중요성에도 불구하고, 조직 전반적으로는 아직 자산 관리의 대상으로 인식되지 못하고 있는 상태라고 할 수 있다.

일반 관리 분야와 정보시스템 분야에서 발생하는 이러한 이해의 차이는, 정보화의 초창기에는 큰 문제없이 지나갈 수 있었다. 즉, 정보화와 관련된 것들은 전산실과 같이 정보시스템과 연관된 부서들만이 관심을 가지면 되는 것으로 취급하여도 큰 문제가 없었다. 그러나 정보화가 기업의 모든 활동에 직접 간접으로 영향을 미치는 오늘날에 이르러서는 정보 자원이 정보화 부서들만이 관심을 가지면 되는 국지적인 범위를 벗어나게 되었다. 즉, 정보화 예산이 기업이나 조직에서 차지하는 비중이 이미 1%를 초과하는 기업들이 적지 않다.[3] 그리고 최근 개인정보 유출사건을 통해서 경험한 바와 같이 데이터나 정보가 올바로 관리되지 않을 경우 조직 경영에 미치는 영향이 엄청나다.[4] 이에 따라 조직의 모든 구성원들이 이의 중요성을 인식하여 사용하고 관리하여야 하며, 정보자산들도 실물자산들과 같이 관리되어야 하는 위치에 이르게 되었다.

1.2. 자산 관리 이슈와 데이터 자산 관리

자산 관리의 주요 이슈를 업무 담당자와 관리자의 측면에서 나누어 살펴보

---

3) 2013년 정부예산의 경우 총 예산액 342조 5천억 원 중에서 정보화예산은 3조 3천억 원으로 약 1%를 차지하고 있다.
4) ≪세계일보≫, 2014.01.18.

면 〈표 1-1〉과 같이 요약할 수 있다. 1차 관리자라고 할 수 있는 업무 담당자들은 이미 보유하고 있는 자산들을 잘 관리함으로써, 모든 자산들이 최적의 상태를 유지하도록 관리하는 것이 주 관심사이다. 그리고 2차 관리자라고 할 수 있는 관리자들은 조직이 왜 그러한 자산들을 보유하고 있는가를 분석하고 해당 자산의 활용도를 향상시킴으로써 최적의 자산들을 보유하도록 하는 것이 주 관심사이다.

<표 1-1> 자산 관리 이슈들과 데이터 자산 관리

주체	자산 관리 이슈	데이터 자산 관리의 이슈
업무 담당자	(자산을 잘 관리하고 있는가?) • 자산의 존재 유/무 • 자산의 상태	(데이터를 잘 관리하고 있는가?) • 데이터의 존재 유/무 • 데이터의 상태
관리자	(가지고 있어야 할 자산을 가지고 있는가?) • 자산의 활용/공유 • 자산의 가치	(가치 있는 데이터들을 보유 관리하고 있는가?) • 데이터의 활용/공유 • 데이터의 가치

〈표 1-1〉에서 살펴본 바와 같이, 현재의 데이터 자산 관리는 다음과 같은 특징을 가진다.

- 데이터 자산 관리가 업무 담당자의 관점에서 이루어져 왔음을 알 수 있다. 즉, 데이터들이 존재하고 있으며, 이들 데이터들이 정확하게 잘 관리되고 있으며, 사용자들이 사용하기 편리한가 등에 데이터 관리의 초점이 맞추어져 왔다.

- 왜 그러한 데이터들을 보유하고 관리하여야 하며, 현재 보유하고 있는 데이터들을 잘 사용하고 있는지 또는 정말 중요한 데이터들 중에서 보유하고 있지 않은 것은 무엇인가 등에 대한 분석은 아직 비중 있게 다루어지지 않고 있다.

요약하면 현재의 데이터 자산 관리는 마치 기업이나 조직이 장기적인 전략이나 비전 없이 그때그때의 상황이나 필요에 따라 임시방편적으로 필요한 자산을 획득하여 관리하고 있는 상황과 크게 다르지 않다. 즉, 현금을 3000억 보유하고 있으며, 재고 자산이 총 매출액의 30% 수준이라고 할 때, 왜 그만큼의 재고를 유지하는지에 대한 분석 없이 그냥 하다 보니 그러한 수준의 재고 자산을 유지하고 있다는 것과 크게 다르지 않다. 이러한 점은 정보자산의 구성이 해당 기업의 수익률을 결정하는 주요 요인이며, 기업의 경쟁력이나 위기 대처 능력을 좌우하는 주요 요인임을 고려할 때 매우 우려하지 않을 수 없는 상황이라고 할 수 있다.

1.3. 기업 전략과 데이터 관리 전략

데이터 자산 관리의 궁극적 효과는 데이터들이 기업이나 조직의 경쟁력을 향상시킬 수 있는 방향으로 이용되는 것이다. 즉, 기업 전략에 부합하는 데이터 관리가 이루어져야 한다. 기업전략과 정보시스템의 부합은 1980년 초 IBM이 BSP(Business Systems Planning)[5] 기법을 통하여 하향식(Top-down) 분석과 상향식(Bottom-up) 구현을 주장하면서 보편화되기 시작하였다.

- 정보시스템의 분석은 기업 목표 및 전략으로부터 하향식으로 이루어져야 하며, 결국 정보시스템의 사양은 기업 목적이나 전략에 부합하도록 설계되어야 한다.
- 정보시스템 구축은 작성된 사양을 기반으로 먼저 개별 모듈별로 개발한 후 이들을 통합하는 상향식으로 구현한다.

이후 다양한 정보시스템 구축 모형이나 프레임워크들이 제시되었지만, 이러

---

5) http://en.wikipedia.org/wiki/Business_System_Planning#Obtain_authorization_for_the_study

한 하향식 분석-상향식 구현의 틀은 계속 지속되고 있다. 데이터 자산 또한 정보자산의 한 틀이라는 점에서 볼 때, 데이터 자산들 또한 기업 전략과 부합되도록 구현되어야 한다. 이러한 점에서 데이터 전략은 기업의 경영 전략을 지원하도록 조율되는 것이 필요하다.[6]

1.4. 데이터 자산 관리 사이클

데이터를 기업이나 조직의 주요 자원인 자산으로 관리하기 위하여서는, 데이터도 기계나, 물자, 상품, 금융 자산과 같은 일반적인 자원들과 같이 자산의 획득 및 관리가 이루어져야 한다. 일반적인 자산의 관리 사이클은 〈그림 1-1〉과 같이 살펴볼 수 있다.

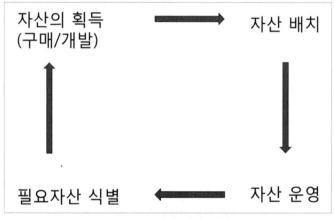

<그림 1-1> 자산 관리 사이클

6) Dino, N., Dico, A., & Midekso, D., "A new way of architecting the enterprise", *MEDES '12 Proceedings of the International Conference on Management of Emergent Digital EcoSystems(ACM)*, October, 2012, pp. 48~52.

데이터의 경우, 〈그림 1-1〉에 예시된 자산 관리의 일상적인 흐름에서 살펴볼 때, 자산의 식별이 쉽지 않으며, 이에 따라 유사한 데이터 자산을 획득하기 위한 노력(즉, 데이터를 수집하며, 데이터 시스템을 개발하고 구축하기 위한 노력)이 중복으로 이루어지며, 자산의 배치나 활용이 제대로 이루어지지 않게 됨에 따라 자원들이 중복으로 투자되며 낭비가 발생하는 경우가 많다. 이러한 문제가 발생하는 이유는, 〈표 1-2〉에서도 요약된 바와 같이, 데이터 자산 현황을 기록한 목록이 완전하지 못하기 때문이다. 이 결과 이미 보유하고 있는 데이터와 유사하거나 동일한 기능을 발휘하는 데이터를 다시 수집하거나 이를 관리하기 위한 도구들을 중복으로 구매하거나 개발하는 일들이 자주 발생한다.

이상에서 살펴본 바와 같이 데이터 자산 관리의 기본은 무엇보다도 데이터 자산 목록을 구성하는 것이며, 이를 기반으로 하여 데이터를 효과적으로 식별하고 관리하는 것이라고 할 수 있다. 즉, 데이터 자산 관리를 위하여 가장 먼저 이루어져야 할 작업은 데이터 목록을 구성하여 무슨 데이터들을 보유하고 있는가를 파악하고 관리하는 것이다.

<표 1-2> 전통적 자산 관리와 IT 자산 관리

구분	자산 관리의 주요 이슈	전통적 (비 IT) 자산	데이터 자산
담당자	자산의 존재 유무	자산 목록 관리	데이터 자산 목록 관리
관리자	자산의 가치 (가지고 있어야 할 자산을 가지고 있는가?)	자산 평가 투자 계획	데이터 자산 평가 데이터 활용 계획

이러한 자산 관리에서 개별 자산의 관리에 추가하여 고려해야 할 사항이 자사들 사이의 상호운용성(inter-operability)이다. 특히 데이터는 일반자산과 비교하여 상호운용성 관리가 더욱 중요하다. 여기서 데이터들 사이의 상호운용성이란 다른 데이터들을 같이 사용할 때 큰 어려움이 없어야 하는 것을 의미한다. 데이터 자산 관리에서 상호운용성이 특별히 강조되는 이유는 앞에서 언급

한 데이터 자산의 비가시성과 연관이 있다.

일반적인 자산들의 경우에도 효과적인 자원 운영 및 활용을 위하여서는 자원들 사이의 상호운영성이 보장되어야 한다. 그러나 일반 자산의 경우에는 상호운용 여부를 판단하기가 비교적 단순하기 때문에 상호운용이 불가능한 자산들을 기업이나 조직이 보유하고 있는 경우는 자주 발생하지 않는다. 예를 들면, 100볼트의 전원을 필요로 하는 전기 절삭기는 200볼트의 전원이 제공되는 공장에 바로 사용할 수 없다. 이를 사용하기 위하여서는 200볼트 전원을 100볼트로 바꾸어 주는 변압기가 필요하다. 그러나 만약 전기 절삭기가 필요로 하는 전압을 제공하는 변압기가 없다면 이 절삭기는 사용할 수 없다. 이러한 점에서 변압기가 없는 상황에서 100볼트 전기 절삭기를 200볼트 공장에서 보유하고 있는 경우는 잘 발생하지 않는다.

그러나 데이터 자산의 경우 이들이 상호운용 가능한지를 판단하기가 쉽지 않다. 예를 들면, 사람의 신체치수(키, 허리둘레 등)가 센티미터(cm)로 기록된 고객 데이터와 의류제품의 치수가 인치(inch) 단위로 기록된 상품 데이터는 그대로는 상호운용이 불가능하다. 그러나 센티미터를 인치로 변환해 주는 프로그램(이 프로그램은 위의 전기 절삭기의 예에서의 변압기와 같은 기능을 수행한다)이 있을 경우에는 고객 데이터는 상품 데이터와 상호운용이 가능하다.

또 다른 예로써 만약 갑 공장의 부품 데이터는 Brish BIRN 체계를 따르는 부품 코드체계를 사용하고 을 공장의 부품 데이터는 KK-3 체계를 따르는 부품 코드체계를 사용한다고 하면 이들 두 부품 데이터는 상호운용이 불가능하다.[7] 그리고 이들 부품 코드체계를 변환해 주는 프로그램도 있을 수 없기 때문에[8] 두 부품 데이터를 상호 연결하여 사용하는 것은 불가능하다. 그러나 이들

---

7) 목학수·문광섭, 「부품 형상 및 조립공정에 따른 부품의 코드체계」, 『대한산업공학회/한국경영과학회 2000년도 춘계공동학술대회 논문집』, 경남대학교, 2000.04, 28~31쪽.
8) 왜냐하면 Brish BIRN 체계를 따르는 부품 코드번호 1개와 KK-3 체계를 따르는 부품 코드번호 1개가 서로 1:1로 대응하지 않는 경우들이 발생하기 때문에 이들 코드번호를 서로 변환시

부품 코드가 서로 달라서 상호운용이 불가능하다는 것은, 부품업무 담당자나 데이터베이스 관리자와 같이 해당 데이터를 잘 아는 사람들만이 알 수 있으며, 일반 사용자들이 보아서는 쉽게 알 수 없다.

　예시된 바와 같이 데이터 자원은 물리적 자원들과는 달리 다음과 같은 점에서 상호운용성을 판단하기가 쉽지 않다.

- 데이터 자산의 사양을 물리적으로 외형적으로 파악하기가 쉽지 않다. 그리고 많은 경우, 데이터들에 대한 사양은 물리적 자원의 사양과 같이 (예를 들면 전기 절삭기의 전압) 객관적으로 잘 정리되어 있지 않다.

- 데이터 자산들의 상호운용성을 판단하기 위한 외형적 기준이 존재하지 않는다. 예를 들면 숫자로 표시된 데이터와 문자로 표시된 데이터는 상호운용이 불가능한 것을 쉽게 판단할 수 있다. 그러나 같은 문자로 표시된 데이터라고 하여도 상호운영이 불가능할 수 있으며, 서로 다른 문자나 숫자로 표시된 데이터라고 하여도 상호운영이 가능할 수 있다. 예를 들면 문자로 표시된 영문 월 이름과 숫자로 표시된 월 이름 사이에는 변환 프로그램이 존재하나, 같은 문자로 표시된 부품코드들 사이에는 변환 프로그램이 없을 수도 있다. 따라서 데이터 자원들 사이의 상호운용성을 검사하기 위해서는 해당 데이터들에 대한 전문적인 지식이 있어야 한다.

- 데이터 자산들을 상호운용하기 위한 방안의 존재 여부 및 이를 구입/구축하기 위한 비용을 예측하기가 쉽지 않다. 즉, ① 두 그룹의 데이터들이 상호운용이 가능한지, ② 만약 현 상태로는 불가능하면 이들을 상호운용이 가능하도록 변환해 줄 수 있는 방법이 존재하는지, 또는 ③ 이들을 하나의 데이터 그룹으로 표준화시키거나 통합할 수 있는 방안이 존재하는지, ④ 만약 변환 프로그램을 개발할 수 있거나 표준화할 수 있는 경우 이를 위한 비용이 얼마나 소요되는지 등을 판단하기가 쉽지 않다.

　이 결과 상호운용이 잘 이루어지지 않는 데이터들을 보유하고 있는 경우가

　켜주는 것은 이론적으로 불가능하다.

많으며, 이러한 점에서 상호운용성은 데이터 목록과 더불어 데이터 자산 관리의 주요 요소라고 할 수 있다.

요약하면 데이터 자산 관리는 일반적인 자산 관리 사이클에 추가하여 다음의 2가지 핵심 요소들을 추가로 필요로 한다.

- 데이터 목록
- 데이터들 사이의 상호운용성

물론 이들 요소들이 일반적인 자산 관리의 경우에도 필요 없는 것은 아니다. 일반 자산의 관리에도 이들 요소들은 반드시 필요하다. 그러나 일반자산의 경우에는 이들 자산목록과 상호운용성을 쉽게 작성하고 평가할 수 있지만 데이터 자산의 경우에는 이를 위해서 특별히 신경을 써야 한다. 만약 그렇지 않으면 데이터 목록과 실제 보유하고 있는 데이터들이 일치하지 않을 수 있으며, 상호운용이 불가능한 데이터들이 산재할 수 있다.

데이터 자산 관리가 잘 이루어지기 위하여서는 필요 데이터의 식별-데이터의 획득-데이터의 배치-데이터의 운용이라는 데이터 관리 사이클이 원만히 이루어져야 하며, 동시에 이들 데이터 자산의 목록에 대한 관리와 데이터들 사이의 상호운용성을 보장하기 위한 상호운용공간에 대한 관리가 병행되어야 한다.

〈그림 1-2〉의 데이터 자산 관리 사이클은 〈그림 1-1〉에서 예시되었던 전통적 자산 관리 사이클에 데이터 목록과 상호운용성을 위한 상호운용공간이 추가된 것이라고 할 수 있다.

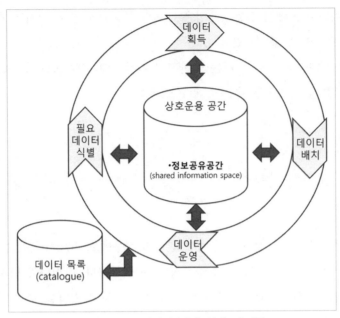

<그림 1-2> 데이터 자산 관리 사이클

1.5. 데이터 목록

데이터 자산에 대한 관리가 이루어지기 위해서는 보유하고 있는 데이터들에 대한 목록이 먼저 잘 관리되어야 한다. 목록은 모든 관리의 기본이라고 할 수 있다. 제품 관리를 위해서는 제품 목록이 관리되어야 하며, 자산 관리를 위해서는 자산목록이 관리되어야 한다. 이러한 점에서 데이터 자산을 기업이나 조직의 주요 자산으로 관리하기 위해서는 무엇보다도 먼저 데이터 목록이 개발되고 관리되어야 한다.

데이터 자산 관리를 위한 필수요소인 데이터 목록은 데이터 활용을 위해서도 필수 불가결한 요소이다. 사용자들이 데이터를 활용하기 위하여서는, 먼저 데이터들이 저장되어 있는 데이터베이스9) 또는 데이터 저장소에 접속하여야 한다. 그런데 정보시스템 전문가들이나 이들 시스템에 익숙한 사용자들은 데이터베이스의 위치나 이름, 접속 방법들을 잘 알고 있기 때문에 정보시스템에 로그인하여 데이터베이스에 접속하는 것이 크게 어렵지 않다. 그러나 정보시스템의 내부 구조 등에 익숙하지 않은 일반 사용자들은 무슨 데이터들이 실제로 저장되어 있는지 잘 모르며, 이러한 상황에서 접속 방법을 모두 알아서 접속하는 것은 쉬운 일이 아니다. 따라서 일반 사용자들이 효과적으로 데이터를 활용하기 위해서는 무슨 데이터들이 존재하는가를 찾는 작업이 필요한데, 이를 위한 필수 요소가 데이터 목록이다.

데이터에 대한 활용을 다음과 같이 2종류로 나누어 볼 때, 최근에는 후자가 전자보다 증가하는 추세이다. 따라서 데이터 목록은 데이터 관리를 위한 필수 도구임과 동시에 데이터 활용을 위한 필수요소이다.

- 특정 종류(예를 들면, 고객사의 신용등급)의 데이터베이스를 접속하여 데이터를 검색하고자 하는 요구(예를 들면, ABC 회사의 신용등급을 검색)
- 특정 종류의 데이터가 어디에 기록되어 있는지를 알아보고자 하는 요구(즉, 고객사의 신용등급이 어디에 기록되어 있는가?)

1.5.1. 데이터 자산의 종류

데이터 목록은 데이터 자산(data asset)별로 특성을 서술하여 사용자들이나 개발자들이 쉽게 검색할 수 있도록 한 목록(catalog)이다. 여기서 데이터 자산이라 함은 다음의 것들을 모두 포함한다.

---

9) 데이터를 컴퓨터에 저장하여 관리하는 공간을 데이터베이스라고 한다.

- 데이터베이스(DB)
- 테이블(Table)
- 문서(documents)
- 그림 또는 이미지(image)
- 동영상

특히 최근에는 사용자들이 가상공간에서 서로 교환하는 쇼셜 데이터(SNS 데이터), 통화거래내역과 같은 대용량 상세 거래 데이터, RFID 등을 통하여 기계 간 데이터, 위치 기반 데이터, 신체 특성 데이터 등과 같은 빅 데이터들도 데이터 자산으로 중요성이 강조되고 있으며, 이에 따라 이들에 대한 데이터 관리 필요성 또한 강조되고 있다.

- 사람 간 데이터
- 대용량 상세 거래 데이터
- 기계 간 데이터
- 위치 기반 데이터
- 신체 특성 데이터

1.5.2. 목록 정보

데이터 목록은 데이터 자산들에 대하여 다음의 내용들을 기록함으로써 공유 데이터의 사용자들이나 관리자들이 무슨 데이터 자산들이 이미 존재하는지 쉽게 확인하고 이를 사용할 수 있는 방법을 탐색할 수 있도록 한다.

- 제목 및 식별자
- 생산자 및 게시자
- 생산주기
- 비밀구분 및 인가된 사용자 그룹
- 내용 및 주제 영역
- 접근/검색 방법(즉, 접근 또는 검색하기 위하여 사용하여야 할 서비스)
- 형식

제2장

데이터 통합 및 공유

정보화의 발달로 기업에서 사용하는 정보시스템들의 종류가 많아지고 다양화됨에 따라 정보시스템의 사용자들이 데이터를 사용하는 환경 또한 더욱 복잡해지고 있다. 단순 산술적으로 볼 때, 모든 사용자들이 1개의 정보시스템[1]만을 사용하면 데이터 자산의 관리 및 활용이 매우 단순하고 효율적일 것이다. 즉, 조직 전체적으로 하나의 정보시스템만 있을 것이며, 데이터들 또한 해당 정보시스템의 데이터베이스에만 저장될 것이다. 이와 같이 모든 사용자들은 1개의 정보시스템에 저장된 데이터들만을 사용할 경우, 갑 사용자가 정보시스템을 통하여 보는 데이터(예를 들면, 고객의 주소와 연락할 수 있는 전화번호)의 형

---

1) 이를 보통 통합정보시스템이라고 하는데, 가장 대표적인 예가 본장의 후반부에서 소개되는 ERP(전사적 자원 관리 시스템)이다.

식과 값 등이 을 사용자가 정보시스템을 통하여 보는 데이터의 형식과 값 등과 똑같을 것이다. 따라서 전사적으로 모든 사용자들은 서로 동일한 정보를 공동으로 사용하며, 데이터 자산이나 정보시스템의 관리자도 1개의 데이터베이스 및 정보시스템만을 관리하면 되기 때문에 관리가 쉽고 효율적이다.

그러나 만약 갑 사용자가 사용하는 정보시스템이 영업정보시스템이며 을 사용자가 사용하는 정보시스템이 고객신용관리정보시스템이라면, 갑 사용자가 보는 고객의 주소와 연락할 수 있는 전화번호의 값과 표현형식 등이 을 사용자가 보는 것과 다를 수 있다. 이와 같이 데이터의 종류와 표현형식, 값들이 다르면, 영업정보시스템에서 만들어진 데이터가 고객신용관리정보시스템에 그대로 반영될 수 없으며, 고객신용관리정보시스템에서 만들어진 데이터가 영업정보시스템에 그대로 활용될 수 없다. 즉, 갑 사용자가 사용하는 영업정보시스템은 을 사용자가 사용하는 고객신용 관리 시스템과 연동하여 같이 활용될 수 없다.

하나의 데이터가 서로 다른 데이터베이스에 중복으로 관리될 경우, 각각의 데이터베이스에 저장된 값이 서로 다를 수 있다. 즉, 고객인 홍길동의 주소가 영업정보시스템에서는 이전 주소인 서울시로 기록되어 있고 고객신용관리정보시스템에서는 세종시로 갱신된 주소가 기록되어 있을 수 있다. 이와 같이 동일 데이터가 서로 다르게 기록되는 것을 방지하기 위해서는 여러 데이터베이스에 저장된 데이터들 사이의 연관성이 전사적으로 통합 관리되어야 한다. 이러한 점에서 데이터의 통합과 통합된 데이터의 공유는 데이터 관리의 핵심 과제이다.

실물자산의 경우도 관리해야 하는 자산의 수를 최소화하는 것이 좋다. 예를 들면, 모든 사용자들이 하나의 고속 프린터를 사용하여 컴퓨터 출력물을 인쇄하는 경우가 모든 부서들이 각각 별도의 프린터를 사용하는 경우보다 관리가 쉽다. 프린터라는 자산의 관리자는 1대의 프린터만을 관리하는 경우가 부서별로 또는 건물이나 개인별로 각각 프린트를 소유하여 사용하는 경우보다 관리가 쉽고 효율적이다. 특히 데이터와 같은 디지털 자산의 경우는 여러 사용자들이 해당 자산을 가상적(virtual)으로 동시에 사용할 수 있기 때문에 자산의 공유가 더욱 용이하며 효과적이다.

이와 같이 실물자산이나 디지털 자산에 상관없이 대상 자산의 수를 최소화하고, 이들 자산을 여러 사용자들이 공유하는 것이 자산 관리의 관점에서 볼 때는 매우 효과적인 방법이다.

2.1. 데이터 공유 방안

데이터의 통합 및 공유를 위하여 가장 좋은 방안은 앞에서 언급한 바와 같이, 모든 사용자들이 하나의 정보시스템만을 사용하는 것이다. 그러나 이후에 보다 자세히 설명되겠지만, 전사적 자원 관리 시스템을 사용하는 경우에도 여러 정보시스템들을 같이 사용할 수밖에 없는 경우들이 발생한다.

사용자들이 서로 다른 정보시스템들을 사용할 수밖에 없는 경우, 이들 정보시스템들이 상호 원활히 연동하여 정보 공유가 잘 이루어지기 위하여서는 각각의 정보시스템들이 데이터를 교환할 수 있어야 하며, 이렇게 교환된 데이터들은 동일한 의미로 해석되어야 한다. 예를 들면, 시스템_A에서 선적예정일(ship date)은 선적되기로 예정된 날짜로, 선적일(shipped date)은 실제 선적된 날짜로 사용할 경우, 시스템_A와 연계된 모든 시스템들은 이들 데이터들을 같은 의미로 해석해야 한다.

이와 같이 여러 시스템이 데이터를 공유하는 방안은 다음의 2가지가 있을 수 있다.

- 데이터 통합(consolodation): 통합 데이터를 모두 같이 사용
- 데이터 연합(federation): 각 시스템에서 사용하는 데이터를 상대 시스템이 이해할 수 있는 방법으로 교환하여 사용

2.1.1. 데이터 통합

데이터 공유를 위한 첫 번째 방법은 여러 사용자 또는 정보시스템들이 사용하는 데이터를 표준 데이터로 정의하고, 이들 표준 데이터를 1개의 데이터베이스에 통합하여 저장함으로써 모든 사용자들이 이를 공동으로 사용하는 방법이다.

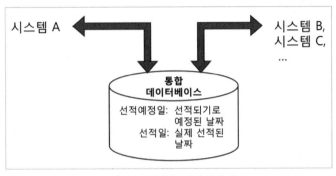

<그림 2-1> 통합 데이터베이스

예를 들면, 앞의 예에서 선적예정일과 선적일을 표준 용어로 등록하고, 이들 데이터들을 통합 데이터베이스에 저장할 경우, <그림 2-1>을 통하여 알 수 있는 바와 같이 시스템_A뿐만이 아니라 시스템_B나 시스템_C도 통합 데이터베이스에 저장되어 있는 데이터들만을 사용하게 된다. 이 결과 선적예정일과 선적일은 동일한 의미로 시스템들 사이에서 공유된다. 이와 같이 통합 데이터베이스에 저장된 표준 데이터들을 사용하는 경우에는, 모든 사용자들이 동일한 데이터를 동일한 의미로 사용하며 따라서 정보 공유에서 문제가 발생할 수 없다. 다만 공유하고자 하는 데이터들을 표준화하고, 이에 기초한 통합 데이터베이스를 구축한 후, 모든 사용자들이 이를 사용하도록 강제하여야 하는 등의 어려움들이 있다.

여기서 통합 데이터베이스는 반드시 물리적으로 하나의 데이터베이스일 필요는 없다. 논리적으로 하나의 데이터베이스로 설계하는 것이 중요하며, 물리적으로는 필요에 따라 여러 개의 데이터베이스로 나누어지거나 중복되도록 만들어져 사용될 수 있다. 다만 모든 데이터베이스에 있는 데이터의 값이나 형식, 의미들이 모두 표준화되어 사용자들이 하나의 통합 데이터베이스를 사용하는 것 같이 느낄 수 있도록 하는 것이 중요하다.

2.1.2. 데이터 연합

데이터 공유를 위한 두 번째 방법은 시스템들이 각각의 데이터들을 서로 변환하여 다른 시스템들과 데이터를 공유하는 방안이다. 이를 보다 자세히 설명하면 다음과 같다. 앞의 예에서 시스템_A의 선적예정일과 선적일을 시스템_B에서는 선적일과 선적실행일로 사용한다고 하면, 이들을 서로 변환시키는 기능을 중간매체가 추가로 수행해 주어야 한다.

<그림 2-2>에 표시된 바와 같이 시스템 A의 선적예정일을 시스템 B로 보낼 경우에는 선적일로 바꾸어 주어야 하며, 시스템 B의 선적실행일을 시스템 A로

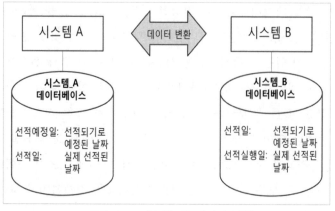

<그림 2-2> 시스템 간 데이터 변환

전달할 경우에는 선적일로 바꾸어 주어야 한다. 이와 같이 서로 다른 데이터베이스들 사이에서 데이터들을 변환시켜서 공유하는 방안을 데이터 연합(data federation)이라고 한다.

2.1.3. 데이터 공유 방안 비교

시스템들 사이의 데이터 공유는 앞에서 소개된 데이터 통합과 연합 중에서 하나를 사용하거나 또는 이들을 혼용하여 사용한다. 시스템들이 서로 공유하여야 하는 데이터들이 미리 정해진 경우에는 데이터 통합이나 데이터 연합 모두 가능하다. 그러나 새로운 시스템과의 데이터 공유가 수시로 발생하는 경우에는, 데이터 연합의 경우 데이터 변환 프로그램을 그때마다 개발해야 하기 때

<표 2-1> 데이터 상호운용 방안 비교

	특성	장점	단점
데이터 연합 (시스템 간 데이터 변환 모듈)	• 시스템들 사이에서 교환되는 데이터들 사이의 변환 방법을 사전에 정의하고 구현	• 사전에 정의된 변환 프로그램을 통하여 시스템들 사이의 효율적인 데이터 공유가 가능	• 새로운 시스템과의 데이터 공유가 필요할 경우에는 새로운 데이터 변환 프로그램을 추가적으로 개발하여야 함
데이터 통합 (표준 용어 사전 및 통합 데이터베이스)	• 모든 시스템에서 공통으로 사용하는 용어들(데이터 항목)을 표준 용어사전에(또는 자료사전 등)에 정의하여 저장 • 표준화된 데이터(표준 데이터 항목의 값)를 통합 데이터베이스에 저장	• 모든 시스템들이 공통으로 사용하는 데이터들은 모두 표준 용어사전에 정의된 것이므로 잘못 사용할 가능성이 없음 • 표준 데이터 항목에 대한 값들이 통합 데이터베이스에 저장되어 있으므로, 새로운 시스템들 사이에 정보 요구가 발생할 경우에도 바로 통합 데이터베이스를 사용하면 되므로 즉각적으로 정보를 공유할 수 있음	• 모든 시스템들이 공통으로 사용하는 데이터들을 모두 표준화하여 공통으로 사용하도록 강제하는 것이 쉽지 않음

문에 추가적인 노력이 수시로 발생하게 된다. 따라서 실시간 또는 거의 실시간에 가깝도록 데이터를 공유하기 위하여서는 데이터 연합보다는 통합 데이터베이스를 사용하는 데이터 통합이 보다 효과적이다.

2.2. 데이터 통합 솔루션

조직의 업무 환경이 복잡해지고 이에 따라 서로 다른 다양한 정보시스템들이 독립적으로 구축됨에 따라 데이터의 공유 환경 또한 더욱 복잡해지고 있다. 대부분의 경우 정보시스템들은 개별적인 업무 수행을 위해서 각각의 업무 환경에 적합하도록 개발된다. 이렇게 개발된 정보시스템들이 서로를 호출하여 데이터를 교환하거나 통합 데이터베이스를 통하여 공통된 데이터를 사용하기 위하여서는 추가적으로 많은 노력이 필요하다. 이질화되어 가고 있는 환경에서 시스템들이 서로 데이터를 교환하고 공유하기 위한 솔루션을 데이터 통합 방안별로 살펴보면 다음과 같다.

- 첫째 방안인 데이터 연합에 의한 데이터 공유 방법은 전사적응용프로그램통합(EAI: Enterprise Application Integration)과 같은 미들웨어를 사용하는 방법이다.
- 둘째 방안인 데이터 통합에 의한 데이터 공유 방법은 전사적정보통합(EII: Enterprise Information Integration)과 같은 정보통합 인프라를 구축하는 방법이다. 그러나 이러한 환경을 구축하기 위해서는 많은 노력과 기술이 필요하다. 따라서 현실적인 방안으로서 전사적 자원 관리 시스템(ERP)나 전사적 데이터웨어하우스(DW) 구축을 통하여 데이터 통합을 구현하고자 하는 노력이 많이 시도되고 있다.

2.2.1. 전사적응용프로그램통합(EAI)

전사적응용프로그램통합은 정보시스템들이 서로 데이터를 교환하여 공유하는 데이터 연합 솔루션이다. 데이터 공유 방안의 비교에서도 살펴본 바와 같이, 데이터 연합은 정보시스템들이 서로 상대방이 원하는 형태로 데이터를 변환하여 제공함으로써 데이터를 공유하는 방법이다. 따라서 데이터 연합 솔루션인 전사적응용프로그램통합 또한 데이터 연결을 목적으로 하는 솔루션이다. 이러한 점에서 전사적응용프로그램통합은 다음과 같은 제약이 있다.

- 전사적응용프로그램통합을 통하여 데이터 공유가 이루어질 경우, 각 개별 시스템들이 보유하고 있는 데이터들은 여전히 통합되지 않은 형태로 저장된다. 이는 정보시스템들을 서로 연결한 것뿐이며, 통합한 것은 아니다. 따라서 데이터들이 단지 물리적으로 교환되기만 하는 형태이다. 만약 데이터 표준화가 이루어지지 않은 환경에서 전사적응용프로그램통합을 구축할 경우, 데이터 통합 및 공유의 궁극적 목적을 실현하기 어렵다.
- 상용화된 EAI 솔루션을 도입할 경우에는 특정 시스템과 공급업자에 모든 정보시스템의 기반이 종속될 수 있다. 이러한 단점을 해결하기 위한 방안으로서 최근에는 개방환경에서 시스템들 사이의 데이터 공유를 실현하고자 하는 노력들이 다양하게 시도되고 있다.

응용프로그램들의 통합 방법을 살펴보면 가장 기초적인 형태는 각 애플리케이션들을 직접 연결하는 방법인데 이를 '포인트 투 포인트 방식'이라고 한다. 그리고 일반적으로는 응용프로그램들 사이에 허브 형태 또는 버스 형태의 미들웨어(middleware)를 두고 이를 통하여 응용프로그램들을 연결하여 처리한다.

- 포인트 투 포인트(Point-to-Point) 방식

  가장 기초적인 방법으로 응용 프로그램들을 1:1로 통합하는 방법이다. 포인트 투 포인트 방식은 각각의 애플리케이션을 1-대-1로 연결하기 때문에 애플리케이션들의 수가 증가하게 되면 연결 링크 또한 기하급수적으로 증가한다. 이결과 각 애플리케이션들의 연결 형태가 매우 복잡하게 되며, 통합 개발환경이 없기 때문에 각 연결 프로그램을 수작업으로 코딩해야 하며, 이에 따라 연결비용이 과다하게 증가한다. 그리고 애플리케이션들 사이의 데이터 흐름이 1:1로 발생하기 때문에 애플리케이션들의 연결이 복잡해 질 경우, 데이터 흐름을 예측하기가 쉽지 않으며, 이 결과 데이터 흐름이 늦어지는 지체현상이 발생할 수 있다.

- 허브 앤 스포크(Hub & Spoke) 방식

  애플리케이션 사이에 미들웨어(허브)를 두어 이를 통하여 데이터 흐름을 처리하는 방법이다. 모든 애플리케이션들 사이의 데이터 전송은 단일접점인 허브를 통해 발생하는 일종의 중앙집중 방식으로서 모든 데이터가 허브를 통해서 전송되는 구조이다. 허브에 있는 여러 개의 '큐'(데이터 처리 컴포넌트)에 데이터를 입력하고 출력함으로써 애플리케이션들 사이의 데이터 전송이 이루어지는 구조를 가지므로 포인트-투-포인트 방식이나 메시징버스방식보다 구조가 단순하며, 이 결과 유지/보수비용이 저렴한 장점이 있다. 그러나 허브에 부하가 집중될 경우, 성능이 저하될 수 있다.

- 메시징 버스(Messasing Bus) 방식

  응용 프로그램들 사이에 미들웨어를 두어 처리하는 방법으로서 데이터 전송로 역할을 수행하는 버스를 통하여 데이터들이 전송된다. 허브와 같은 단일의 접점이 없기 때문에 병목현상이 발생하지 않으며, 단일 접점 실패로 인한 영향을 극소화할 수 있는 장점이 있다. 그리고 새로운 애플리케이션을 추가할 경우 어댑터가 각 시스템과 버스를 연결하면 되기 때문에 확장성이 뛰어나며 대용량 데이터 처리가 가능하다.

최근에는 개방형 분산 환경에서의 데이터 교환을 위한 대표적인 기법으로서는 시스템의 인터페이스를 개방하고 이를 통하여 시스템들 사이의 데이터 전달을 용이하게 하는 방법이 서비스 지향 아키텍처(SOA: Service Oriented Architecture)라는 이름으로 제시되고 있다. 서비스 지향 아키텍처는 시스템의 인터페이스를 개방하고 이를 통하여 시스템들 사이의 데이터 전달을 용이하게

하는 방법이다. 즉 상대 시스템의 물리적 위치나 내부 구조를 몰라도 시스템 인터페이스에 대한 서술명세만을 사용하여 데이터를 전달하고 전달받는 연동 체계이다. 이러한 특성으로 이기종 시스템들 사이에서도 효과적으로 사용할 수 있으며, 이 결과 시스템들 사이의 데이터 교환을 위한 표준 아키텍처로서 자리를 잡아가고 있다.

서비스 지향 아키텍처는 시스템들 사이의 일대일 데이터 전달뿐만이 아니라 표준 통합 데이터베이스를 통한 데이터 공유에도 적용된다. 즉, 표준 통합 데이터베이스의 위치나 물리적 구조를 몰라도 서술명세를 통하여 데이터베이스에 접근하며, XML과 같은 표준적인 형식으로 저장된 데이터들을 전달받을 수 있다. 특히 웹서비스 기술을 사용하여 서비스기반아키텍처를 구축할 경우 웹(즉, HTTP 프로토콜)을 통하여 모든 시스템들이 표준 공유 데이터베이스를 접근하여 사용할 수 있다.

<표 2-2> 서비스지향 아키텍처 기반의 데이터 공유 방안

	전통적인 방법	서비스 지향 아키텍처(SOA)
데이터 연합	• 시스템의 물리적 위치나 인터페이스를 알아서 시스템들 사이에 데이터를 직접 전달	• 시스템의 물리적 위치를 몰라도 시스템의 이름과 인터페이스만을 통하여 데이터를 전달
데이터 통합	• 데이터베이스의 물리적 구조를 알아서 이를 직접 접근하여 데이터를 공유	• 공유 데이터베이스의 물리적 구조를 몰라도 표준 데이터 교환 형식(XML)을 통하여 데이터를 공유

2.2.2. 전사적 자원 관리 시스템(ERP)

ERP는 기업의 경영 및 관리 업무를 위한 컴퓨터 시스템으로 전사적 자원 관리 시스템(Enterprise Resource Planning, ERP)이라고 불린다.[2] ERP는 MRP(자재소요량관

---

2) 1990년 가트너 그룹이 MRP(자재소요량관리), MRPII(생산자원관리)의 확장 시스템으로서

리), MRPII(생산자원관리) 등의 자원관리 기법으로부터 발전했으며, 인사·재무·생산 등 기업의 전 부문에 걸쳐 독립적으로 운영되던 각종 관리 시스템의 경영자원을 하나의 통합 시스템으로 재구축함으로써 생산성을 극대화하려는 경영혁신 기법을 기반으로 하고 있다. 대표적인 ERP패키지로는 SAP R/3, 오라클 Application, BPCS 등이 있으며 국내 패키지로는 삼성 SDS의 UniERP, 영림원의 K시스템, 한국기업전산원의 탑 ERP, 이카운트 ERP 등이 있다.[3]

ERP는 통합적인 데이터베이스를 기반으로 회사의 재무, 회계, 구매, 생산, 판매 등 모든 업무의 흐름을 효율적으로 자동 조절해 주는 전산 시스템의 하나이다. 따라서 ERP 시스템을 구축하기 위해서는 먼저 표준화된 통합 데이터베이스가 구축되어야 한다. 통합 데이터베이스에 저장된 데이터를 통하여 각 업무의 흐름이 자동으로 조장된다. ERP 시스템의 이러한 특성 때문에, 역으로, 데이터 통합을 위해서 ERP 구축을 고려할 수 있다. 실제로 ERP는 가장 효과적인 데이터 통합방안으로 활용되고 있다.

ERP의 개괄적 구조를 살펴보면 〈그림 2-3〉과 같다. 즉, 통합된 데이터베이스를 기반으로 자금, 회계, 구매, 생산, 판매 등을 지원하는 응용 프로그램들이 실행된다. 따라서 ERP가 구축되면 해당 조직은 하나의 통합된 데이터베이스를 가지게 된다. 따라서 ERP 구축 프로젝트의 많은 부분이 업무 프로세스 개선 (Business Process Reengineering(BPR))과 데이터 표준화에 할애된다. 만약 데이터 통합 없이 중복된 데이터들을 그대로 변환하여 ERP를 구축하면 데이터 중복오류가 ERP에서도 그대로 지속되게 된다.

ERP라는 용어를 사용하였다(http://en.wikipedia.org/wiki/Enterprise_resource_planning).
3) http://ko.wikipedia.org/wiki/전사적_자원_관리

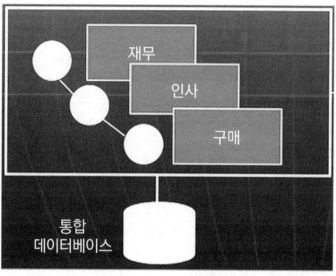

<그림 2-3> ERP의 개괄적 구조

ERP 시스템은 단위 기업 입장에서 분명 최적화된 통합 기간 시스템임에는 분명하다. 예를 들면, Nestle의 경우, 동일 국가 내에서도 29개의 공장에서의 동일 제품에 대한 구매단가가 상이했던 문제를 ERP의 통합을 통해 해결하였다.[4] 그러나 ERP 시스템이 기업이나 조직의 모든 업무를 지원할 수 있는 것은 아니다. 현재 구축되어 있는 ERP 시스템이 지원할 수 없는 영역이 있을 수 있으며,[5] 지원한다고 하여도 현재 구축된 ERP 시스템의 기능을 사용하는 것 보다는 다른 제3의 공급업체의 솔루션이나 자체 개발 시스템을 사용하는 것이 업무 수행에 더욱 효과적일 수도 있다. 이와 같이 다른 시스템들이 추가될 경우, <그림 2-4>에 예시된 바와 같이, ERP 시스템과 다른 정보시스템들과의 데

---

4) 모경주·김대수, 「ERP의 글로벌 통합방안 및 사례 조사」, 『SAMSUNG SDS Consulting Review』 No. 4, SAMSUNG SDS, 2006, 55~31쪽.

5) 이를 확장-ERP라고 하며, CRM(Customer Relationship Management), SRM(Supplier Relationship Management), MES(Manufacturing Execution System) 등이 이 영역에 포함된다.

이터 통합 및 공유 문제가 또다시 발생하게 된다.

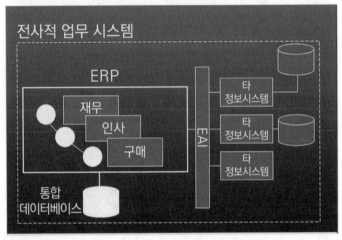

<그림 2-4> ERP 시스템과 타 정보시스템들 사이의 데이터 통합 및 공유

그리고 만약 여러 개의 공장이나 지점이 있을 경우, 각각의 단위조직별로 구축된 ERP는 더 이상 통합된 시스템이라고 할 수 없다. 즉, 글로벌 관점에서 볼 때, 개별 조직 차원에서 구축된 ERP는 각각이 독자적으로 운영되며, 이 결과 전체 차원에서 통합성을 강조하던 ERP 자체가 글로벌 차원에서는 그 장점을 발휘할 수 없는 상황에 직면하게 된다. 즉, 개별 ERP들이 기존의 레거시(Legacy) 시스템들과 같이 프로세스와 데이터가 서로 상이하게 되어 데이터 통합 및 공유가 불가능한 형태가 될 수 있다(<그림 2-5> 참조).[6]

따라서 ERP 구축을 통하여 전사적인 데이터 통합을 시도할 경우에는 전사적으로 하나의 ERP를 구축하여야 한다(이를 single instance라고 한다). 그리고 ERP와 타 정보시스템들과의 데이터 통합 및 공유를 위한 노력을 게을리 하지 않아야 전사적인 차원에서의 데이터 통합이 이루어질 수 있다.

---

6) 모경주·김대수, 앞의 글.

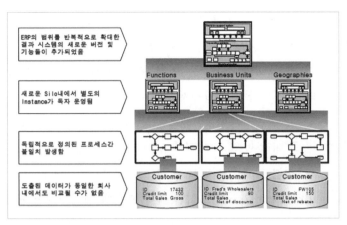

<그림 2-5> ERP시스템들 사이의 데이터 통합

2.2.3. 데이터웨어하우스(Data Warehouse)

전사적인 차원에서 경영 분석을 위한 분석 정보들을 저장하는 데이터베이스를 데이터웨어하우스라고 한다. 그리고 일상적인 거래 처리를 위한 데이터베이스를 데이터웨어하우스와 차별화하여 운영 데이터베이스라고 한다(〈그림 2-6〉 참조).

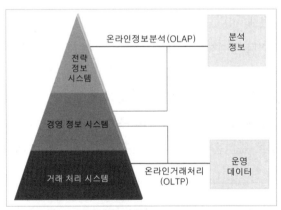

<그림 2-6> 정보처리 형태와 데이터베이스

정보 분석을 위해서는 기업 내부에서 발생하는 데이터뿐만이 아니라 외부에서 발생하는 데이터도 필요하며, 현재뿐 아니라 과거의 데이터도 같이 활용해야 한다. 따라서 데이터웨어하우스는 여러 운영 데이터베이스들에서 발생하는 현재 및 과거의 데이터들을 취합해서 같이 포함한다.

데이터웨어하우스를 구축하기 위해서는 먼저 전사적으로 데이터 통합이 이루어져야 한다. 즉 여러 운영 데이터베이스에서 발생하는 데이터들을 취합하여 분석하기 위해서는 이들 데이터들을 서로 비교 분석할 수 있는 형태로 통합해야 한다. 데이터웨어하우스의 이러한 특징 때문에 데이터웨어하우스 구축을 통하여 전사적 데이터 통합을 시도할 수 있다. 그러나 데이터웨어하우스가 업무처리보다는 정보 분석을 위한 데이터베이스란 점에서 데이터웨어하우스는 전사적인 데이터의 통합 및 공유를 위한 적절한 대안이라고는 할 수 없다.

기업에서 정보들이 만들어지고 사용되는 과정을 살펴보면 〈그림 2-7〉에 표시된 바와 같다.[7] 먼저 기업 활동에서 발생하는 데이터들이 운영 데이터베이스에 저장되고 이들이 다시 기업 활동을 위하여 활용된다. 이들 데이터들은 보통 ERP 시스템과 같은 기업용 통합 애플리케이션이나 개별 업무 시스템(legacy system)으로부터 만들어진다. 그리고 이들 데이터들은 다시 거래 처리를 위하여 활용된다. 이렇게 기업의 기본 활동은 운영 데이터베이스들을 중심으로 이루어지는데 이를 거래 처리 영역이라고 한다.

운영 데이터베이스에 저장된 데이터들은 정보 분석을 위하여 활용되는데, 이러한 정보 분석의 궁극적 목적은 효과적인 의사결정이다. 정보 분석을 위해서는 운영 데이터와는 다른 성격을 갖는 분석 정보들을 별도로 관리하여야 하는데, 이들을 저장한 것이 데이터웨어하우스 또는 다차원 데이터베이스들이다. 이와 같이 정보 분석은 데이터웨어하우스 또는 다차원 데이터베이스와 이

---

7) Inmon, W.H., Imhoff, C., & Sousa, R., *Corporate Information Factory 2nd edition*, John Wiley & Sons, 2001, p. 13.

들을 이용하는 정보 분석 도구들을 중심으로 이루어지는데 이를 분석 정보 영역이라고 한다.

거래 처리 영역과 분석 정보 영역을 연결하는 것이 데이터의 통합 및 변환 프로세스들이다. 이들은 운영 데이터나 외부 데이터들로부터 분석 정보들을 효과적으로 추출하여 데이터웨어하우스에 저장하는 과정을 담당한다. 이러한 데이터의 통합과 변환을 위하여서는 운영 데이터베이스에 저장되어 있는 데이터들을 일종의 작업 공간에 저장한 후, 변환이나 통합을 수행하는 것이 운영 데이터베이스에 저장된 내용을 직접 변환, 통합하는 것보다 효율적이다. 이와 같이 운영 데이터들을 변환하고 통합하여 데이터웨어하우스에 저장하는 영역을 통합영역이라고 하고, 이를 위해서 운영 데이터들을 임시로 저장하는 공간을 운영 데이터 저장소(ODS: Operational Data Store)라고 한다.

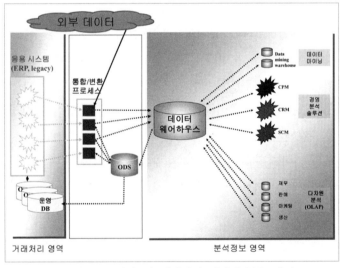

<그림 2-7> 기업 내 데이터의 생성과 활용 과정

기업 데이터의 생성과 활용 과정을 통하여 살펴본 바와 같이 전사적 데이터웨어하우스의 구축에서 데이터 통합이 이루어지는 과정은 거래 처리 영역과

분석 정보 영역의 중간과정이다. 이러한 점에서 볼 때 전사적 데이터웨어하우스를 통한 데이터 통합은 데이터 통합 방안으로서 다음과 같은 결점을 갖는다.

- 업무 처리를 위한 데이터 통합이 아니다. 〈그림 2-7〉 기업 내 데이터의 생성과 활용 과정을 통하여 볼 수 있는 바와 같이, 데이터웨어하우스에 저장된 데이터들은 거래 처리를 위해서는 사용되지 않는다. 따라서 통합된 데이터웨어하우스가 구축되더라도 거래 처리는 여전히 운영 데이터베이스에 저장되어 있는 데이터를 사용하여 처리된다. 그리고 이들 운영 데이터들은 여전히 서로 다른 형식과 값을 갖는 비통합 데이터들이다.

- 전사적으로 1개의 통합 데이터웨어하우스가 구축되어 모든 구성원들이 이 통합 데이터웨어하우스를 사용하는 것이 가장 바람직한 가정이다. 그러나 경우에 따라서는 여러 개의 데이터웨어하우스들이 구축될 수 있으며, 이러한 경우에는 데이터웨어하우스들 사이의 데이터 통합 및 공유 문제가 또다시 대두된다.

　개별 주제 분야별로 데이터웨어하우스들이 만들어질 경우 (이들 데이터베이스들을 데이터웨어하우스와 구별하여 데이터마트라고 한다.) 데이터웨어하우스들 사이의 데이터 통합 및 공유를 위한 방안으로서 제시되는 것이 데이터웨어하우스 버스(DW Bus)이다.[8] 데이터웨어하우스 버스는 기업의 전사적 비즈니스 인텔리전스 환경에서 각 데이터마트(즉, 주제별 다차원 데이터베이스)들이 공통으로 사용하는 데이터들을 정의해 놓은 것이다. 이러한 공통된 데이터들을 사용함으로써 다음의 효과를 실현하게 된다.

---

8) http://www.kimballgroup.com/data-warehouse-business-intelligence-resources/kimball-techniques/kimball-data-warehouse-bus-architecture/

- 외형적으로는 각 주제별로 여러 데이터마트들이 만들어져서 사용된다.
- 내용적으로는 마치 하나의 데이터웨어하우스에 저장된 것처럼 분석 정보들이 상호 비교 가능하다.

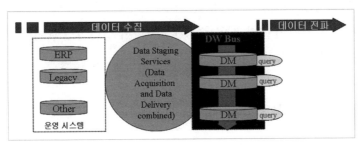

<그림 2-8> 데이터웨어하우스 버스

현실적으로 많은 경우 데이터마트들 사이의 데이터 불일치가 문제가 되고 있다. 마치 개별 정보시스템들 사이에서 데이터 불일치가 발생해서 데이터 통합이나 연합이 이슈가 되는 것처럼 데이터마트들 사이에서 데이터 불일치가 발생해서 전사적 데이터웨어하우스 구축이 이슈가 되고 있다. 이러한 점에서 데이터웨어하우스를 구축할 경우에도 데이터웨어하우스 버스를 통한 데이터 통합 및 공유를 위한 노력을 게을리 하지 않아야 전사적인 차원에서 분석 정보의 통합이 이루어질 수 있다.

2.3. 개념적 데이터 공유 시스템[9]

본 절에서는 데이터 공유를 위한 시스템이 갖추어야 할 기능을 개념적으로 제시한다. 개념적 데이터 공유 시스템은 앞에서 언급한 전사적 자원 관리 시스템(ERP), 전사적 데이터웨어하우스(DW) 등과는 달리 특정 솔루션에 의존하지 않는 일종의 공개 아키텍처에 기초한 정보시스템이다. 이러한 점에서 데이터 공유를 위한 개념적 구조라고 할 수 있다. 따라서 실질적인 데이터 공유 시스템의 구축은 특정 환경에 맞게 구현될 수 있다.

2.3.1. 데이터 공유 시스템의 구조

데이터 공유 환경에서 사용자들이 데이터를 쉽게 사용할 수 있기 위하여서는 데이터 공유 시스템의 내부 구조를 몰라도 외부의 사용자들이 표준 인터페이스를 통하여 쉽게 접근할 수 있어야 한다. 이러한 요구사항을 충족시키기 위한 데이터 공유 시스템의 구조를 살펴보면 다음의 구성 요소들을 포함한다(〈그림 2-9〉 참조).

- 공유할 데이터 항목들에 대한 정보가 저장된 메타데이터 저장소(metadata registry 또는 structural metadata repository)
- 공유 데이터들의 값이 저장된 공유 데이터 저장소(shared data repository 또는 centralized common database)
- 공유할 데이터들을 검색하기 위한 검색 목록(discovery catalogs)
- 데이터 공유 서비스(services, 종래의 의미로는 응용프로그램)들을 등록한 서비스 레지스트리(service registry)

---

9) 이춘열, 『네트워크 중심전을 위한 데이터 관리 조직 설계』, 한국데이터베이스학회, 2007.11, 47~56쪽.

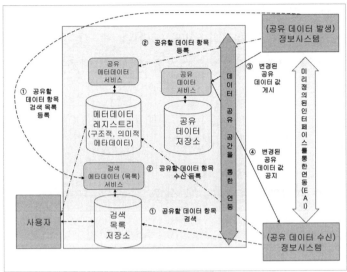

<그림 2-9> 데이터 공유 시스템의 개념 구조

공유 데이터베이스들은 각 정보시스템의 데이터베이스들과 다음과 같이 연동된다.

• 공유 데이터 저장소는 각 정보시스템에서 사용하는 데이터들 중에서 공유할 데이터들만을 저장한 것으로써 각 정보시스템의 데이터베이스와 연계된다.

공유 데이터 저장소에 저장된 데이터들을 개별 정보시스템에서 사용하는 방법은 다음과 같이 구분된다.

– 사본을 복사하여 각 정보시스템의 데이터베이스에 저장하여 사용할 수 있다. 이를 보통 공유 데이터라고 한다.

– 공유 데이터 저장소에 저장된 데이터들을 모든 정보시스템에서 공통으로 사용한다. 이를 보통 공통데이터라고 한다.

– 메타데이터 저장소는 각 정보시스템의 데이터베이스 스키마(메타데이터)와 연결된다.

여기서 기본적인 가정은 각 정보시스템의 데이터베이스 구조나 형태를 데이터 공유 시스템에서는 알 필요가 없다는 점이다. 즉, 각 정보시스템들과 데이터 공유 시스템도 서비스 지향 아키텍처로 연결되기 때문에, 각각의 시스템은 독립된 서비스로 운영된다.

2.3.2. 데이터 공유 시스템의 구성요소

데이터 공유 시스템의 구성요소별 기능은 다음과 같다.

가. 데이터 목록

데이터 목록은 데이터별로 이의 특성을 서술하여 사용자들이나 개발자들이 쉽게 검색할 수 있도록 하는 목록(catalog)이다. 문자가 발명된 이후 정보자산을 보존하고 관리하기 위하여 제일 먼저 만든 것이 도서관이라고 할 수 있는데, 도서관에서 자료 관리를 위하여 사용하는 가장 기초적인 수단이 도서목록이다. 도서목록은 제목, 저자, 출판사, 출판년도, 도서분류코드, 비치된 서가의 위치, 총 페이지 수 등 기본적인 서지정보를 알파벳 순서로 기록하여 저장함으로써 사용자들이 특정주제에 대하여 무슨 자료들이 있는지를 개괄할 수 있도록 하며, 특정 제목이나 특정 저자의 자료가 어디에 저장되어 있는지를 검색할 수 있도록 도와준다.

도서목록과 마찬가지로 데이터 목록 또한 사용자들이 특정주제에 대하여 무슨 데이터들이 있는지를 개괄할 수 있도록 하며, 특정 주제나, 제목, 특정 부서에서 만들어진 데이터가 어디에 저장되어 있는지를 검색하는 데 도움을 준다.

일반적으로 사용자들의 정보 요구는 조건검색(search, teleporting)과 브라우징(browsing, orienteering)으로 대별할 수 있다.

- 조건검색이란 검색하고자하는 조건을 사전에 명확하게 설정한 후 이를 사용해서 목표하는 데이터를 검색하는 방법이다. 예를 들면, 2013년도 서울지역의 고객별 매출액을 분석하고자 할 경우, 연도='2013', 지역='서울특별시', 데이터='고객별 매출액'의 검색기준을 실행한다.
- 브라우징은 일단 생각나는 검색 기준을 실행하여 검색 결과를 개괄한 후 보다 구체적으로 검색 범위를 좁혀 가는 검색 방법이다. 예를 들면 서울지역에서 유치원 입학 나이가 된 자녀를 둔 부모가 유치원에 대한 정보를 탐색하고자 할 경우, 먼저 키워드='유치원'으로 자료를 검색한 후, 검색 결과를 보고, 공공 유치원이나 사립 유치원 또는 지역별 유치원의 위치나 입학정원들에 대한 데이터를 검색해 가는 과정이 브라우징이다.

일반 사용자들이 데이터를 찾고자 할 때, 80%이상의 사용자들은 먼저 브라우징으로 시작하는 것으로 조사되고 있다.[10] 특히 해당 주제에 익숙하지 않은 사용자들은 조건 검색보다 브라우징을 선호하는 것으로 나타나고 있다. 검색을 시작할 때, 사용자들이 검색보다는 브라우징으로 시작하는 이유는 다음과 같이 이야기되고 있다.

- 처음 검색을 시작할 때는 무슨 정보를 찾는지 정확하게 표현하기가 어려운 경우들이 많다. 따라서 정확한 검색이나 검색기준을 입력하기보다는 브라우징으로 대상물을 찾아가기 시작한다.
- 찾고자 하는 대상물이 무엇인지 정확하게 알 경우에도 이에 대한 검색조건을 명시하는 것보다는 브라우징이 사용자의 정보처리 부하를 경감시킬 수 있다.

이러한 브라우징에 대한 선호는 우리가 도서관에서 도서를 검색하는 경우를 떠올려 보면 쉽게 이해할 수 있다. 만약 책 제목이나 저자 이름이 정확하게 기

---

10) Stewart, Darin L., *Building Enterprise Taxonomies*, Mokita Press, 2008.

억나지 않는 경우, 비슷한 주제의 책들이 비치된 서가를 방문하여 관련 책들을 훑어본 후, 거기서 원래 찾고자 하던 책을 발견하거나 또는 더 적합한 책을 찾아서 대출한다. 그리고 책 제목이나 저자 이름을 정확하게 아는 경우에도, 많은 경우 해당 책만을 찾아서 대출하기 보다는 해당 서가를 방문하여 주변에 있는 관련 책들을 한 번은 개관한다. 그리고 더 적합한 책이 있는가를 살펴본다. 이와 같이 브라우징은 데이터나 정보 검색에서 가장 편하게 사용하는 검색 방법이다.

브라우징이 효과적으로 이루어지기 위해서는 무엇보다도 데이터 목록이 중요하다. 목록에 포함된 제목, 생산자 및 게시자, 내용 및 주제 영역 등은 해당 데이터를 이해하는 데 매우 유용하다. 그리고 여기서 각 주제별로 분류체계가 정립되어 있으면 더욱 바람직하다. 그리고 이들 데이터 내용을 설명하는 주제어(keywords)들은 동의어 사전(thesaurus) 등을 통하여 유사어, 동의어 등을 등록함으로써 거의 모든 용어를 포함하도록 설계하는 것이 바람직하다.

용어분류체계(taxonomy)나 동의어 사전 등은 사용자들이 입력한 질의의 수행에서도 그대로 적용된다. 즉, 사용자들이 입력한 검색어뿐만이 아니라 이와 유사한 또는 같은 의미의 주제어에 의하여 색인된 데이터들도 검색되도록 하며, 분류체계를 통하여 보다 상세하거나 포괄적인 데이터의 검색도 가능하게 한다.

나. 서비스 레지스트리

서비스 레지스트리는 데이터 공유 시스템에서 사용되는 모든 서비스들을 등록하고 검색하며, 사용할 수 있도록 지원하는 레지스트리이다. 서비스 레지스트리에 등록되는 서비스들은 다음과 같다.

- 데이터 공유 시스템에서 사용되는 모든 서비스들
- 데이터 공유 시스템을 통하여 게시/가입(publish/subscribe) 방법에 의하여 연동되는 모든 정보시스템들

이들 서비스들을 모두 레지스트리에 등록하고 이들이 연동할 수 있는 환경을 개발하기 위하여서는 서비스 레지스트리로부터 필요한 서비스를 검색하는 기능뿐만이 아니라 이렇게 검색된 서비스들을 연동하기 위한 기능들도 서비스 레지스트리와 연관하여 제공되어야 한다. 즉, 서비스 레지스트리는 웹 서비스 플랫폼으로서의 기능을 수행한다. 따라서 웹 서비스가 제공하는 다음의 기능들을 모두 포함한다.

- UDDI 레지스트리 기능
- SOAP processer 기능
- WSDL deployment 기능

다. 공유 데이터 저장소

공유 데이터 저장소는 모든 정보시스템들이 공유하는 데이터들을 저장하는 데이터베이스이다. 따라서 이는 일반적인 데이터베이스와 동일하다. 다만 공유할 모든 데이터들을 공유 데이터베이스에 저장할 것인지 또는 이를 사용하기 위한 서비스만을 제공할 것인지는 데이터 공유 시스템의 관리 전략에 의하여 결정되어야 한다.

데이터 공유 시스템에서 공유되는 데이터들은 다음과 같이 2종류로 구분된다.

- 공유 데이터(shared data)
  - 각 정보시스템의 데이터 형식이나 값이 데이터 공유 시스템에서 정의된 형식이나 값과 다를 수 있는 데이터.
  - 데이터 공유 시스템과 각 정보시스템과의 연동을 위하여 메타데이터의 중개 또는 변환 모듈(mediation)이 필요
- 공통 데이터(master data or universal data)
  - 모든 정보시스템에 걸쳐 데이터 형식이나 값이 동일한 경우
  - 공유 데이터베이스 시스템과 각 정보시스템과의 연동을 위하여 메타데이터의 변환 모듈(mediation)이 필요 없음.
  - 모든 신규 정보시스템의 개발이나 기존 정보시스템의 갱신 시 공통 데이터들이 사용될 경우 공유 데이터베이스 시스템에서 정의된 형식과 값을 그대로 사용함

공유 데이터와 공통 데이터는 데이터 공유 시스템을 통하여 공유되는 모든 데이터들을 이분적으로 구분한 것이다. 그러나 예를 들면, 100개의 정보시스템들 중에서 98개는 공유 데이터베이스 시스템에 저장된 표준 데이터 형식이나 값을 그대로 사용하고 2개의 정보시스템은 변환된 독자적인 형식이나 값을 사용할 수 있다. 따라서 공유 데이터인지 공통 데이터인지의 구분은 각 정보시스템의 관점에서 변환이 필요한지 또는 불필요한지의 관점에서 구분하는 것이 보다 용이하다.

변환이 필요한 경우에도 정보시스템과 정보시스템사이의 데이터 변환이 아니라 데이터 공유 시스템을 매개로 한 데이터 변환이라는 점에서 전사적응용 프로그램통합(EAI)과 비교해 볼 때 데이터의 변환과 공유가 매우 용이하다고 하겠다.

- 공통 데이터는 보통 공유공간에 저장된 데이터를 그대로 접근하여 사용하기 때문에 개별 정보시스템들은 사본을 저장하지 않는다.
- 공유 데이터는 각각의 정보시스템에서 사본을 복사하여 저장하며, 이를 소유하는 정보시스템에서 공유 데이터를 변경할 경우 이를 변환하여 각 정보시스템의 데이터베이스에 제공한다.

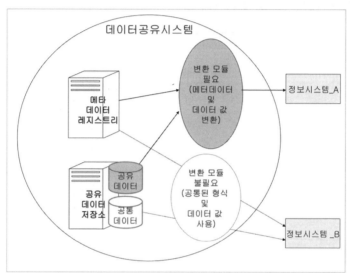

<그림 2-10> 데이터 공유 시스템과 데이터 변환

라. 메타데이터 레지스트리

메타데이터 레지스트리는 데이터 공유 시스템에서 공유되는 데이터들에 대한 구조적 메타데이터와 의미적 메타데이터를 저장하는 레지스트리이다. 이들 메타데이터들은 공유 데이터 저장소에 저장되는 데이터들을 설명하는 데이터이다.

메타데이터의 표현 방법은 여러 가지가 있을 수 있으나, 공유 데이터베이스 시스템을 여러 정보시스템들이 접근할 수 있다는 점에서 가장 개방적인 데이터 형식인 XML로 표현하는 것이 일반적인 추세이다. 즉, 일반적으로 이야기하던 자료사전(data dictionary) 또는 메타데이터 저장소(metadata repository)에 저장된 메타데이터들을 XML로 표현한 것이 메타데이터 레지스트리이다.

메타데이터 레지스트리는 공유 데이터들이 어떠한 형식으로 공유데이터 저장소를 통하여 공유되는가를 검색하고, 추출함으로써, 기존 정보시스템을 수정할 경우나 새로운 정보시스템을 개발하고자 할 경우, 다른 정보시스템에서 이미 개발한 데이터들을 쉽게 활용할 수 있도록 한다.

제3장

데이터 표준화와 메타데이터

데이터 관리에서 가장 기본을 이루는 중요한 작업이 전사적으로 현재 보유하고 있는 데이터들을 파악하여 관리하는 것인데 이를 위한 가장 첫 번째 과제가 데이터의 표준화이다. 효율적인 데이터 관리를 위해서는 조직의 구성원들이 사용하는 데이터들 중에서 중복된 것을 파악하고, 이들을 공통으로 사용하기 위한 방안을 찾아야 한다. 이를 위해서는 여러 구성원들이 중복하여 사용하는 데이터들을 표준화하고 조직의 모든 구성원들이 표준화된 데이터들을 사용하도록 하는 것이 필요하다. 즉, 모든 구성원들이 같은 용어나 값을 사용하여 동일한 방법으로 데이터를 표시하고 사용할 경우, 모든 구성원들은 효율적으로 데이터들을 활용하게 된다.

데이터 표준화는 단순히 데이터베이스에 저장된 값들을 표준화하는 의미를 넘어서서 조직의 모든 구성원들이 사용하는 용어를 표준화하고, 데이터들이 의미하는 내용과 뜻을 표준화하는 것을 의미한다. 그리고 데이터 자산들을 관리하고 분류하는 데이터 목록의 표준화 또한 포함한다. 이러한 점에서 데이터 표준화는 해당 조직이나 기업이 보유하고 있는 모든 데이터와 정보 더 나아가서 지식 체계를 표준화하는 작업이라고 할 수 있다.

표준화가 되지 않고 서로 다르게 기록된 데이터들을 효과적으로 관리하고 활용할 방법은 없다. 특히 데이터 공유를 위해서는 모든 데이터들이 표준적인 방법으로 생성되고 관리되어야 한다. 이러한 점에서 데이터 표준화는 데이터 관리의 시작이라고 할 수 있다.

3.1. 데이터베이스 스키마와 기술적 메타데이터

데이터베이스는 데이터들을 기록한 저장소이다. 현재 가장 일반적으로 사용되는 관계형 데이터베이스에서 모든 데이터들은 테이블에 저장된다.[1]

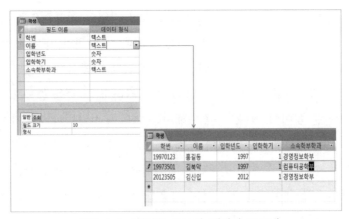

<그림 3-1> 테이블 구조와 데이터 표준화

---

1) 데이터베이스 스키마와 테이블 등에 대해서는 제6장 데이터 아키텍처에서 자세히 설명한다.

테이블에 저장되는 모든 데이터들은 〈그림 3-1〉에 예시된 바와 같이 모두 동일한 데이터 형식으로 저장된다. 즉, 학생테이블에서 두 번째 필드는 이름이 며, 모든 이름은 10자리 문자(Char)로 저장된다. 이와 같이 디지털로 데이터를 기록할 경우에는 해당 데이터에 대한 표준화가 당연히 같이 이루어진다.

그리고 입력되는 데이터들이 정해진 데이터 형식을 지키는지는 데이터베이스 관리 시스템이 자동적으로 검증한다. 이와 같이 데이터베이스 관리 시스템이 기계적으로 검증할 수 있는 데이터들에 대한 표준화 내용을 기술적 메타데이터(technical metadata)라고 한다.

데이터베이스가 여러 테이블들을 포함할 경우, 데이터들은 하나 이상의 테이블에 저장되게 된다. 이와 같이 여러 테이블에 걸쳐 데이터들이 저장될 경우, 하나의 데이터 항목이 2개 이상의 테이블에 저장될 수 있다. 예를 들면 〈그림 3-2〉에서 학번은 학생 테이블과 과목성적 테이블에 각각 저장된다. 이와 같이 하나의 데이터가 2개 이상의 테이블에 중복하여 저장될 경우, 이들은 당연히 같은 데이터 형식으로 저장되어야 한다. 만약 한 테이블에서는 10자리 문자로 기록되고 다른 테이블에는 10자리 숫자로 기록되면 이들 데이터들을 비교하거나 연계시킬 때 당연히 여러 가지 문제가 발생할 수 있다.

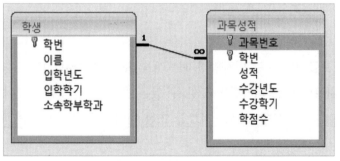

〈그림 3-2〉 테이블들 사이의 데이터의 표준화 (예시)

이와 같이 2개 이상의 테이블에 같은 데이터가 저장될 경우, 그리고 이들 데이터가 참조무결성 법칙들에 의하여 연결될 경우, 데이터베이스 관리 시스템은 이들 데이터들의 표준화를 자동적으로 검증한다.[2] 그러나 그 외의 데이터들이 여러 테이블들에 중복하여 저장될 경우에는 데이터 형식들이 달라도 기계적으로 검증할 수 없기 때문에 이들에 대해서는 데이터베이스 관리자 등이 표준화 작업을 수행하고 표준의 준수여부를 인위적으로 검증해야 한다.

3.2. 비기술적 메타데이터

데이터를 효과적으로 관리하고 활용하기 위해서는 앞에서 소개된 기술적 메타데이터에 추가하여 더 많은 메타데이터를 필요로 한다. 예를 들어, 인사담당자가 입사 지원자의 대학 졸업 성적을 평가한다고 가정해 보자. 이 경우, 인사담당자들이 지원자의 학업 성적을 보다 잘 평가하기 위해서는 다음과 같은 추가적인 정보들이 필요할 수 있다.

> • 학생이 수강한 과목의 성적 분포.
>   즉, 해당 과목을 수강한 학생들 중에서 특정 성적을 받은 학생들의 비율.
> • 학생이 수강한 과목의 교과 내용.

이들 정보를 사용하는 인사담당자는 산술적으로 계산된 성적만을 사용하는 인사담당자보다 나은 의사결정을 할 수 있을 것이다. 이와 같이 데이터들이 내포하는 의미 등을 설명해 주는 정보들 또한 데이터를 설명해 주는 메타데이터

---

2) 참조무결성 법칙, 주키, 외래키 등에 대해서는 제6장 데이터 아키텍처에서 자세히 설명한다.

이다. 메타데이터는 앞에서 소개된 기술적 메타데이터에 추가하여 비기술적 메타데이터로서 다음의 요소들을 포함한다.

- 의미적 메타데이터(business metadata): 데이터의 의미를 설명해 주는 메타데이터들이다. 성적의 경우 앞에서 소개된 성적분포, 과목의 교과내용들이 모두 의미적 메타데이터에 포함된다.

- 프로세스 메타데이터(process metadata): 데이터들이 만들어지는 과정, 즉 프로세스를 설명해 주는 메타데이터들이다. 성적 데이터의 경우, 수강 후 성적이 나쁜 과목의 성적을 포기할 경우, 해당 과목의 성적이 성적증명서에 포함되는지 등이 이에 포함된다. 즉, 성적 평균을 계산하는 계산식이나 프로그램들을 포함하여 다음의 내용들이 모두 프로세스 메타데이터에 포함된다.
  - 데이터의 계산식 및 계산 프로세스
  - 데이터 처리 프로그램
  - 데이터의 생산자(producer)
  - 데이터 소유자(owner)
  - 데이터 관리자(stewards)
  - 데이터의 출처

- 사용 메타데이터(Usage metadata): 데이터의 사용 형태를 설명해 주는 메타데이터이다. 검색 건수 등을 포함하여 다음의 내용들이 모두 사용 메타데이터에 포함된다.
  - 평균검색건수, 피크타임(peak time)의 검색건수
  - 데이터의 오류율과 같이 데이터 품질과 관련된 정보
  - 비밀 등급
  - 데이터 사용자(users)

이상에서 소개된 바와 같이 메타데이터들은 데이터를 사용하고 관리하는데 필요한 모든 정보들을 포함한다. 따라서 이들 정보들은 여러 곳에 다양하게 흩어져 있는데 메타데이터의 출처를 개략적으로 살펴보면 다음과 같다.

<표 3-1> 메타데이터의 종류 및 출처

메타데이터의 종류	출처
기술적 메타데이터	데이터베이스 스키마, 개체관계모델링도구(ERwin, PowerDesigner, DA# 등) 산출물
의미적 메타데이터	업무 편람, 규정
프로세스 메타데이터	응용프로그램 소스 코드, 응용프로그램 사양서, ETL 솔루션, DW 구축 프로그램
사용 메타데이터	DB의 통계 데이터(profile data), 업무 규정

표를 통하여 알 수 있는 바와 같이, 메타데이터들은 여러 곳에 다양하게 흩어져 있다. 따라서 데이터들을 표준화하고 효과적으로 관리하기 위해서는 이들 메타데이터들을 통합적 관리하는 것이 필요하다. 만약 메타데이터들이 통합적으로 관리되지 못하면, 데이터가 저장되는 장소에 따라 메타데이터들이 다르게 정의될 수 있으며, 이 결과 같은 데이터들이 서로 다른 형태나 값으로 기록될 수 있다. 이 결과 데이터의 품질이 떨어지고 데이터들의 상호 연동이 불가능해 질 수 있다. 이와 같이 데이터를 표준화하기 위해서는 먼저 메타데이터가 표준화되어야 하며, 이러한 점에서 메타데이터의 표준화는 데이터 표준화를 위한 선행 단계라고 할 수 있다.

3.3. 표준 용어 및 자료사전

데이터는 기업이나 조직이 알고 있는 모든 정보를 부호(符號)로 바꾸어 기록한 것이다. 이러한 데이터를 관리함에 있어 가장 기초가 되는 것이 데이터를 나타내기 위해서 사용하는 부호를 표준화하는 것이다. 만약 동일한 정보나 사실이 서로 다른 부호를 사용하여 다른 형식의 데이터로 기록되면, 여러 가지 문제가 발생할 수 있으며 이들 데이터들의 관리 또한 매우 복잡해진다. 따라서 효과적인 데이터 관리가 이루어지고, 기록된 데이터들의 자산 가치를 높이기 위해서는 표준화된 부호를 사용하여 모든 데이터들을 같은 형식으로 기록해야 하는데, 이것이 바로 데이터 표준화이다. 이러한 점에서 데이터 표준화는 다음과 같이 2가지 관점에서 살펴볼 수 있다.

- 첫째는 실제 현상을 기록하기 위해서 사용하는 부호, 즉 표현 대상을 나타내기 위하여 사용하는 용어들을 표준화하는 것이다. 이는 특정 대상물을 지칭하거나 특정 값을 나타냄에 있어 표준화된 용어나 값들만을 사용하도록 하는 것이다.
- 둘째는, 앞의 메타데이터들에서 설명한 바와 같이, 데이터들의 의미나 프로세스를 표준화하는 것이다.

용어 및 값의 표준화는 전사적으로 데이터들을 관리하고 사용하기 위하여 반드시 해결해야 할 선결 사항이다. 데이터를 공유하는 과정에서 가장 큰 애로점은 각각의 부서 및 정보시스템들이 각자의 용도나 목적에 맞게 이미 데이터들을 처리하고 사용해 왔다는 점이다. 이 결과 각각에서 사용하는 용어들 또한 서로 다르게 발전하여 왔다.

예를 들면, 사람의 성별을 나타내는 값을 '남성'과 '여성'으로 표시하기도 하며, 'Male'과 'Female', 'M'과 'F', '1'과 '0'으로 표시하기도 한다. 그리고 결혼 여부를 '기혼'과 '미혼'으로 구분하기도 하며, '기혼', '미혼', '동거', '이혼', '별거' 등으로 구분하기도 한다. 이때 '동거'를 '기혼'에 포함시킬 것인지 또는 '미혼'에 포함시킬지는 이들 용어를 사용하는 집단별로 다를 수도 있다. 이와 같이 용어들은 이들이 사용되는 환경에 따라 다르게 정의된다.

이상에서 살펴본 바와 같이 데이터를 기록하기 위해서는 먼저 사용하는 용어들을 표준화해야 하며, 표준화된 용어를 표준 용어라고 한다. 이런 점에서 용어 표준화는 다음의 요소들을 포함한다.

- 같은 의미를 갖는 용어들을 동의어(synonym)로 정의
- 용어들 사이의 포함관계를 정의

3.3.1. 표준 용어

용어 표준화를 위하여서는 표준 용어들을 정의하고 이를 사용하도록 권장하여야 하나, 일반 사용자들이 항상 표준 용어들을 미리 알아서 이들만을 사용하는 것은 아니다. 그리고 기존의 정보시스템들 또한 표준 용어가 아닌 다른 용어들을 이미 사용하고 있을 수 있다. 따라서 표준 용어들뿐만이 아니라, 이미 사용하고 있거나 사용할 것으로 예상되는 용어들을 표준 용어와 더불어 같이 관리할 필요가 있다.

일반적으로 용어들은 사용되는 환경과 조직에 따라 다른 용어들이 같은 의미로 사용되거나 또는 같은 용어들이 서로 다른 의미로 사용될 수 있다. 물론 국가 용어 표준이나 국제적인 용어분류기준들이 만들어져 있는 경우에는 이들 용어들을 사용할 수 있으나, 이들은 대부분 특별한 분야에 한정된 경우가 대부분이다.

용어들을 표준화하기 위한 가장 일차적인 작업은 해당 용어들이 내포하는 의미를 정의하고 동일한 의미를 나타내기 위하여 사용되는 용어들을 동의어들로 정의하는 것이다. 그리고 동의어들 중에서 하나를 선택하여 표준 용어로 지정한다. 표준 용어는 해당 조직에서 표준으로 사용되도록 권장하는 용어이다. 예를 들면, 대한민국, 한국, ROK들은 모두 우리나라를 나타내는 용어들이다. 이들은 〈그림 3-3〉에 표시되는 바와 같이, 동의어군(synonym ring)으로 표시된

다. 동의어 군과 표준 용어들이 정의되면, 기존에 사용되는 용어들은 가능하면 표준 용어를 사용하도록 변경하는 것이 바람직하다.

일반용어들과 표준 용어들과의 관계는 일반 용어가 표준 용어와 동의어이거나 광의 또는 협의의 개념을 나타내는 용어일 수 있으며, 그냥 연관된 용어들일 수도 있다. 이들 용어들 사이의 연관성은 용어분류체계(taxonomy)로서 관리된다(용어 분류체계는 이후 설명되는 다음 절에서 자세히 설명된다).

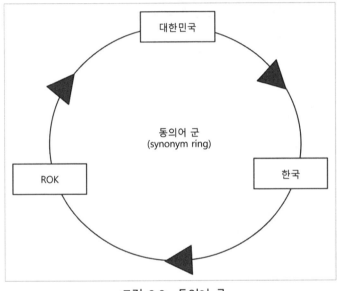

<그림 3-3> 동의어 군

3.3.2. 자료사전(data dictionary)

자료사전은 데이터를 나타내기 위해서 사용하는 용어들의 사전이다. 일반 사전이 낱말의 발음, 의미, 어원, 용법 따위를 설명하는 것처럼 자료 사전도 데이터를 나타내는 데 사용되는 용어의 의미, 용법 등과 같이 해당 용어를 이해하기 위한 모든 정보들을 포함한다. 이후에 설명하는 용어분류체계나 시소러스가 용어 자체의 의미 및 용어들 사이의 연관관계를 정의한 것임에 반하여, 자료사전은 데이터베이스나 정보시스템에서 사용하는 용어들을 정의한 것이다. 즉, 정보시스템의 양식이나 응용 프로그램, 데이터베이스의 테이블이나 파일 등에서 사용하는 변수명이나 필드명 등에 대한 내용을 정의한 것으로서 정보시스템 용어에 대한 사전이라고 할 수 있다.

일반적으로 정보시스템에서는 용어라기보다는 데이터 항목(data item)이나 데이터값이라고 하는데, 자료사전은 데이터 항목에 대하여 다음의 내용들을 포함한다(여기서 데이터 항목은 '성적'과 같이 데이터의 종류를 이야기하고, 데이터값은 'A+', 'B' 등과 같이 데이터 항목이 가질 수 있는 값을 이야기 한다).

- 데이터 항목 id
- 데이터 항목 설명
- 항목과 연관된 용어
- (항목이 사용되는) 화면
- (항목이 사용되는) 데이터 자산(데이터베이스, 테이블, 문서 등)
- 데이터 항목의 기술적 메타데이터
- 데이터 항목의 의미적 메타데이터
- 데이터 항목의 프로세스 메타데이터
- 데이터 항목의 사용 메타데이터
- 데이터 항목의 값을 나타내기 위해서 사용되는 용어들[3]

데이터값을 나타내기 위해서 사용되는 용어들에 대해서도 자료사전은 다음의 내용들을 포함한다.

---

3) 데이터 항목을 나타내기 위해서 사용되는 값들의 집합을 도메인(domain)이라고 한다.

- 데이터값이 사용되는 데이터 항목 id

- 데이터값의 의미

- 연관된 용어(동의어(同義語), 광의어(廣義語), 협의어(俠義語))

자료 사전의 내용들을 살펴보면 표준화된 용어들이 정보시스템에서 어떻게 사용되는가를 알 수 있다. 즉, 각 정보시스템의 항목별로 이에 대응하는 용어들을 알 수 있으며, 이들 용어들이 사용되는 화면이나, 데이터베이스들을 파악할 수 있다. 이러한 자료사전을 이용함으로써, 자료를 검색하려고 하면, 정보시스템 중 어디를 탐색하여야 하는가를 추적할 수 있다. 그리고 용어들이 변경될 경우, 같이 변경해야 하는 정보시스템의 구성요소들을 쉽게 찾을 수 있다. 이러한 점에서 자료사전과 다음에 소개되는 용어분류체계의 연관성을 다음과 같이 설명할 수 있다.

- 자료사전은 정보시스템에서 사용되는 데이터 항목들의 용어분류체계라고 할 수 있다.
- 용어분류체계는 정보시스템과는 독립된 용어들의 자료사전이라고 할 수 있다.

일반적으로 자료사전은 데이터 항목들을 위주로 해서 구성된다. 이 결과, 데이터 항목을 잘 알고 있지 않은 경우에는 자료사전을 쉽게 활용할 수 없으며, 이들 데이터 항목에 대응하는 자료들 또한 쉽게 찾을 수 없다. 그러나 만약 용어분류체계가 개발되어 있으면 이들을 자료사전과 결합하여 사용함으로써 사용자들이 사용하는 일반 용어에 대응하는 데이터 항목들을 쉽게 찾을 수 있다. 또한 광의어, 협의어 및 연관어 등을 사용하여 연관된 데이터 항목들 또한 쉽게 검색할 수 있다. 이와 같이 용어분류체계는 사용자들의 용어와 정보시스템의 용어를 연결하는 중간 매체라고 할 수 있다. 즉, 용어분류체계를 자료사전을 검색하기 위한 전위 시스템(front end system)으로 사용함으로써, 사용자들이 사용하는 용어의 광의어나 협의어 또는 표준 용어들을 용어분류체계에서 찾은 후, 이들에 대응하는 데이터 항목을 자료사전에서 찾음으로써 사용자들이 사용하는 용어에 대응하는 정보시스템의 데이터 항목을 쉽게 파악할 수 있다.

3.4. 용어분류체계(taxonomy)[4]

표준화된 데이터베이스에서 사용되는 단어, 즉 용어들은 모두 표준 용어들이다. 즉, 표준 용어로 등록된 용어들만이 데이터를 나타내는 값(예를 들면 '서울특별시', '대전광역시' 등)이나 데이터 항목의 이름(예를 들면, '시/도', '나이', '키' 등)으로 사용된다. 그러나 사용자들이 사용하는 용어는 표준 용어로 등록된 것일 수도 있지만 등록되지 않은 용어들일 수도 있다. 예를 들면 '사원'이 표준 용어로 등록되어 있으나, 사용자들은 '직원'에 관한 데이터가 어떤 데이터베이스에 저장되어 있는지 찾을 수 있다. 따라서 데이터 관리에서 표준 용어는 유사어, 동의어 등을 같이 포함하는 것이 바람직하다. 이와 같이 용어분류체계는 표준으로 지정된 용어들뿐만이 아니라 해당 조직의 구성원들이 일상생활에서 사용하는 거의 모든 용어를 포함하도록 설계된다.

그리고 무슨 용어들이 표준화되어 있으며, 이들 중에서 무엇을 사용하는 것이 나은 것인가를 판단하기 위하여서는 표준 용어들을 개별적으로 파악하는 것도 필요하지만, 이들 사이의 연관성을 광의어(廣義語), 협의어(狹義語) 등으로 같이 파악하는 것도 필요하다. 예를 들면, '기혼'이 '결혼'과 '동거'로 구분된 것을 사용자들이 알 경우, 이들에 대한 데이터를 보다 잘 사용할 수 있다.

용어분류체계(taxonomy)는 데이터를 나타내기 위해서 사용되는 용어들을 계

---

4) 한국국방연구원, 『국방 표준화 방법론 및 활용 방안 연구』, 2010.08, 13~17쪽.

층적으로 분류한 것이다. 즉, 용어들 사이의 연관 관계를 나타내는 분류체계이다. 일반적으로 계층구조로 표시하기 때문에 항상 계층구조로 표시하여야 하는 것으로 인식되고 있으나, 반드시 그러할 필요는 없다. 즉, 임의의 형태로 표시할 수 있다. 예를 들면, 트리구조로도 표시할 수 있으며, 네트워크 형태로도 표시할 수 있다(네트워크 형태로 표현된 용어 분류체계를 의미네트워크(Semantic Network)라고 한다).

대표적인 용어분류체계는 생물분류체계인데, 가장 상위의 계(kingdom)로부터 가장 아래의 종(species)까지 계층적으로 분류되며, 하위분류는 상위분류한 곳에만 배타적으로 소속된다. 예를 들면 현대인인 Homo sapiense는 Homo 에 속하며, 같은 속에 속하는 종으로는 호모 헤빌리서(H. habilis), 호모 네안데르탈(H. neanderthalensis) 등이 있다. 이러한 생물분류체계에서 해당 생물들은 하나의 분류에만 배타적으로 소속된다. 즉, Homo sapiense는 동물계(Animalia)에만 소속되면, 균계(Fungi)에는 소속되지 않는다. 이러한 생물분류체계의 영향으로 용어분류체계 또한 배타적 계층적으로 분류되어야 하는 것으로 받아들여지고 있으나 모든 분류체계가 항상 이러한 형식으로 유지되는 것은 아니다.

예를 들면, UNSPSC의 시계 분류체계를 살펴보면 〈표 3-2〉와 같다. 이 예제에서 시계는 휴대용 시계류와 괘종시계류로 구분된다. 시계류를 휴대용 시계류와 괘종시계류로 구분하는 것은, 앞에서 언급한 생물분류체계와 같이 포함관계를 나타내는 분류체계이다. 즉, 하위용어는 상위용어에 포함된다. Homo sapiense가 Homo에 속하는 것처럼 휴대용 시계류는 시계류에 속한다. 그러나 시계부품은 시계류의 세분화된 용어가 아니다. 즉, 시계부품은 시계를 구성하는 구성품이며, 이는 포함관계가 아니라 구성관계를 나타낸다.

<표 3-2> 용어분류체계 예시 (시계류)

54110000 시계류

    54111500   휴대용 시계류

        54111501 손목시계

        54111502 회중시계

    54111600   괘종 시계류

        54111601 벽시계

        54111602 탁상시계

    54111700   시계부품

        54111701 시계문자판

        54111702 시계유리판

위의 예에서 살펴본 바와 같이 용어분류체계의 계층 구조는 다음의 3가지 의미 중에서 하나에 해당한다.

- 포함관계(is a type of): 괘종 시계류 is a type of 시계류
- 구성관계(is a part of): 시계부품 is a part of 시계류
- 예시 관계(is an instance of): 서울역 시계 is an instance of 시계류

이와 같이 용어분류체계는 반드시 동일한 기준에 따라서 구성되는 것이 아니다. 포함관계에 따라 용어들을 분류할 수도 있으며, 구성관계에 따라서 용어들을 분류할 수도 있다. 그리고 포함관계도 다양한 분류의 관점에 따라 다르게 구분할 수 있다. 예를 들면 휴대가능 여부에 따라 시계류를 휴대용 시계류와 괘종시계류로 구분할 수도 있으며, 화면 표시방법에 따라 기계식 표시시계와 전자식 표시시계로 구분할 수 있다. 이와 같이, 용어들 사이의 분류체계는 다

양한 관점에 따라 구성할 수 있는데 이러한 용어분류체계의 구성 방법을 관점분류체계(facets taxonomy)라고 한다.

용어분류체계에 포함된 용어들을 개별적으로 정의한 것이 동의어 사전 또는 시소러스(Thesaurus)이다. 시소러스는 용어들 사이의 관계를 나타내기 위하여, 다음의 관계들을 포함한다.

- UF(Used For): 동의어를 표시
- BT(Broader Term): 상위(광의)의 용어를 표시
- NT(Narrower Term): 하위(협의)의 용어를 표시
- RT(Related Term): 광의의 용어나 협의의 용어, 또는 동의어가 아니나 연관된 용어를 표시
- SN(Scope Note): 용어의 의미를 설명

이상에서 살펴본 바와 같이 용어분류체계 또는 동의어 사전은 단어의 의미를 정의한 일종의 사전으로서 무슨 용어들이 어떤 의미로 사용되며, 이들이 서로 어떻게 연관되는가를 나타낸다. 이와 같이 용어 표준화는 표준적인 단어들만을 지정하는 것이 아니라 해당 조직이나 집단이 이들 용어에 부여하는 개념 또는 의미를 표준화하고 정형화하는 과정이라고 할 수 있다. 이러한 점에서 표준 용어들은 해당 집단이 공유하는 하나의 지식체계를 나타난다.

용어에 대한 정의가 용어들 사이의 연관관계까지 포함하기 위하여서는 용어들이 나타내는 개념 및 의미들에 대한 정의를 같이 포함하여야 한다. 바꾸어 말하면, 용어를 정의하기 위하여서는 먼저 용어들이 나타내는 개념 및 의미들에 대한 정의가 선행되어야 한다. 이러한 점에서 용어 정의는 다음의 내용들을 포함한다.

- 개념(concept)
- 용어 (terms)
- 의미 (semantics)

    개념은 '사람', '제품' 또는 '공급자' 같은 의미의 핵심 단위를 표현한다. 개념은 핵심 특징들과 관련된다. 예를 들면, '부동산'은 지리학 영역, 우편 주소, 소유주, 감정값, 대출 가능성 그리고 부동산 세금 과세와 관련된다. 이들 특징들이 또한 개념일 수도 있다. 앞의 예에서 소유주는 부동산의 특성들 중의 하나인 동시에 그것 자체가 개념일 수 있다. 그리고 소유주의 특성으로서는 국적, 출생일, 성별 등이 있을 수 있다. 이러한 개념들은 보통 산업별로 서로 다르게 파악할 수 있는데, 개별 기업이나 조직에서 사용되는 개념들을 찾는 좋은 방법들 중의 하나는 업무 처리 규정 등을 분석하는 것이며, 거시적인 수준에서는 산업별 표준들이 많은 도움이 될 수 있다. 개념들을 찾는 과정에서, 어떤 개념들이 어떤 용어들과 관계가 있다는 것을 찾을 수 있으며, 특정 용어들은 하나 이상의 개념들과 관계가 있다는 것을 발견할 수도 있다.

    개념들을 파악하고 가능한 모든 개념들에 대한 목록을 만들고 나면, 다음 단계는 각 개념을 나타내기 위하여 사용되는 용어들을 확인하고, 개념과 용어들을 대응(mapping)시키는 것이다. 가장 간단한 접근법은 각 개념 별로 이를 나타내기 위하여 사용하는 다양한 용어들을 파악하는 것이다. 예를 들면, '고객'이라는 개념을 위하여 '고객'이라는 용어뿐만이 아니라 '계정'이라는 용어도 같이 사용하고 있을 수 있다. 또한 개념별 용어 파악은 개념별로 대응하는 용어들만을 파악하는 데만 그쳐서는 안 되며, 해당 개념의 특성들과 이를 나타내기 위한 용어들도 같이 파악하는 것이 효과적이다. 예를 들면, '고객'뿐만이 고객의 특성인 '고객 유형', '거래시작일', '연락방법' 등도 같이 파악하는 것이 필요하다.

용어들을 정의함에 있어 가장 중요한 것은 이들 용어들이 어떤 상황에서 무슨 개념을 나타내는지를 정의하는 것이다. 즉, 동일한 용어가 상황에 따라서는 다른 개념을 나타낼 수 있기 때문이다. 예를 들면, 판매원을 위한 내부 규정에서 정의하는 '고객'과 정부 보고를 위한 관련 법규에서 정의하는 '고객'이 서로 다를 수 있다. 이들 2가지의 서로 다른 고객은 양쪽 모두 타당한 것이라고 할 수 있지만 서로 다른 정의이며, 결과적으로 '고객'이란 용어는 두 개의 다른 개념을 나타내기 위하여 사용된다. 이런 차이점들은 반드시 문서화해서 명확히 정의해야 한다.

3.2. 데이터 표준화의 절차

데이터 표준화를 위하여서는, 먼저 기업이나 조직이 현재 보유하고 있는 데이터들이 무엇이고, 이들이 무엇에 대한 자료들인가를 파악해야 한다. 그리고 이들 자료들을 효과적으로 통합하고 표준화하기 위한 방안을 찾는 과정이 필요하다. 이들 중에서 기업이나 조직이 보유하고 있는 데이터 현황은 데이터 목록에서 충분히 파악하였으므로, 여기서는 본장의 주제인 데이터 표준화에 대하여 살펴본다.

데이터 표준화는 현재 정보시스템별로 분산, 중복되어 관리되고 있는 데이터들을 효과적으로 통합 관리하기 위한 방안을 설계하고 구축하는 과정이다. 따라서 데이터 표준화를 위하여서는, 먼저, 조직이 보유하고 있는, 한 걸음 더 나아가 업무 수행을 위하여 반드시 있어야 할 개체 또는 실체(Business Entity)들을 파악하는 과정이 필요하다. 즉, 무엇이 필요한가를 먼저 파악하고, 그 다음에는 무엇을 가지고 있는가를 파악한 후, 현재 보유하고 있는 데이터들을 효과적으로 표준화하는 방안을 찾아야 한다.

- 무슨 데이터들이 필요한가를 파악: Business Entity를 조사

- 현재 보유하고 있는 데이터들을 파악: 데이터 목록 조사

- 데이터 표준화 방안 설계: 중복 데이터들을 단일화

- 데이터 배포 및 사용 방안 설계: 데이터들을 배포하고 활용하는 절차나 흐름을 제시

3.2.1. 데이터 주제 영역 및 주요 개체 식별

데이터 표준화의 가장 첫 단계는 필요한 데이터들을 찾아내는 것이다. 그런데 이들 데이터들을 직접 찾는 것 보다는 데이터가 나타내는 개체들을 먼저 찾아내고, 이들 개체의 특성, 즉 개체의 속성을 파악하는 2단계 과정을 거치는 것이 효과적이다.

- 개체(Entity): 조직이나 기업을 구성하는 주요 실체

- 개체의 속성(attribute): 개체의 특성을 나타내는 데이터

개체는 해당 조직이나 기업을 구성하는 물리적이거나 개념적인 실체들이다. 물리적 실체는 눈으로 식별할 수 있는 것인데, 사원, 고객, 제품 등이 이에 포함된다. 개념적 실체는 눈으로 식별되지는 않으나 문서 등으로 형상화되는 것으로서 주문, 배송, 예산 등이 이에 해당한다. 이러한 개체들은 해당 조직을 일상적으로 업무 담당자들이 이야기하는 영역으로 구분한 후, 해당 영역을 상세 분석하여 찾아내는데, 이를 주제 영역(subject area)이라고 한다. 주제 영역은 일상적으로 이야기하는 업무 영역이라고 할 수 있는데, 2개 이상의 개체들을 포함한다. 예를 들면, 고객 주제 영역은 고객 개체와 지역 개체를 포함하며, 제품 주제 영역은 제품이나 부품, 공급자, 공장 등을 포함한다. 이와 같이 주제 영역

은 주요 개체를 파악하기 위한 과정이라고 할 수 있으며, 개체는 데이터들을 파악하기 위한 과정이다.

3.2.2. 현 보유 데이터 파악 및 데이터 목록 작성

현재 보유하고 있는 데이터들에 대한 현황을 파악하고 이를 사용하여 제2장에서 소개한 데이터 목록을 작성한다. 데이터 목록은 현재 운용되고 있는 시스템을 중심으로 이들 시스템이 사용하거나 제공하는 데이터들을 서술한다.

3.2.3. 데이터 표준화 및 중복 데이터 제거

현재 보유하고 있는 데이터들을 이들이 나타내는 개체별로 분류함으로서, 무슨 데이터들이 중복으로 표현되고 있으며, 어떤 시스템들에서 사용되는가를 파악한다. 즉, 앞에서 파악한 개체들과 현재 보유하고 있는 데이터 목록을 사용하여 다음 단계에 따라 데이터 표준화 방안을 설계한다.

- 데이터 목록을 통하여 파악된 데이터의 중복 사용 및 중복 저장 실태를 파악한다.
- 데이터들의 공유 방안을 통합 데이터베이스를 구축하는 방안과 현재의 데이터베이스들을 연합하는 방안 중에서 선택한다.
- 선택된 데이터 공유 방안을 구현하기 위하여 현재의 데이터들을 표준화하기 위한 방안을 설계한다.

예를 들면, 고객에 관한 데이터들이 마케팅 정보시스템의 고객 데이터베이스에도 저장되어 있고, 영업 데이터베이스에도 사용되며, 회계 시스템에서도 사용될 수 있다. 이러한 각 데이터들은 모두 고객이라는 개체를 서술하는 데이터들이다. 따라서 이들 데이터들을 공유하기 위한 방안을 다음의 2가지 방법 중에서 선택한다. 그리고 이들 각각의 방법에 대하여 데이터 표준화 및 공유 방안을 설계한다.

- 통합 데이터베이스를 새로이 구축
  - 통합 데이터베이스의 구조 설계
  - 통합 데이터베이스의 저장 위치
  - 기존 데이터베이스들의 존속 여부
    · 완전히 폐기하고 사용하지 않음
    · 그대로 사용하되 데이터들을 통합 데이터베이스로부터 넘겨받음
- 기존 데이터베이스들을 그대로 두고 이들을 연합하여 사용
  - 기존 데이터베이스들의 변경 여부
    · 기존 데이터베이스를 변경 없이 그대로 사용
    · 기존 데이터베이스에 저장되는 데이터들을 일부 제거하거나 추가하여 데이터의 중복을 제거하고 관리 효율성을 향상시킴
  - 기존 데이터베이스들의 상호 연동 방안
    · 기존 데이터베이스들에 저장되는 데이터들의 일관성을 유지하기 위하여 이들 데이터들을 서로 연동하여 갱신하는 방안을 설계

3.2.4. 데이터 배포 공정 설계

조직이나 기업에서 사용되는 데이터들은 이들이 통합 데이터베이스에 저장되어 있거나 또는 정보시스템별 데이터베이스에 저장되어 있거나 관련된 데이터들이 중복 또는 복제되어 존재하게 된다. 따라서 어느 데이터베이스에 저장된 데이터들이 먼저 갱신되고, 어느 데이터들이 이에 연동하여 갱신되며, 이렇게 갱신된 자료들이 어떻게 배포되어 다른 데이터들의 산출이나 갱신에 활용될 것인가를 설계해야 하는데 이를 데이터 흐름도(data distribution roadmap) 또

는 데이터 배포 공정이라고 한다. 이렇게 데이터들의 흐름이 잘 정리될 때, 기업이나 조직은 실제 데이터들을 잘 활용하고 관리할 수 있게 된다.

데이터 흐름 또는 배포 공정이 중요한 이유는 데이터들은 한곳에 저장되어 있는 것이 아니며, 이들은 원천적으로 수집된 것이며, 저장된 자료들은 업무 수행을 위하여 활용되며, 이러한 과정을 통하여 다른 데이터들을 산출하기도 한다.

이러한 점에서 데이터 배포공정은 상품생산에서의 생산 공정과 같은 의미를 갖는다. 즉, 생산 공정은 각각의 부품이나 원료를 결합하여 중간 생산품이나 제품을 만드는 과정을 나타낸다. 이러한 생산 공정을 통하여 제품생산의 생산성을 향상시킬 수 있는 것처럼 데이터 관리도 데이터 배포 공정을 통하여 생산성을 향상시킬 수 있다. 이러한 점에서 데이터 관리와 제품 생산은 다음과 같이 대비된다.

<표 3-3> 데이터 관리와 제품 생산의 대비

데이터 관리	제품 생산
데이터	부품
데이터 모형	부품 설계도 및 부품 구성표(Bill Of material)
데이터 생성 및 배포 공정	제품 생산 공정

3.3. 데이터 표준화 수준

모든 기업이나 조직이 처음부터 완전한 형태의 데이터 표준화를 이룰 수는 없다. 데이터 표준화 또한 데이터 관리의 발전과 더불어 성장하게 되는데, 데이터 표준화의 발전 단계를 역량성숙모형(Capability Maturity Model)[5]을 참조로 하여 구분하면 다음과 같이 나눌 수 있다.[6]

- 수준 1(Initial): 데이터 연합 단계

- 수준 2(Repeated): 물리적 데이터 통합 단계

- 수준 3(Defined): 데이터 표준화 시작 단계

- 수준 4(Managed): 데이터 표준화 관리 단계

- 수준 5(Optimized): 데이터 표준화 최적화 단계

3.3.1. 데이터 연합 단계

데이터 연합 단계는 가장 초보적인 데이터 표준화 단계이다. 전사적인 데이터 표준화 또는 데이터 공유에 대한 지침이 없는 상태에서 필요한 정보시스템들 사이에서 데이터 교환이 이루어지는 단계이다. 따라서 데이터 표준화 및 데이터 공유 등은 해당 정보시스템들 사이에서 점 대 점으로 이루어진다. 이러한 점에서 데이터에 대하여 전사적인 관리가 이루어지는 것이 아니라 연관된 시스템들 사이에서 국지적으로 데이터들을 연계시키는 수준이다.

3.3.2. 물리적 데이터 통합 단계

물리적 데이터 통합 단계는 전사적으로 보유하고 있는 데이터에 대한 목록을 구성하고, 일부 데이터들에 대하여 이들을 공통의 공간에 저장하여 물리적으로 데이터베이스들을 통합하는 단계이다. 그러나 통합 데이터베이스가 조직 전체적으로 모든 데이터들을 포함하는 것은 아니며, 통합된 데이터베이스에

---

5) CMM(Capability Maturity Model)은 카네기 멜론 대학교(Carnegie Mellon University)가 미 국방성의 연구 지원을 받아 개발한 소프트웨어 개발 기관의 역량 성숙도를 평가하는 모형이다 (http://en.wikipedia.org/wiki/Capability_Maturity_Model).

6) Adelman, S., Moss L., & Abai M., *Data Strategy*, Addison Wesley, 2005, p. 43.

저장된 데이터들도 모두 표준화된 것은 아니다. 바꾸어 말하면, 일부 데이터들만 표준화되어 저장되나 조직 전체적으로 데이터들을 표준화하기 위한 노력은 아직 이루어지고 있지 않으며 데이터들을 물리적으로 공통의 장소에 저장하여 사용하고자 하는 노력들만이 이루어지고 있다.

3.3.3. 데이터 표준화 시작 단계

용어사전과 동의어 등 데이터를 표준화하기 위한 노력이 전사적으로 시도되는 단계라고 할 수 있다. 여기서 전사적으로 데이터 표준화 노력이 이루어진다는 것은 전사적인 데이터 표준화의 틀 안에서 데이터 및 정보 관리가 이루어짐을 의미한다. 따라서 정보시스템들을 구축할 경우 표준 용어들을 사용하고 표준화된 데이터들을 활용하도록 강제되는 단계이다. 그리고 데이터 표준화를 위한 전담조직을 설치하고, 지침과 절차 등이 전사적으로 적용되는 단계이다. 무엇보다도 표준 용어들을 사용하지 않는 정보시스템들에 대하여서는 불이익이 가해짐으로써 전사적으로 표준화된 데이터들을 사용하고자 하는 인식이 시작되는 단계라고 할 수 있다.

3.3.4. 데이터 표준화 관리 단계

전사적으로 데이터 표준화를 위한 절차 및 조직이 정착되어 있으며, 모든 사용자들이 표준화된 데이터와 용어들만을 사용하는 것에 적응한 단계이다. 그리고 정보시스템 및 부서들 사이의 정보 공유가 정보공유공간을 통하여 활발하게 이루어지는 단계이다. 요약하면 데이터 또한 다른 자산들과 같이 조직의 주요 자산으로 관리되고 공유되는 단계라고 할 수 있다. 만약 특정 부서나 정보시스템이 데이터 표준화 규칙을 벗어나 데이터를 생성하고 사용할 경우에는 데이터 표준화 지침에 따라 제제가 가해짐으로써 전사적으로 데이터 표준화가 업무 지침으로서 모든 구성원들에 의하여 수용된 단계이다.

3.3.5.데이터 표준화 최적화 단계

전사적으로 표준화된 데이터들이 사용되고 활용되며, 이들 데이터들을 조직의 주요 자원으로 인식하고 활용하는 단계이다. 따라서 데이터 전략과 조직 전략이 연계되며, 조직의 전략적 경쟁력을 향상시키기 위하여 데이터 자산이 적극적으로 활용되는 단계이다.

제4장

데이터 관리 조직과 데이터 자산 관리자

데이터 또한 조직의 주요한 자산으로 관리되어야 함은 이미 1장에서 자세히 설명하였다. 이러한 점에서 데이터 자산 관리자는 데이터 관리에서 중요한 역할을 수행한다.

일반적으로 데이터 관리자라고 하면, 데이터베이스 관리자(database administrator)와 같이 컴퓨터 기술에 조예가 있는 정보시스템 전문가를 떠올리기 쉽다. 그러나 일반적인 자산 관리에서도 해당 자산에 대한 기술적 지식이 많은 사람이 관리자인가 하는 것이다. 쉬운 예를 들어보면 일반 가정에서 전자제품의 관리자는 비록 전자제품에 대해서는 거의 문외한이라고 하여도 그 가정의 가정주부이다. 왜냐하면 가정주부가 냉장고나 텔레비전이나 집에 있는 컴퓨터를 가장 많이 사용하기 때문이다. 그러나 전자제품들을 가정주부가 직접 유지보수하고 관리하는 것은 아니다. 만약 가전제품들이 고장이 나거나 새로운 제품으로 바꾸거나 할 때는 해당 전문가를 불러 A/S를 받거나 전문가를 찾아가 상담을 받거나 하여 결정한다. 그리고 전자제품들의 유지보수를 일정기간동안 전문가들에게 위탁하기도 한다.

이와 같이, 특정 자산을 기술적으로 관리하는 사람과 그 자산을 소유하고 사용하며, 해당 자산에 대한 투자 및 활용 방안을 결정하는 사람은 보통 동일인이 아니다. 이러한 점에서 데이터 자산의 관리자 또한 데이터베이스 관리자와 같은 정보시스템 전문가가 아니라 해당 데이터를 사용하고 소유하는 사용자들이다. 이러한 관점에서 본 장에서는 데이터 관리와 연관한 직책을 알아보고 이들의 기능과 역할들을 살펴본다.

4.1. 데이터 관리 기능

데이터 관리 기능들을 살펴보기 위하여 먼저 데이터 관리와 연관된 직책들을 나열해 보면 다음과 같다.[1] 그리고 이들 직책이 수행하는 기능들을 살펴봄으로써 효과적인 데이터 관리를 위한 필요 기능들을 살펴본다. 여기서 각 기능이나 직책은 논리적인 기능이나 직책이다. 따라서 여러 기능이나 직책이 동일인이나 동일부서에서 수행될 수 있으며, 여러 부서가 하나의 직책이나 기능을 같이 수행할 수도 있다.

- 데이터베이스 관리자
- 메타데이터 관리자
- 데이터 품질 담당자
- 데이터 관리자
- 데이터 전략가
- 정보시스템 개발자

---

1) Adelman, S., Moss, L. & Abai, M., *Data Strategy*, pp. 140~155.

- 데이터 표준 운영자
- 사용자
- 데이터 소유자

4.1.1. 데이터베이스 관리자(DBA: DataBase Administrator)

데이터베이스 관리자는 데이터베이스의 구조, 성능과 같은 물리적인 특성을 설계하고 관리한다. 데이터베이스 관리자는 사용자들의 요구 사항을 식별하고, 데이터베이스가 업무 수행과 의사결정을 위하여 어떻게 사용될 것인가를 분석하며 이를 바탕으로 데이터베이스를 설계하고 관리한다. 통상적으로 데이터베이스 관리는 정보시스템의 운영과 더불어 같이 이루어졌으나 최근에는 데이터베이스만을 관리하는 데이터베이스 관리자의 역할이 강조되고 있다.

4.1.2. 데이터 관리자(DA: Data Administrator, Data Architect)

데이터 관리자는 데이터 관리의 중요성이 확대됨에 따라 더욱 강조되고 있는 역할로서, 데이터 자산에 대한 전사적인 구조를 설계하고 관리하는 임무를 수행한다. 즉, 특정 데이터베이스나 정보시스템에서 사용하는 데이터들을 관리하는 것이 아니라(이들은 주로 데이터베이스 관리자가 수행함), 조직이 보유하거나 사용하고 있는 데이터들을 여러 정보시스템으로부터 통합하고 이들을 외부 데이터들과도 연계하여 효과적으로 사용하고 관리하기 위한 규정과 절차를 만들고 아키텍처를 설계한다. 따라서 데이터 표준을 제정하고 표준화를 수행하며, 모든 데이터를 표현하는데 표준 용어들이 사용되도록 강제하는 담당자가 데이터 관리자이다.

최근에는 ITA/EA(IT Architecture/Enterprise Architecture)와 전사적 데이터 아키텍트(enterprise data architect)라고 부르기도 한다.

4.1.3. 메타데이터 관리자(MetaData Administartor)

메타데이터 관리자는 메타데이터들을 리파지트리(repository)에 저장하고 관리하는 사람이다. 즉, 데이터들의 구조적 특성이나 의미를 나타내는 메타데이터들을 개별 정보시스템으로부터 추출하여 메타데이터 저장소에 저장하고 관리하는 역할을 수행한다. 메타데이터 관리자는 메타데이터에 추가하여 마스터 데이터나 참조 데이터와 같이 모든 정보시스템들이 공동으로 사용하는 데이터 값을 정의한다. 더불어 각 데이터의 표현형식이나 의미를 결정하여 모든 데이터들이 같은 방법으로 표현되도록 한다. 즉, 데이터들의 구조적 메타데이터, 의미적 메타데이터, 생성 메타데이터 및 검색 메타데이터들을 정의하여 저장하고 관리한다.

4.1.4. 데이터 전략가(Data Strategist)

데이터 전략가는 데이터 자산의 전략적 활용 방안이나 기업 전략 변화에 따른 데이터 관리 전략의 조정 등의 역할을 수행한다. 따라서 데이터 전략가는 조직이 현재 보유하고 있는 데이터의 종류와 양, 이들의 향후 증가 추세, 경쟁 환경의 변화에 따른 새로운 정보 요구, 정부의 데이터 공개나 보고에 대한 법적 규제 등을 파악하고 예측할 수 있는 능력을 보유하여야 한다. 그리고 조직의 중장기 발전 전략과 연관하여 어떤 데이터들이 더욱 필요하게 될 것이며, 데이터 관리적 관점에서 무슨 준비가 필요한 가를 판단하고 예측하는 역할을 수행한다.

4.1.5. 데이터 품질 관리자(Data Quality Steward)

데이터 품질 관리자는 데이터 품질을 측정하고 관리한다. 데이터 품질은 데이터의 생산 및 변환과 관련되는 모든 작업의 결과이다. 따라서 이후 소개되는 데이터 소유자들이나 정보시스템 개발자뿐만이 아니라 조직의 모든 구성원들이 데이터 품질에 책임을 져야 한다. 이들 중에서 품질 관리자는 데이터의 품질을 측정하고 평가하며, 문제점들을 파악하고, 문제의 원인을 추적하며, 품질 개선을 위한 방안을 제시하는 책임 관리자이다. 또한 데이터 품질로 인한 비용과 이를 해결하기 위한 비용 및 이에 따른 품질 개선을 위한 우선순위 등도 같이 고려해야 한다.

4.1.6. 데이터 보안 관리자(Data Security Officer)

데이터 보안 관리자는 데이터가 부적절한 사용자들에게 노출되지 않도록 관리한다. 사용 메타데이터에서 살펴본 바와 같이, 모든 데이터들에 대해서 적법한 사용자들만이 해당 데이터를 사용할 수 있도록 관리되어야 한다. 그러나 데이터가 기업의 중요한 자산이라는 점에서 이들 데이터를 불법적으로 사용하고자 하는 시도는 항상 발생한다. 특히 모든 정보시스템들이 인터넷을 통하여 외부 망과 연결되어 있는 상황에서 외부 침입자들의 데이터 해킹은 모든 기업의 가장 큰 우려 사항이 아닐 수 없다. 특히 데이터와 같은 디지털 자산은 외부에 불법적으로 유출된 경우에도, 많은 경우, 유출기록이나 흔적이 거의 없는 경우가 대부분이다. 따라서 유형자산들과 비교해 볼 때 보안 관리가 더욱 어렵다.

데이터 보안 관리는 데이터 자산의 불법 유출이나 위·변조를 막기 위한 물리적 보안에서부터 시작하여, 통신망을 통한 불법적인 외부 침입이나 이동적인 데이터의 도, 감청이나 불법적인 변조를 막기 위한 네트워크 보안, 데이터가 유출되더라도 내용이 공개되는 것을 막기 위한 데이터 암호화 등을 포함한다.

4.1.7. 데이터 담당관(Data Steward)/정보 담당관(Information Steward)

데이터 담당관 또는 정보 담당관은 해당 데이터의 활용과 사용을 책임지고 관리하는 직책이다. 즉, 실물자산의 관리자처럼 데이터 자산을 관리하는 책임자이다. 이러한 점에서 데이터 담당관은 데이터의 생성과 활용, 현 상태 등을 전반적으로 관리한다. 따라서 데이터 담당관 또는 정보 담당관은 보통 정보기술 분야의 종사자가 아니라 현업 종사자이다.

데이터 담당관의 기능은 데이터 소유자, 데이터 품질 관리자, 데이터 관리자 등의 기능과 중복된다. 그러나 데이터 품질 관리자, 데이터 관리자들은 데이터나 정보시스템 전문가들이며, 데이터 담당관은 현업, 즉 업무 담당자들이다. 따라서 데이터 담당관은 데이터 품질 관리자, 데이터 관리자들의 상대자(counterpart)로서 해당 데이터에 대하여 업무 담당자들의 이익을 대변하며, 업무 담당자들이 해야 할 역할을 대변하고 조정한다. 데이터 소유자가 데이터 담당관의 기능을 수행할 수도 있으며, 데이터 소유자로부터 데이터에 대한 관리를 위임받은 제3자가 데이터 담당관의 기능을 수행할 수도 있다.

우리나라에서는 공공기관의 경우, 각 부서마다 정보화를 담당하는 정보화 담당관을 두어 이들이 해당 부서에서 생성하고 활용하는 데이터들을 담당하도록 하였는데, 이러한 정보화 담당관이 여기서 설명하는 데이터 담당관 또는 정보화 담당관의 기능과 유사하다고 할 수 있다. 그러나 우리 공공기관의 정보화 담당관은 조직을 중심으로 부여한 기능이며, 여기서 설명하는 데이터 담당관은 데이터(즉, 비즈니스 개체)를 중심으로 부여한 기능이다. 예를 들면 인사팀의 정보화 담당관은 인사팀에서 사용하는 데이터들을 관리하는 책임자이다. 그리고 사원 데이터 담당관은 사원에 관한 모든 데이터를 관리하는 책임자이다. 물론 사원 데이터 담당관이 인사팀에 근무할 수도 있다.

4.1.8. 데이터 소유자(Data Owner)

데이터 소유자는 데이터를 자산이라고 가정할 경우, 해당 자산에 대한 권리를 보유하고 있는 개인 또는 부서이다. 즉, 데이터의 주인이다. 일반적으로 처음 데이터를 만들어 내는 생산자가 소유권을 주장하는 경우가 많으나, 경우에 따라서는 해당 데이터를 주로 관리하고 사용하는 부서가 소유자가 될 수도 있다. 데이터 소유자는 해당 데이터에 대한 권한뿐만이 아니라 궁극적인 책임도 같이 갖는다. 따라서 만약 해당 데이터의 관리가 잘못될 경우 이에 대한 궁극적인 책임은 데이터 소유자가 지게 된다.

4.1.9. 정보시스템 개발자(IS developer)

정보시스템 개발자는 데이터를 사용하는 동시에 데이터를 생산하고 변경하는 정보시스템을 개발한다. 데이터들이 여러 사용자들 사이에서 효과적으로 공유되는 것은 정보시스템을 통하여 이루어지므로, 정보시스템 개발자들은 각 정보시스템이 사용하거나 생산하는 데이터들이 효과적으로 타 정보시스템들과 공유될 수 있도록 데이터 관리 정책에 부합하는 정보시스템의 개발에 관심을 기울여야 한다.

4.1.10. 사용자(Data User)

데이터 사용자는 데이터를 사용하는 모든 사람이나 정보시스템, 기기들이 될 수 있다. 데이터의 사용자는 해당 데이터를 현재 사용하고 있는 현재 사용자뿐만이 아니라 앞으로 사용할 미래 사용자도 포함한다.

4.2. 데이터 담당관과 주제관심집단

데이터 관리가 효과적으로 이루어지기 위하여서는 앞에서 언급한 여러 가지 기능들이 필요하다. 이 중에서도 특히, 해당 데이터 자산을 책임지고 관리하는 책임자가 있어야 하는데 이러한 책임자를 데이터 담당관 또는 정보 담당관이라고 한다고 하였다.

데이터 담당관은 Stewards(승무원, 집사)라는 단어가 의미하는 것처럼, 주인이나 승객이 필요로 하는 모든 신변의 일을 돌보아주는 역할을 하는 사람이다. 데이터 담당관의 주인이나 승객은 데이터의 소유자나 사용자들이다. 데이터 담당관들은 이들을 대신하여 이들이 데이터를 잘 관리하고 사용하는 데 필요한 모든 것들을 챙기고 관리하며 준비하는 역할을 수행한다. 이러한 데이터 관리자의 역할은 우리가 비행기 여행을 할 때 항공기 승무원이 승객들에게 해주는 역할을 상상하면 쉽게 유추할 수 있다. 데이터의 소유자나 사용자를 승객이라고 하면, 데이터 담당관은 이들 승객이 안전하고 편안한 여행을 할 수 있도록 모든 것을 체크하고 챙겨주는 승무원의 역할을 수행한다. 따라서 다음과 같은 문제들이 발생할 경우, 데이터 담당관의 역할이 특히 필요하다고 할 수 있다.

- 데이터 품질에 대한 책임자가 없는 경우
- 데이터 품질에 대한 요구수준을 결정하는 책임자가 없는 경우
- 업무 규칙을 결정하는 책임자가 없는 경우
- 데이터의 의미가 명확하게 정의되어 있지 않거나 쉽게 찾을 수 없는 경우
- 보안에 대한 기준이나 조정이 잘 이루어지지 않는 경우
- 주제 영역 간 조정이 잘 이루어지지 않는 경우

- 정보시스템들 사이의 연관성이 잘 수립되어 있지 않은 경우

- 정보시스템들 사이의 데이터를 서로 조정하는데 너무 많은 노력이 필요하거나 낭비적인 경우

- 데이터베이스를 구축하기 위한 표준이 없는 경우

데이터 담당관의 역할을 위에서 제시된 문제들을 해결하는 것이라고 가정해 볼 때, 데이터 담당관은 정보 소유자와 메타데이터 관리자, 데이터 품질 관리자, 데이터 전략가 등의 기능을 복합적으로 수행한다고 볼 수 있다. 이와 같이, 데이터 담당관들은 해당 부서에서 해당 데이터 자산들을 관리하는 책임자라고 할 수 있다. 데이터 담당관들은 보통 업무 담당자들이다. 즉, 정보기술이나 전산 시스템의 전문가가 아니며, 이러한 점에서 데이터베이스 관리자와는 구별된다.

데이터 담당관들이 데이터 자산을 효과적으로 관리함에 있어, 궁극적으로는 전사적인 차원에서 전사적인 전략과 비전에 부합되도록 데이터 관리가 이루어져야 한다. 그러나 현실적으로 모든 데이터 담당관들이 전사적인 차원에서 데이터 자산을 관리하는 것은 쉽지 않다.

대규모 조직의 경우, 데이터의 종류가 다양하고 다양한 이해관계자들이 서로 다른 정보 요구를 가지게 된다. 따라서 모든 부서의 데이터 담당관들이 전사적으로 모든 데이터에 대하여 관심이나 이해관계를 가지는 것은 아니다. 또한 개별 부서의 관점에서 데이터 관리가 이루어지는 것도 전사적인 목표달성에 부합하지 않는다. 이러한 점에서 특정 데이터 자산에 관심을 가지는 사용자들(즉, 사용자들을 대표하는 데이터 담당관들)들의 관점에서 데이터 관리가 이루어지는 것이 바람직한데 이를 주제관심집단이라고 한다.

4.2.1. 주제관심집단(COI: Community Of Interests)

주제관심집단은 특정 주제 영역(subject area)의 데이터들에 대하여 데이터 담당관의 기능을 수행하는 조직이다. 주제관심집단은 정보공유 문제를 해결하기 위해 결성된 모임으로서 다음의 기능을 수행한다.

- 데이터에 영향을 미치는 주요문제를 함께 해결하기 위해 작업
- 어떻게 정보가 교환될 것인지에 대한 공통된 표준 수립
- 데이터 제공자, 사용자, 정보시스템 개발자 간의 협조
- 기능 조직 경계를 넘어서 연관 조직들과 협력

주제관심집단은 성격에 따라 한시적 주제관심집단과 조직적 주제관심집단으로 구분된다.

- 한시적 주제관심집단: 특정 주제에 대하여 일시적으로 운영되는 주제관심집단
- 조직적 주제관심집단: 임무수행을 위하여 항시적으로 운영되는 주제관심집단

주제관심집단이 수행하는 업무 내용들을 데이터 표준화 및 공유와 연관하여 살펴보면 〈표 4-1〉과 같다. 표를 통하여 알 수 있는 바와 같이 주제관심집단은 어떤 정보를 교환하고, 어떤 형식으로 교환할 것이며, 데이터의 명칭을 무엇으로 할 것인가 등과 같은 메타데이터 표준을 실제로 설정하는 주체이다.

<표 4-1> 주제관심집단의 데이터 표준화 및 공유를 위한 업무 절차

① 정보공유를 위해 공동으로 사용해야 하는 데이터 자산을 확인한다.

② 검색 메타데이터 사양(Discovery Metadata Specification)에 따라 검색에 필요한 메타데이터를 색인한다.[2]

③ 검색서비스를 사용하여 검색 메타데이터를 등록한다.

④ 인가된 사용자들이 데이터 자산에 접근하여 사용하는데 필요한 서비스를 구현한다.

⑤ 메타데이터 레지스트리에 데이터 자산에 관한 메타데이터를 등록한다.

⑥ 데이터 전략이 올바로 적용되고 구현될 수 있도록 관련 기관과 협조한다.

이상에서 살펴본 바와 같이 주제관심집단은 무슨 정보자산을 공유할 것인가를 결정하고, 이들을 효과적으로 공유하기위하여 이들에 대한 메타데이터를 공유 공간에 등록함으로써, 다른 사용자들이 이들을 사용하여 정보자산을 검색하고 사용할 수 있도록 한다. 따라서 정보 공유를 데이터 표준화라고 하면 다음의 2가지 표준화를 포함한다.

- 첫째는, 정보를 공유하기 위하여 필요한 메타데이터들에 대한 표준화를 포함한다.
- 둘째는, 정보 공유를 위하여 공통적으로 사용하는 마스터 데이터나 참조 데이터에 대한 표준화를 포함한다.

메타데이터에 대한 표준화는 앞에서 소개된 메타데이터의 종류들인 의미적 메타데이터, 기술적 메타데이터, 프로세스 메타데이터, 사용 메타데이터에 추가하여 검색에 대한 메타데이터를 포함한다. 검색 메타데이터는 주제, 키워드 등과 같이 사용자들이 데이터를 검색하는 데 필요한 정보를 제공한다.

---

2) DASD(Deputy CIO), *Department of Defense Discovery Metadata Specification(DDMS) Version 1.2*, January, 2005.

그리고 실제 데이터에 대한 표준화는 모든 사용자와 정보시스템이 공동으로 사용하는 코드와 같은 참조 데이터에 대한 표준화와 고객 데이터, 부품 데이터와 같은 마스터 데이터에 대한 표준화를 포함한다.

<표 4-2> 데이터 표준화의 대상

대상		예시
메타 데이터	기술적 메타데이터	데이터베이스 스키마(개념 데이터베이스 스키마, 논리 데이터베이스 스키마, 물리 데이터베이스 스키마) 개체관계모델링도구(ERwin, PowerDesigner, DA# 등) 산출물
	의미적 메타데이터	업무 편람, 규정, 용어(단어), 용어분류체계(taxonimy)
	프로세스 메타데이터	응용프로그램 소스 코드, 응용프로그램 사양서, ETL 솔루션, DW 구축 프로그램
	사용 메타데이터	사용자 등급 업무 규정
	검색 메타데이터	주제, 키워드 등
데이터	마스터 데이터 (Master Data)	여러 업무에서 공통적으로 사용하는 조직의 주요 자원에 대한 데이터 (예): 고객에 대한 데이터, 부품에 대한 데이터
	참조 데이터 (Reference Data)	공통적으로 사용하는 코드들 (예) 부서코드, 국가코드 등

4.2.2. 주제관심집단의 데이터 공유범위

전통적으로 데이터를 공유하는 범위는 전사적으로 데이터를 공유하는 것과 공유하지 않는 것으로 구분되어 왔다. 후자를 보통 부서단위 데이터 공유 또는 부서별 데이터 독점이라고 한다.3)

• 부서단위 데이터 공유: 개별 업무별로 데이터를 사용하며, 전사적으로 데이터가 공유되지
  않는 경우

• 전사적 데이터 공유: 전사적으로 데이터를 공유하는 경우

가. 부서단위 데이터 공유

부서단위 데이터 공유는 해당 업무를 수행하는 담당자들만이 데이터를 사용
할 수 있도록 한정하는 것이다. 따라서 이는 바꾸어 이야기하면, 서로 다른 부
서들 사이에는 데이터를 공유하지 않는 경우이다. 이와 같이 데이터가 공유되
지 않을 경우 개별 업무를 수행하기 위하여 필요한 데이터들을 스스로 확보하
여야 하며, 따라서 서로 고립된 데이터 섬들이 발생한다. 더 나아가, 정보화가
확산된 현재의 경우에는, 서로 연관된 프로세스들이 정보시스템을 통하여 서
로 연관되지 않고는 업무 수행이 불가능하기 때문에 정보시스템들 사이의 데
이터 통합을 위하여 많은 노력이 추가로 이루어져야 하거나, 정보시스템의 제
약으로 인하여 업무 수행이 불가능한 경우들이 발생한다.

예를 들면, 자재부서에서 사용하는 재고관리 시스템의 품목 분류와 회계부
서에서 사용하는 자산 관리 시스템의 자산 분류가 서로 같지 않으면, 재고자산
액이 올바르게 계산되어 관리될 수 없다. 따라서 이를 위하여서는 품목분류를
자산분류와 대응시키기 정보시스템을 추가로 개발하거나 수작업으로 이들을
변환시켜야 한다. 그리고 이것이 여의치 않은 경우에는, 개별 품목수준에서의
자산 관리를 포기하고 이들을 모두 합산한 재고 자산 총액만을 관리하도록 업
무수행방법을 단순화해야 한다.

---

3) 데이터를 공유하지 않는 경우를 데이터 공유라는 이름을 붙여서 구분하는 것은 명칭 부여의
   모순이라고 할 수 있다. 그러나 전사적 데이터 공유와 대비하여 이를 업무단위 데이터 공유
   라고 한다.

나. 전사적 데이터 공유

개인이나 부서가 보유하고 있는 데이터를 개인적인 소유로 보지 않고 전사적으로 필요한 사람들이 모두 사용할 수 있도록 하는 것을 전사적 데이터 공유라고 한다. 이와 같이 전사적인 데이터 공유가 필요한 이유는 조직의 임무 수행을 위하여서는 여러 부서가 상호 연관된 업무를 수행해야 하는데, 이때 다른 프로세스에서 생산한 데이터들을 공유하고 사용하지 않을 수 없다. 이와 같이 데이터는 하나의 부서에서만 사용하는 전유물이 아니라 여러 부서에서 공통으로 사용하는 공유물로서의 성격을 갖는다. 그리고 이러한 데이터의 공유가 효과적으로 이루어지기 위하여서는 현재의 사용자들만이 데이터를 공유하는 것이 아니라 미래의 사용자들도 공유할 수 있도록 함으로써 정보시스템이 사용되는 전 수명주기 기간 동안 데이터 공유가 이루어질 수 있어야 한다.

데이터를 공유하기 위해서는 무엇보다도 먼저 데이터 사용자들을 파악해야 하는데, 데이터 사용자들은 다음과 같이 현재와 미래의 사용자로 구분된다.

> • 현재 사용자: 현재 데이터를 사용하거나 데이터에 대한 관심이 있는 현재 식별할 수 있는 집단
> • 미래 사용자: 데이터에 관심이 있으나 현재는 식별되지 않은 집단

(1) 현재 사용자

현재 사용자는 현재 데이터를 사용하는 집단이다. 현재 사용자들에 대해서는 정보시스템을 개발할 시점에 이미 무슨 데이터들을 사용하고 있으며, 무슨 데이터에 관심이 있는가를 파악할 수 있다. 이와 같이 현재 사용자들에 대해서는 요구사항(requirements)을 알고 있기 때문에 이들 요구사항을 반영할 수 있도

록 정보시스템을 구현할 수 있다. 따라서 정보시스템을 구축함에 있어 가장 필요한 것은 현재의 사용자 집단을 파악하고 이들의 요구사항이 정보시스템의 개발과정에서 반드시 포함되도록 하는 것이다. 그러나 현실적으로 여러 가지 장애 요인들로 인하여 현재 사용자들의 요구사항들도 완전히 반영되지 않는 경우들이 발생한다.

(2) 미래 사용자

데이터에 대한 관심은 있으나 현재 식별되지 않은 집단을 미래 사용자라고 한다. 미래 사용자란 장차 미래에 해당 데이터를 사용하게 될 사람들을 이야기 한다. 이와 같은 미래 사용자들도 데이터 공유 시스템을 개발함에 있어 포함시켜야 하는 이유는, 정보시스템 특히 데이터베이스는 일회성 시스템이 아니라 조직과 생명을 같이 하는 영구 시스템이기 때문이다. 시간이 지남에 따라 조직의 경영 환경이 바뀌는 것처럼 정보시스템의 사용 환경도 바뀐다. 따라서 정보시스템들 또한 유기적인 생명체와 같이 변화하는 환경에 효과적으로 적응해야 하는데 이를 위해서는 새로운 미래 사용자들의 요구사항이 반영되어야 한다.

미래 사용자들은 이들이 미래의 사용자들이기 때문에 현재는 이들이 누구이며 이들의 요구사항이 무엇인지 구체적으로 파악하기가 쉽지 않다. 따라서 미래 사용자들의 요구사항을 정보시스템의 개발에 반영하기가 쉽지 않다. 이러한 미래 사용자들의 요구사항을 파악하기 위하여 다양한 요구분석 기법들이 제시되고 있으나 이를 완전하게 파악하는 것은 쉬운 일이 아니다. 미래 사용자들의 데이터 요구를 반영하는 것이 중요한 이유는 정보시스템이 구축되고 난 뒤에는 이들의 요구사항을 반영하는 것이 쉽지 않기 때문이다. 즉, 미래 사용자의 새로운 요구를 반영하기 위해서는 정보시스템을 변경해야 한다. 이를 위해서는 많은 시간과 노력이 추가로 투입된다. 이러한 추가적인 투자를 방지하기 위해서는 정보시스템을 개발하는 시점에 미래 사용자들의 요구사항을 반영하는 것인데, 이들의 요구사항을 현재 시점에서 파악하는 것 또한 쉽지 않다. 이 결과 이들은 정보시스템의 사용자 그룹에 포함되지 않고 계속 소외되는 현상이 발생한다.

미래 사용자들의 요구사항을 반영할 수 있기 위하여서는 현재 시점에 이를 파악하려고 노력하는 것보다는 미래 시점에 이들이 쉽게 데이터의 사용자 집단에 포함될 수 있도록 하는 것이 더 나을 수 있다. 이를 위해서는 새로운 사용자들이 쉽게 데이터를 파악하고 접근할 수 있도록 하는 기능을 제공하는 것이 필요하다. 그리고 이들의 새로운 미래 요구사항을 쉽게 반영할 수 있도록 정보시스템을 설계하는 것이 필요하다.

다. 새로운 데이터 공유의 범위: 주제관심집단

앞에서 제시된 데이터의 공유 범위에서 우리는 크게 부서단위로 데이터를 소유하는, 즉 데이터 공유가 이루어지지 않는 경우와, 전사적으로 데이터 공유가 이루어지는 경우로 구분하였다. 그러나 전사적인 데이터의 공유를 다시 살펴보면, 부서별로 데이터가 독점되지 않는 모든 경우를 포함한다. 따라서 정말 전사적으로 모든 사용자들이 필요한 데이터를 다 공유할 수 있는 경우와 일부 범위의 사용자들만이 공유하는, 즉 부서별 데이터 독점은 아니나 전사적으로는 데이터가 공유되지 못하는 경우를 같이 포함한다. 후자의 경우는 공유의 범위가 지역이 될 수도 있으며, 보다 큰 상위의 지역이나 부서가 될 수도 있는 등의 여러 단계가 있을 수 있다. 이와 같이 부서단위 데이터 독점과 전사적 데이터 공유는 데이터 공유의 양 극단을 나타내는 점이다.

전사적 데이터 공유를 실현하기 위해서는 해당 데이터를 사용하는 현재 사용자 및 미래 사용자의 요구사항을 전사적으로 반영하여야 하는데, 이러한 요구사항을 조직 전체적으로 파악하는 것은 쉬운 일이 아니다. 앞에서도 이야기하였지만, 조직 전체 모든 구성원들의 요구 사항을 파악할 수 있는 그러한 분석가를 확보하는 것도 쉬운 일이 아니다. 이러한 점에서 볼 때, 전사적으로 모든 사용자들의 요구사항을 반영하여 데이터 공유 시스템을 구축하는 것 또한 하나의 이상적인 극단이라고 할 수 있다.

다양한 단계의 데이터 공유 범위들 중에서, 특정 데이터에 관심이 있는 최소한의 집단을 주제관심집단이라고 한다. 만약 이들 주제관심집단에 포함된 사용자들마저도 데이터를 공유하지 못하는 경우는 업무 수행자들 사이에서 데이터가 공유되지 못함을 의미하며, 따라서 이는 부서별 데이터 독점의 범위를 아직 벗어나지 못한 경우라고 할 수 있다. 그리고 주제관심집단 이외의 사용자들은 일반 사용자들이거나 해당 데이터를 사용하지 않는 집단이다. 이러한 점에서 주제관심집단은 전사적 데이터 공유를 실현하기 위한 현실적 기준이다. 즉, 주제관심집단 안에서 데이터 공유가 잘 이루어지면 이에 속하지 않는 일반 사용자들은 여기서 결정된 표준 등을 준용하여 데이터를 사용하면 된다. 이와 같이 주제관심집단은 해당 데이터에 대해서는 전사적으로 모든 사용자들을 대표하여 요구사항을 제기하고 정의하는 집단이다.

주제관심집단 데이터 공유와 비교하여 종래의 전사적 데이터 공유는 주제관심집단을 포함하여 모든 사용자들의 요구사항을 반영하고자 하는 데이터 공유 형태라고 할 수 있다.[4] 이러한 데이터 공유의 수준을 구분하여 비교하면 〈표 4-3〉과 같다.

---

4) 일반적인 전사적 공유를 국민 모든 사람의 의견을 반영하는 직접 민주주의라고 하면, 주제관심집단은 이들 중에서 관심 있는 집단의 선발하여 이들의 의견을 반영하는 대의 민주주의라고 할 수도 있다.

<표 4-3> 데이터 공유 수준

데이터 공유 수준	부서단위 데이터 공유	주제관심집단 데이터 공유	전사적 데이터 공유
공유의 범위	단위 부서	조직 전체 (조직 전체를 주제관심집단이 대표하여 공유를 위한 제반사항을 결정)	조직 전체
데이터베이스 특성	정보의 섬 발생	주제별로 데이터 공유 관리	전사적 데이터 공유
데이터 공유 관리	해당 업무부서	주제관심집단	조직 전체적으로 전사적 관리부서
사용자	해당 업무부서의 담당자 및 이해관계자	해당 주제 영역과 관련된 모든 업무 담당자 및 이해관계자	조직 내부 및 외부의 모든 사용자

4.3. 주제관심집단의 구성과 운영

주제관심집단은 데이터 공유 및 관리에서 중추적인 역할을 수행하는 조직이다. 그러나 이는 일차적인 업무수행조직(functional)이 아니기 때문에 이의 구성과 운영에 많은 관심을 기울일 필요가 있다.

4.3.1. 주제관심집단의 구성

주제관심집단의 일반적인 성격을 살펴보면, 앞에서 분석된 바와 같이, 다음과 같은 특성을 갖는다.

• 주제관심집단의 구성원들은 본연의 업무를 수행하면서 현업의 의견을 전달하는 해당 부서의 데이터 담당관의 역할을 수행한다. 따라서 이들은 대부분 해당 데이터들을 관리하기위하여

주기적으로 (1주일 또는 1달에 한 번) 모여서 회의를 통하여 주요한 의사결정을 하고 업무를
수행하는 일종의 위원회 조직이라고 할 수 있다.

- 주제관심집단은 대부분의 경우 항시조직이다. 이러한 점에서 주제관심집단은 항시적인 위
  원회 조직이라고 할 수 있다.

주제관심집단이 데이터 공유를 위하여 현황을 파악하고 정보시스템들의 공
유 요구를 분석하기 위하여서는 중심적인 역할을 하는 부서가 필요한데, 이러
한 데이터 공유를 위한 기초 작업은 책임부서 및 기술간사가 수행한다. 따라서
주제관심집단은 〈표 4-4〉에 제시된 바와 같이 책임부서, 기술간사 및 일반 위
원부서들로 구성된다. 개략적으로 볼 때 주제관심집단은 일반 위원부서들로
구성된 위원회이며, 이 중 해당 데이터의 소유 부서가 책임기관의 역할을 수행
하며 위원회를 주제한다. 그리고 데이터 공유에 대한 기술적인 현황과 방안들
에 대한 기술적인 자문은 기술간사가 제공한다.

〈표 4-4〉 주제관심집단의 구성과 임무

구성	임무
책임부서	• 해당 주제관심집단의 데이터에 대한 데이터 소유자의 역할을 수행하는 부서 • 주제관심집단의 회의를 주제하고 데이터 표준화를 관리하고 조정함
기술간사	• 해당 주제관심집단의 데이터에 대한 데이터 공유 시스템 등을 운영하며, 메타데이터들을 관리하는 부서의 구성원 • 데이터 및 메타데이터의 표준화 등에 대한 기술적 현황과 대안 등을 분석 제시함
위원부서	• 해당 주제관심집단의 데이터를 사용하거나 관련된 정보시스템을 사용하거나 운영, 개발하는 부서

4.3.2. 주제관심집단의 판단기준

주제관심집단은 포괄적으로 특정 주제 영역에 관심이 있는 부서들의 구성체

로 정의된다. 그러나 이러한 주제관심집단을 실제로 구성하는 것은 실질적으로 쉽지 않다. 원래 주제관심집단(Commnity of Interest)은 지방자치단체의 구역을 결정하기 위하여 사용된 개념이다. 즉, 같은 지역의 범위가 어떻게 설정되는 것이 가장 적절한 가를 판단하기 위한 개념으로서 다음과 같은 기준들이 제시되어 왔다.[5]

- 인지적 차원(Perceptual Dimension)   · 기능적 차원(Functional Dimension)
- 정치적 차원(Political Dimension)

이하에서는 이들 판단 차원들을 주제관심집단의 판단에 적용하기 위한 방안을 제시한다.

가. 인지적 차원에 의한 정의 방안

인지적 차원이란 동일한 데이터들을 서로 같이 사용한다고 인식하는 모든 부서들을 주제관심집단에 포함시키는 방안이다. 즉, 해당 데이터들을 같이 사용하는 사용자 집단은 모두 주제관심집단이 될 수 있음을 의미한다. 이를 정보 시스템의 관점에서 이야기하면, 데이터 모델링의 주제 영역(subject area)에 속하는 데이터들을 사용하는 집단들은 주제관심집단이 됨을 의미한다. 이러한 점에서 볼 때, 한지역이 하나의 지방자치단체의 구역으로 포함되는 것과는 달리 데이터 공유를 위한 주제관심집단은 한 부서가 여러 주제관심집단에 포함될 수 있다.

---

5) Flcher, H., *The Concept of Community of Interest*, Department of Local Government(South Australian), 1989.

나. 기능적 차원에 의한 정의 방안

기능적 차원이란 같은 위원회나 회의에 참석하는 집단이나 같은 건물을 같이 사용하는 집단들을 주제관심집단에 포함시키는 방안이다. 즉, 같은 회의나 위원회에 참석하는 사람들은 같은 데이터를 공유할 가능성이 높기 때문에 주제관심집단에 같이 포함시키는 것이 바람직하다는 관점이다. 물리적인 건물이나 공공시설을 같이 사용하는 집단들을 같은 지방자치단체의 구역에 포함시키는 것은 물리적인 자원의 공유라는 관점에서 바람직하다. 그러나 전자적(digital) 자원인 데이터들은 같은 위원회나 회의에 참석한다고 하여 같은 데이터를 공유할 가능성이 높으며, 참석하지 않는다고 하여 공유할 가능성이 낮은 것은 아니다.

다. 정치적 차원에 의한 정의 방안

정치적 차원이란 동일 의사결정자의 정치적 영향권 아래에 있는 집단들을 주제관심집단에 포함시키는 방안이다. 이러한 정치적 차원에 의한 정의 방안은 데이터의 경우는 서로 다른 조직이나 부서들도 같은 데이터를 공유할 수 있으며, 이러한 부서들이 데이터의 공유를 위하여 협조하여야 한다는 데이터 공유의 취지하는 조금 거리가 있는 것으로 판단된다.

이상에서 살펴본 바와 같이 주제관심집단 구성 위원들의 판단 기준은 인지적 차원에 의한 정의 방안이 가장 적절한 것으로 판단된다. 그리고 기능적 차원이나 정치적 차원은 인지적 차원을 보완하기 위한 방안으로 활용될 수는 있으나, 데이터 공유를 위한 주제관심집단의 구성에는 크게 적절하지 않은 것으로 판단된다.

제5장

데이터 품질

　데이터가 잘 관리되었는가는 생산된 데이터의 품질에 의하여 평가된다. 즉, 생산된 데이터가 양질일 경우 데이터 관리가 효과적으로 수행되었다고 할 수 있으며, 그렇지 않은 경우 데이터 관리가 효과적이지 못하였다고 할 수 있다.

　품질은 어느 정도 주관적인 기준이다. 간단한 텔레비전의 리모컨의 경우에도, 어떤 사람은 사용하기 편리하며, 조작 속도가 매우 빠르다고 하며, 다른 사용자는 조작속도도 느리고 사용하기도 불편하다고 할 수 있다.

　정보화의 발달에 따른 가장 눈에 띠는 현상은 데이터베이스의 확산이라고 할 수 있다. 이전에는 개인이나 부서 단위로 이용되는 데이터들이 이제는 전사적으로 그리고 공개적으로 공유되게 되었으며, 이러한 현상은 일상적인 활동이 되고 있다. 이와 같이 데이터베이스가 확산됨에 따라 많은 사용자들이 데이터를 공유하게 됨으로써 데이터의 내용이나 의미 등을 잘 모르는 일반 사용자들이 데이터를 사용하게 될 기회가 늘어나게 되었다. 그리고 이러한 일반 사용자들의 정보 요구를 보다 효과적으로 지원하기 위해서는 보다 높은 품질의 데이터 서비스가 필요하다.

5.1. 전통적 품질 평가 프레임워크

데이터는 일상적인 제품들과 달리 형상을 가지지 않는다. 즉, 유형의 제품들은 물리적인 형상을 가지는데 반하여 데이터는 전자적으로 표시된다. 이러한 점에서 품질 평가 기준(또는 차원: dimension)과 실제 측도(metric)를 설정하는 것이 쉽지 않다. 전통적으로 품질이란 사용자의 요구를 충족시키는 정도로 판단된다. 즉, 품질은 사용자들이 기대하는 품질 수준과 인지된 품질 수준과의 차이로 인식되어 왔다. 여기서 품질 수준을 구성하는 품질 차원에는 내구성 등과 같은 공학적인 차원도 포함되나 사용 편이성 등과 같은 주관적인 차원들도 포함된다.

데이터에 대한 품질 평가 또한 데이터 품질 자체에 대한 객관적인 평가와 더불어 사용자들에 의한 주관적인 평가 또한 포함하도록 확장되어 왔다. 또한 최근에는 이러한 품질에 영향을 미치는 원인을 추적하여 이를 같이 평가하는 방향으로 확대되고 있다.

5.1.1. 데이터 품질 카테고리

데이터에 대한 품질 평가에서 가장 일차적인 관심사는 데이터가 실제를 얼마나 잘 표현하는가를 나타내는 데이터의 정확성이다. 이에 따라 데이터 품질에 대한 연구 또한 데이터의 정확성을 중심으로 주로 논의되어 왔다. 이후, 사용자의 정보 요구에 대한 충족도를 나타내는 유용성, 완전성 등의 평가 기준이 추가되었다.

정보 서비스 업체 등에서 가장 일반적으로 이용하는 데이터 품질 기준은 정확성, 유용성 및 완전성의 3가지 척도이다. 데이터는 무엇보다도 정확한 정보를 제공하여야 하며, 이러한 정보들이 사용자들의 용도에 유용하여야 하며, 사용자들이 찾고자 하는 모든 데이터를 완전하게 제공할 수 있어야 한다는 관점에서 정확성, 유용성 및 완전성이 평가의 척도로 채택되어 왔다.

이러한 사용자 관점에서의 품질 기준과 대비하여 데이터베이스 관리자들은 다른 품질 기준들을 가질 수 있다. 데이터베이스 관리자들은 사용자들에게 제시되는 값이 아니라 데이터베이스에 저장된 값에 더 관심이 있다. 데이터베이스에 저장된 값들에 대한 품질 평가 기준으로서는 이들 값들의 상호 일치성(일관성), 논리적 모순(무결성) 등이 있다. 이와 같이 데이터 품질은 평가 주체에 따라 다른 품질 평가 기준을 갖는다.

평가 주체에 따른 구분과 더불어 평가 대상이 무엇이냐에 따라 데이터의 품질 기준을 구분할 수 있다. 평가 대상은 데이터 자체에 대한 품질과 데이터를 제공하는 서비스에 대한 품질로 구분된다. 여기서 데이터 자체에 대한 품질은 데이터베이스에 저장되어 있는 데이터에 대한 평가로서 정확성, 완전성, 일관성 등을 포함하며, 서비스에 대한 품질은 사용자들이 느끼는 서비스에 대한 평가로서 검색성, 사용용이성, 사용자 지원성 등을 포함한다.[1]

이러한 품질 카테고리들에 대한 연구의 일환으로 Wang은 데이터 품질 차원들을 〈표 5-1〉의 4가지 카테고리로 분류하고 있다.[2]

---

[1] 반드시 그러한 것은 아니나, 일반적으로 서비스에 대한 품질은 사용자 관점에서의 품질과 연관성이 높으며, 데이터 자체에 대한 품질은 데이터베이스 관리자 관점에서의 품질과 연관성이 높다고 할 수 있다.

[2] Wang, R. Y., "A Product Perspective on Total Data Quality Management", *Communications of the ACM* Vol. 41, No. 2, Feb., 1998, pp. 58~65.

<표 5-1> 데이터 품질 카테고리

카테고리	차원
내재적 정보 품질 (Intrinsic IQ)	Accuracy, Objectivity, Believability, Reputation
접근적 정보 품질 (Accessible IQ)	Access, Security
상황적 정보 품질 (Contectual IQ)	Relevancy, Value-added, Timeliness, Completeness, Amount of Data
표현적 정보 품질 (Representational IQ)	Interpretability, Ease of understanding, Concise presentation, Consistent representation

Wang이 제시한 데이터 품질 카테고리들을 앞에서 언급한 평가 대상(데이터 자체에 대한 품질과 데이터의 서비스에 대한 품질) 및 평가 주체(사용자 관점에서의 품질과 데이터베이스 관리자 관점에서의 품질)에 따른 평가 기준들과 상호 비교하면 〈표 5-2〉와 같이 정리할 수 있다.

<표 5-2> 데이터 품질 차원의 상호 비교

Wang의 카테고리	평가 대상에 따른 구분	평가 주체에 따른 구분
내재적 정보 품질	데이터 자체에 대한 품질	관리자 관점에서의 품질
상황적 정보 품질		사용자 관점에서의 품질
접근적 정보 품질	서비스에 대한 품질	관리자 관점에서의 품질
표현적 정보 품질		사용자 관점에서의 품질

5.1.2. 품질 평가의 종류

품질 관리를 위한 프레임워크(틀)의 하나인 통합 품질 관리(TQM: Total Quality Management)는 제품 또는 서비스의 설계부터 제조 및 사후 관리까지의 전 과정을 포함한다. 따라서 완성된 제품 및 이에 대한 사용자들의 평가에만 국한하는 것이 아니라 이들 품질에 영향을 미치는 모든 요인들을 포함하도록 품질 관리를 확장한다.

데이터의 경우에도 양질의 데이터를 서비스하기 위하여서는 최종 데이터에 대한 품질 관리뿐만이 아니라 데이터를 생성하는 데이터베이스 구조, 생성 프로세스 등의 모든 과정에 대한 평가가 같이 이루어져야 한다. 전자를 결과물인 데이터에 대한 평가라는 점에서 현상 평가라고 하며, 후자를 데이터 품질의 발생 원인에 대한 평가라고 하여 원인 평가라고 한다.

데이터 품질에 영향을 미치는 요인들로서는 일반적으로 다음의 4가지가 제시되고 있다.

> • 시스템　　　　　　　　　• 데이터의 처리 프로세스
>
> • 데이터 설계　　　　　　　• 데이터 관리 정책 및 절차

이들 중에서 시스템과 데이터 설계는 이전부터 데이터 품질에 많은 영향을 미치는 요인들로서 평가되어 온 요인들이다. 그리고 데이터 처리 프로세스와 데이터 관리 정책 및 절차는 최근 많이 연구되고 있는 새로운 요인들이다. 데이터 처리 프로세스는 이전에는 응용시스템의 일부로 분류되어 데이터 관리 범위 밖의 문제로 취급되었었다. 그러나 최근에는 이를 데이터 관리의 일부로 포함시키는 정보처리기능모형(Information Processing Model),[3] 정보제조시스템(Information Manufacturing System),[4] 정보구조그래프(Information Structure Graph)[5]

---

3) Redman, T. C., *Data Quality for the Information Age*, Artech House, 1996.
4) Wang, R. Y., 앞의 글.
5) 이춘열, 「정보구조그래프를 이용한 통합 데이터 품질 관리 방안 연구」, 『한국데이타베이스학회지(Journal of Information Technology Application and Management)』 Vol. 10, No. 4, 2003, 103~118쪽.

등이 제시되고 있다. 이들 모두 데이터의 처리 프로세스를 데이터 관리의 관점에서 단순화하여 표현한 모형들이다.

데이터 관리 정책과 절차 또한 데이터의 생성이나 이용 전반에 영향을 미친다는 점에서 매우 중요한 품질 요인이다. 거의 모든 업무 담당자들이 전자화된 데이터베이스를 사용하지 않고는 업무를 처리하는 거의 불가능할 정도로 업무 환경이 정보화됨에 따라 데이터 관리정책이나 절차는 사용자들의 업무 처리에 직접 간접으로 영향을 미치고 있다. 이러한 점에서 데이터 관리정책이나 절차가 업무처리 및 궁극적으로 데이터 품질에 미치는 영향은 계속 증대하리라 예상된다.

5.1.3. 데이터 품질 평가의 관점

통합 품질 관리의 관점에서 볼 때, 데이터 품질 평가는 데이터에 대한 평가와 데이터 품질에 영향을 미치는 원인들에 대한 평가를 모두 포함함을 알 수 있다. 본 절은 이러한 통합 데이터 품질을 실제 현상의 투사 패러다임(real-world mapping paradigm)에 기초하여 품질 평가 기준 및 차원들을 종합적으로 재구성한다.

실제 현상 투사 패러다임에 기초하여 볼 때, 데이터는 실제 현상을 부호로 표현한 것이며, 데이터 서비스의 목적은 실제 현상에 대한 정보를 데이터를 통하여 사용자들에게 제공하고, 사용자들이 이를 쉽게 이용할 수 있도록 지원하는 것이라고 정의할 수 있다. 이러한 패러다임에 기초하여 데이터 이용을 살펴보면 〈그림 5-1〉과 같이 3부분으로 나눌 수 있다.

(1) 데이터의 생성: 실제 현상을 나타내는 데이터를 생성하여 저장
(2) 데이터의 접근: 사용자가 데이터를 제공받고 이해
(3) 데이터의 적용: 데이터를 업무(실제 현상)에 적용

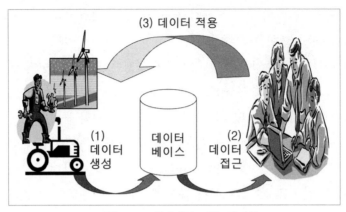

<그림 5-1> 데이터의 이용 사이클

이를 데이터의 이용 사이클이라고 하면, 데이터의 품질은 사이클을 구성하는 각 단계별로 다르게 평가된다.

- 데이터 생성 단계의 품질은 데이터가 실제 현상을 얼마나 잘 나타내는가에 의하여 평가되며, 평가 시스템의 구성요소는 데이터와 실제 현상이다.
- 데이터 접근 단계는 데이터를 이용하고 이해하기에 얼마나 편리한가에 의하여 평가되며, 평가 시스템의 구성요소는 사용자와 데이터이다.
- 데이터 적용 단계는 사용자가 획득한 데이터가 실제 현상에 대하여 행동을 결정하고 실행하는데 얼마나 유용한가를 평가하며, 이때 평가 시스템의 구성요소는 사용자와 실제 현상이다.

〈표 5-3〉은 데이터 이용 사이클의 각 단계별로 품질 기준과 품질 평가의 주체 또는 구성 요소들을 제시한다.

<표 5-3> 실제 현상 투사 패러다임에 근거한 데이터 품질 기준

데이터 이용 사이클	품질 평가의 관점	평가 시스템의 구성요소 (평가의 주체 또는 대상)
데이터의 생성	실제 현상을 얼마나 잘 나타내는가	데이터와 실제 현상
데이터의 접근	이용하기에 얼마나 편리한가	데이터와 사용자
	이해하기에 얼마나 편리한가	
데이터의 적용	행동을 결정하고 실행함에 얼마나 유용한가	사용자와 실제 현상

여기서 평가 시스템의 구성 요소는 평가의 주체 또는 대상으로서 평가 척도를 구성하는 주요 결정인자들이다. 즉, 데이터 생성 단계의 주 구성 요소가 데이터와 실제 현상이라는 것은 데이터 생성 단계에서는 데이터 품질이 데이터가 실제 현상을 나타내는 수준으로 평가되며, 따라서 사용자들이 느끼는 정성적인 평가 기준은 주요 평가 기준이 아니라는 것을 의미한다. 이에 반하여 데이터 적용 단계의 주 구성 요소가 사용자와 실제 현상이라는 것은 적용 단계에서는 사용자가 느끼는 정성적인 평가 기준들이 주요한 평가 기준으로 취급되어야 함을 의미한다.

5.1.4. 통합 데이터 품질 평가 프레임워크

통합 데이터 품질 관리는 데이터 품질에 대한 평가와 더불어 품질에 영향을 미치는 원인들에 대한 평가를 함께 포함한다. 이에 따라 품질 평가의 대상 또한 데이터뿐만이 아니라 이들 원인들도 포함하도록 확장된다. 품질에 영향을 미치는 원인들로서 통합 데이터 품질 관리 프레임워크는 데이터베이스의 구조, 데이터의 생성 프로세스, 데이터의 관리 정책과 절차, 시스템을 포함한다. 이들은 다음에 예시된 바와 같이, 여러 가지 경로로 데이터의 품질에 영향을 미친다.

- 데이터베이스 구조는 데이터의 일관성이나 무결성과 같은 내재적 품질과 이해 용이성 등과 같은 표현적 품질에 영향을 미친다.
- 생성 프로세스는 데이터를 만들고 변환, 처리하는 과정으로서 데이터의 정확성과 같은 구조적 품질과 데이터의 적시성, 완전성 등의 상황적 품질에 영향을 미친다.
- 시스템은 데이터의 검색 속도, 보안 등과 같은 접근적 품질에 영향을 미친다.
- 관리 정책/절차는 포괄적이고 간접적으로 데이터의 품질에 영향을 미친다.

이와 같이, 데이터 품질의 평가 기준을 데이터의 이용 사이클과 평가의 대상으로 구분하여 총괄적으로 표시한 것이 〈표 5-4〉의 통합 품질 평가 프레임워크이다. 통합 품질 평가 프레임워크는 품질 차원들을 데이터의 이용 사이클별로 분류하여 제시하며, 데이터만이 아니라 데이터베이스 스키마, 프로세스, 시스템 및 관리 정책/절차들도 평가 대상으로 포함한다. 따라서 데이터에 대한 사후적 평가만이 아니라 품질에 영향을 미치는 원인들에 대한 평가 또한 포함한다. 통합 데이터 품질 평가의 장점은 데이터 이용 사이클의 각 단계와 평가 대상별로 품질 차원을 제시함으로써 품질 평가를 위한 척도를 구체적으로 정의하기가 용이하다는 점이다. 즉, 데이터 이용 사이클의 단계별로 무엇을 대상으로 하여 무엇을 평가하여야 하는가를 구체적으로 식별할 수 있다.

데이터 품질 평가는 평가 대상에 따라 크게 현상 평가와 원인 평가로 구분된다. 현상 평가는 평가 대상이 데이터이며, 사용자에게 서비스되는 데이터의 품질을 평가하는 것이다. 이에 반하여 원인 평가는 데이터 품질에 영향을 미치는 원인들이 평가 대상이며, 이들 원인들의 특성을 평가하는 것이다. 예를 들면 실제 저장된 값과 참값의 일치 여부를 직접 측정하는 것이 정확성에 대한 현상 평가이며, 도메인이 얼마나 정확하게 정의되어 데이터값을 입력하는 과정에서 범위를 벗어나는 데이터가 입력될 수 있는 가능성을 미연에 방지하는가를 평가하면 이는 정확성에 대한 원인 평가인 것이다. 그리고 앞에서 소개된 데이터 이용 사이클에 따라 평가의 관점을 구분하며, 이들 관점별로 정확성, 유용성, 완전성 등의 품질 평가 기준들을 제시하며, 이들을 품질 카테고리별로 분류한다.

<표 5-4> 데이터 이용 사이클과 평가 대상에 따른 통합 데이터 품질 평가 프레임워크

평가의 관점			평가 대상				
데이터 이용 사이클	품질 카테고리	품질 평가 기준 (품질 차원)	데이터	설계 구조	생성 프로세스	시스템	관리 정책 /절차
데이터 생성	내재적 품질	정확성	*		*		*
		무결성	*	*	*		*
		일관성	*	*			*
데이터 접근	표현적 품질	표현일관성	*	*	*		
		해석용이성	*	*			*
	접근적 품질	접근성		*	*	*	*
		성능				*	*
		보안				*	*
데이터 적용	상황적 품질	유용성					*
		적시성			*	*	*
		완전성		*	*		*
평가의 종류			현상 평가	원인 평가			

5.1.5. 품질 평가 기준(품질 차원)

데이터의 품질은 여러 관점에서 평가될 수 있다. 이러한 품질 평가 기준을 품질 차원이라고 한다.

가. 정확성(accuracy)

정확성은 제공된 자료가 얼마나 정확한가를 나타내는 기준이다. 정보시스템을 실제 현상의 모형으로 정의할 때, 데이터의 질은 제공되는 데이터가 실제 현상을 얼마나 잘 나타내느냐에 의하여 결정된다고 볼 수 있으며, 이를 나타내는 기준이 정확성이다. 그렇다면 여기서 정확하다는 것은 무엇을 의미하는가? 정확성을 판단하기 위해서는 이의 평가 기준인 실제값(眞의 값)이 존재하여야 한다. 즉, 재고량의 정확성을 고려하기 위해서는 실제 저장된 상품의 수량이 존재하여야 한다. 전자(즉, 재고량)를 기록된 자료라 할 때, 후자(즉, 실제 저장된 수량)는 기록된 자료에 대응하는 실제값이다.

정확성이란 데이터와 실제값과의 오차로서 판단된다. 오차가 클수록 정확하지 않으며, 오차가 작을수록 정확하다고 할 수 있다. 여기서 오차란 자료값과 실제값과의 차이로서 측정되며, 측정 방법에 따라 상대오차와 절대오차로 구분된다.

- 절대오차란 자료값과 실제값과의 차이의 절대 크기로 측정된다.
- 상대오차란 실제값에 대한 절대오차의 상대적 크기로 측정된다.

예를 들면, 특정 부품의 현 재고량이 180개로 기록되어 있으며, 실제 재고량이 200개일 경우, 절대오차는 20개이며, 상대 오차는 10%(20/200)이다.

제시된 사례로부터 유추할 수 있듯이 정확성은 저장된 자료만으로는 평가할 수 없다. 바꾸어 이야기하면, 기록된 자료값을 실제값과 비교함으로서 비로소 평가된다. 앞의 예에서 180개라는 재고 수량의 정확성은 180개가 실제 재고를 얼마나 정확히 잘 나타내는가에 의하여 결정된다. 만약 실제 재고가 200개이면 180개는 부정확한 자료이며, 실제 재고가 181개이면 비교적 정확한 자료라 이야기할 수 있다.

데이터와 실제값과의 오차는 자료 조작의 오류, 정보 조작자의 의도적 행위, 기계적 장치의 결함 및 정보시스템의 본질적 한계 등에 의하여 발생한다. 여기서 정보시스템의 본질적 한계란 실제 현상을 나타냄에 있어 정보시스템이 갖는 본질적 제약을 의미한다. 예를 들면 특정인의 키를 cm로 나타낼 경우 아무리 정확한 자료값을 표현하고자 하여도 실제의 값과 다를 수 있다. 이러한 정보시스템의 본질적 한계는 유효숫자를 늘리는 것과 같이 추가적인 노력에 의하여 감소시킬 수 있으나 궁극적으로 완전히 제거할 수는 없다.

자료의 정확성을 향상시키기 위해서는 추가적인 시간이나 노력이 소요되며 이에 따라 정확성은 다음에 제시되는 적시성과 상호 배타적 관계를 지닌다. 즉, 정확성을 높이기 위해서는 오류의 확인 및 정정을 위하여 많은 시간과 노력을 투자하여야 한다. 그러나 이러한 시간과 노력의 투자는 자료 제공의 적시성을 떨어뜨리며, 반대로, 적시성만을 강조하여 오류의 확인이나 정정을 소홀히 할 경우, 정확성이 하락하게 된다.

나. 일관성(consistency)

일관성이란 동일한 실제 현상을 나타내는 여러 데이터들의 값이 서로 동일한가를 평가하는 기준이다. 예를 들면, 갑이라는 공급업체로부터 3월 중 구매된 A라는 상품의 양이 구매대장에는 500개로 기록되어 있으며, 대금지불대장에는 300개로 기록되어 있다고 가정하자. 이 경우 이들 자료들은 일관성이 결여되었다고 한다(여기서 말하는 일관성은 데이터의 내용적인 일관성이다. 데이터의 품질과 연관하여 내용과는 달리 표현의 일관성을 고려할 수 있으며, 이는 표현의 일관성에서 설명한다).

일관성이 데이터의 질적 평가 기준으로서 중요한 이유는 상이한 자료들은 반드시 오류를 포함하기 때문이다. 위에서 제시된 예에서, 구매보고서에 기록된 500개의 구매량과 대금지불보고서에 기록된 300개의 구매량 중 적어도 하나는 반드시 잘못된 구매량임이 틀림없다. 논리적으로 상이한 둘 이상의 자료 값이 모두 정확할 수는 없다. 이들 중 적어도 하나는 부정확한 데이터이다. 보다 구체적으로, 최선의 경우 오직 하나만이 정확한 데이터이며, 나머지는 모두 부정확한 자료이다. 최악의 경우는 모두 부정확한 자료값일 수도 있다.

제시된 예를 통하여 알 수 있듯이 일관성은 정확성의 필요조건이다. 따라서 데이터의 정확성을 향상시키기 위해서는 무엇보다 일관성의 향상이 선결되어야 한다. 또한 일관성은 실제값을 확인할 필요 없이 데이터베이스에 기록된 값들 만으로부터 오류를 파악할 수 있다는 점에서 매우 유용한 기준이며, 이러한 특성 때문에 데이터 관리를 위한 주요 척도로 활용된다.

일관성은 보통 값의 일관성을 뜻한다. 그러나 동일한 값이라도 서로 다른 부호나 단위로 기록되어 있으면 데이터의 품질이 높다고 하지 않는다. 즉, 데이터들은 가능하면 동일한 형식으로 표준화하여 표현하는 것이 바람직한데 이를 표현의 일관성이라고 한다. 표현의 일관성(representational consistency)은 동일한 데이터 항목 안에서 모든 데이터의 표현형식이 서로 같은가를 평가하는 기준이다. 예를 들면, 사원의 성별을 나타내는 데이터가 갑 부서의 사원 데이터에서는 '남'/'여'로 표현되어 있으나, 을 부서의 사원 데이터에서는 '1'/'0'으로 표현되어 있으면, 일관성이 있다고 할 수 없다. 표현의 일관성은 데이터의 상호 비교 및 통합을 위하여 매우 필요한 요소이다. 즉, 앞에서 예시된 예에서 갑과 을 부서를 포함하는 모든 부서의 사원 데이터로부터 성별 구성비를 도출한다고 가정할 경우, 일관되지 않은 방법으로 표현된 데이터들은 많은 문제를 발생시킨다.

다. 무결성(integrity)

무결성은 데이터들 사이의 논리적 정합성을 측정하는 척도이다. 무결성의 개념을 먼저 사례를 통하여 살펴보기 위하여 갑이라는 공급업체가 A라는 부품을 납품한다고 가정하자. 여기서 갑은 생산제품을 매월 모두 납품하는 전담 외주생산업체이며, 월 최대 생산량이 350개이며, 자체 재고는 유지하지 않는다고 가정한다. 이 경우 만약 3월에 갑이 공급한 물량이 500개로 기록되어 있다고 하면, 갑 공급업체의 공급량은 최대생산량을 초과함으로써 논리적으로 모순이다. 따라서 갑의 공급량이나 최대생산능력 중 적어도 하나는 잘못 기록된 자료임이 분명하다.

다른 예로서 을이라는 제조업체의 모든 작업자들은 주5일 근무하며, 일일 최대 잔업시간은 4시간을 넘지 못하도록 규정되어 있다고 가정하자. 이 경우 특정 부서 작업자의 2월 중 총 잔업시간이 115시간으로 청구된 경우 이는 월 근무일수 20일과 일일 최대 잔업시간 4시간을 기준으로 볼 때, 현실적으로 불가능한 (즉, 논리적으로 모순된) 자료값이다. 이와 같이 자료값들이 상호 논리적으로 모순된 값들을 지닐 때 무결성이 낮다고 하며, 상호 모순되지 않은 자료값들만을 지닐 경우 무결성이 높다고 한다.

데이터의 무결성은 데이터들이 실제 현상에서 발생 가능한가를 판단하는 기준이다. 따라서 무결성이 높다고 하여 반드시 정확하다고 할 수는 없으나, 정확하기 위해서는 먼저 무결성이 보장되어야 한다. 왜냐하면, 데이터는 실제 현상에서 발생 가능한 (즉, 논리적으로 모순되지 않은) 상태를 표시하여야 하며, 만약 발생 가능한 상태가 아닐 경우 이는 부정확한 데이터임이 틀림없다.

데이터의 무결성은 실제 현상의 참값을 확인할 필요 없이 데이터들만으로 자료의 질을 평가할 수 있다는 점에서 매우 중요한 평가 척도이다. 일관성이 단일 현상을 나타내는 여러 데이터들이 동일한 가를 판단하는 것에 반하여, 무결성은 2개 이상의 다른 현상을 나타내는 데이터들의 논리적 타당성을 판단한다. 앞에서 제시된 예들을 통하여 살펴보면, 일관성은 공급량과 같이 단일 현상을 나타내는 데이터들의 동일성(또는 이의 반대 개념으로서 모순)을 측정하는 척도이다. 이에 반하여 무결성은 잔업근무시간과 일일 최대작업시간 또는 공급량과 최대 생산능력과 같이 서로 다른 현상을 나타내는 데이터들 사이의 논리적 정합성(또는 이의 반대 개념으로서 모순)을 측정하는 척도이다.

라. 적절성(relevancy)

적절성은 데이터가 사용 목적에 부합하는 정보를 제공하는가를 판단하는 기준이다. 즉, 사용 목적에 부합하는 정보를 제공할 경우 적절성이 높다고 하며, 그렇지 않을 경우 적절성이 낮다고 (또는 부절적하다고) 한다. 이러한 점에서 볼 때, 적절성은 데이터의 사용용도, 즉 의사결정 상황에 따라 다르게 평가된다. 이와 같이 적절성은 데이터 사용자의 주관적 판단에 의존하게 되며, 사용 경험에 따라 사후적으로 평가된다. 이러한 점에서 사용자들의 요구사항을 많이 반영될수록 데이터의 적절성이 높을 것이다. 이러한 점에서 데이터에 대한 충분한 수요 조사가 적절성을 향상시키기 위한 주요 수단이라고 할 수 있다.

예를 들면, 각 대리점의 영업 실적을 판매량을 기준으로 평가한다고 가정하자. 그러나 만약 반품률이 상대적으로 높을 경우, 판매량만은 부적절한 데이터라고 할 수 있으며, 판매량에서 반품량을 차감한 순 판매량이 적절한 데이터라고 할 수 있다.

마. 완전성(completeness)

완전성은 필요한 데이터가 모두 제공되는가를 판단하는 기준이다. 이러한 점에서 완전성은 데이터 항목의 완전성과 데이터값의 완전성으로 구분할 수 있다. 데이터 항목의 완전성이란 사용자들이 원하는 데이터 항목들이 모두 포함되어 있음을 의미하며, 데이터값의 완전성은 해당 항목의 값들이 누락 없이 모두 기록되어 있음을 의미한다.

예를 들면, 사원들의 비상 연락을 위하여 사원들의 신상 데이터를 참조한다고 가정하자. 이때, 사원들의 신상 데이터에 주소, 집 전화번호 등과 같은 데이터들만이 기록되어 있고, 휴대폰 번호나 전자메일 주소는 포함되어 있지 않으면, 해당 신상 데이터들은 비상 연락을 위한 데이터로서 완전하다고 할 수 없다. 비상연락을 위한 주요 데이터들인 휴대폰 번호나 전자메일 주소 같은 데이터 항목들이 누락되었기 때문이다. 이에 반하여, 데이터값의 완전성은 해당 데이터의 값이 누락 없이 완전하게 기록되었는가를 나타내는 기준이다. 예를 들면, 만약 많은 사원들의 현 주소가 빈 칸으로 (또는 null값을 갖는 것으로) 기록되어 있을 경우, 데이터값의 완전성이 결여되었다고 할 수 있다. 또는 사원별 판매 실적 데이터 중에서 2011년 1월부터 2011년 12월까지 데이터들이 누락되어 있을 경우에도 해당 사원별 판매 실적 데이터는 완전다고 할 수 없다.

완전성의 평가에서 데이터 항목의 누락과 데이터값의 누락은 상호 별개의 사항이라기보다는 상호 연관된 유형이며, 전자는 후자의 특수한 경우라고 할 수 있다. 즉, 데이터 항목이 누락된 것은 해당 데이터 항목에 대하여 모든 값이 누락된 경우라고 할 수 있다. 예를 들면, 사원의 휴대폰 번호가 누락된 경우는 모든 사원들의 휴대폰 번호가 빈값으로 기록된 경우라고 생각할 수 있다.

바. 가용성(availability)

가용성은 필요한 데이터를 사용할 수 있는가를 판단하는 기준이다. 요구된 자료가 획득 가능하며 제공되고 있을 경우 이를 가용하다고 하며, 획득 불가능할 경우 가용하지 않다고 한다. 일반적으로 가용성은 자료의 존재 유무, 즉 가용 여부를 판단하기 위한 기준으로 사용된다.

예를 들면 거래처와의 거래실적 자료가 관리될 경우 가용하다고 하며, 관리되지 않은 경우 가용하지 않다고 한다.

가용성은 데이터의 질을 평가함에 있어 가장 선행되어야 하는 전제조건이다. 즉, 사용자에게 원하는 데이터를 제공하는 것은 제공된 데이터의 질을 평가하기 이전에 충족되어야 할 전제조건이다. 가용하지 않은 자료에 대해서는 어떤 평가 기준도 측정할 수 없다.

사. 적시성(timeliness)

적시성은 사용자의 시간적 요구조건을 얼마나 잘 충족시키는 가를 평가하는 기준이다. 적시성이 높음은 사용자가 원하는 시점에 자료가 제공됨을 의미하며, 낮음은 제공된 시점이 원하는 시점으로부터 훨씬 멀리 떨어져 있음을 의미한다. 적시성은 전산화된 자료 관리 시스템의 시초부터 전산화의 가장 큰 장점으로 강조되어 왔다.

예를 들면, 수작업 자료 관리에 있어 여러 시간이 소요될 수 있는 월말 총 판매량의 집계가 컴퓨터를 이용할 경우 수초, 수분 이내에 이루어 질 수 있다는 점은 확실히 전산화 자료 관리의 큰 이점이었다. 즉, 전산화 데이터 관리 시스템은 정보 생산시간을 단축함으로써 적시성을 향상시켰다. 또한 초기의 오프라인(off-line), 일괄처리(batch processing)에서 온라인(on-line), 실시간 처리(real-time processing) 등으로 변화됨으로써 정보 생산시간은 더욱 단축되었다. 그러나 정보 제공시간의 단축은 반대급부로 사용자의 요구시간을 더욱 단축하게 되었으며, 요구정보의 종류 및 정보량도 더욱 증가하게 되었다. 즉, 전산화 데이터 관리 시스템의 발전과 더불어, 사용자의 요구 또한 기존의 며칠, 몇 시간에서 몇 분, 몇 초로 바뀌게 되었다. 이 결과 정보시스템의 처리 능력이 향상되었음에도 데이터의 적시성은 여전히 주요한 데이터 품질 평가 기준으로 인식되고 있다.

아. 접근성(accessability)

접근성은 사용자들이 데이터를 얼마나 쉽게 데이터베이스에 접근하여 사용할 수 있는가를 나타내는 척도이다(여기서 사용자는 당연히 적법한 사용자들을 지칭한다). 접근성은 해당 사용자들이 데이터가 저장된 매체(즉, 데이터베이스)를 찾아서 그 안에 저장된 데이터를 사용하는 것이 편리한 정도를 평가한다.

만약 사용자들이 원하는 데이터가 저장된 데이터베이스의 명칭을 정확하게 알아야 하고, 물리적 위치나 서버이름들을 자세히 알아야 한다면, 해당 데이터에 대한 접근성은 높다고 할 수 없다. 그러나 만약 사용자들이 데이터베이스의 물리적 위치나 서버 이름 등을 몰라도, 기업이나 조직의 정보 포털에 로그인한 후, 사용 권한이 부여된 데이터베이스들을 포털을 통하여 로그인할 수 있으면 해당 데이터로의 접근성은 높다고 할 수 있다.

접근성이 데이터 품질로서 중요한 이유는 데이터 사용자들의 가장 큰 어려움이 원하는 데이터가 어디에 저장되어 있는지를 몰라서 접근하지 못한다는 사실이다. 이러한 점에서 볼 때 접근성은 데이터 품질의 시작이라고 할 수 있다.

자. 이해 용이성(understandability)

이해 용이성은 사용자들이 데이터를 얼마나 쉽게 잘 이해할 수 있는가를 평가하는 기준이다. 데이터 관리의 궁극적 효과가 데이터라는 상품의 수요자인 최종 사용자가 해당 데이터를 이해함으로써 실현된다는 점을 고려할 때, 이해 용이성이 가지는 중요성은 매우 높다고 할 수 있다. 이해 용이성은 데이터의 형식이나 표현 방법에 의하여 결정된다. 데이터의 표현 방법 또는 형식은 문자 또는 숫자, 표, 그래프, 이미지, 소리 등과 같이 사용자에게 특정 정보를 전달하는 방법들을 말한다. 이들 표현 방법들은 각각 고유한 장점을 가지므로 어느 방법이 항상 우수하다고 할 수 없다. 따라서 데이터의 내용과 상황에 부합되는 표현 방법을 선택하는 것이 이해용이성을 향상시키는 첩경이다.

예를 들면, 문자 또는 숫자는 그래프에 비하여 정확한 정보를 제공한다. 그러나 상대적인 차이를 비교하는 데는 그래프가 훨씬 효과적이다. 따라서 특정 대상에 대한 값을 전달하고자 할 경우에는 문자나 숫자로 표현하는 것이 나으며, 여러 대안들을 상대적으로 비교하고자 하는 경우에는 그래프로 표현하는 것이 더욱 낫다.

데이터의 내용적 표현 방법은 데이터의 요약, 상세 데이터 등을 어떻게 제공할 것인가를 결정하는 방법이다. 데이터들은 사용자나 정보시스템의 종류에 따라 요약, 여과되어 제공되어야 한다. 만약에 사원별로 판매 실적을 비교하고자 하는 부서장에게 사원별 개별거래내역에 대한 상세 정보를 모두 제공한다면 이해도는 떨어질 것이다. 이와 같이 상세한 정보를 많이 제공하는 것이 항상 이해도를 향상시키는 것이 아니며, 경우에 따라서는 정보의 과부하(information overload)를 발생시킬 수 있음을 유의해야 한다.

5.2. 활용적 관점에서의 데이터 품질 평가 프레임워크

앞 절에서 소개된 바와 같이 대부분의 데이터 품질에 대한 연구는 데이터를 대상으로 한 데이터에 대한 평가가 주를 이룬다. 이러한 데이터 품질에 대한 일반적인 생각은 높은 품질의 데이터가 낮은 품질의 데이터보다 사용자들에게 도움이 될 것이라는 가정이다. 따라서 양질의 데이터를 생산해놓으면, 사용자들이 잘 사용할 것이라고 가정한다. 그러나 여기서 잠깐 다른 각도에서 데이터 품질을 생각해 볼 필요가 있다. 데이터는 현대 사회에서 없어서는 안 될 중요한 무형의 자산이다. 이러한 점에서 우리가 일상적으로 구매하고 사용하는 재화나 서비스와 다르지 않다. 그런데 소비자들이 항상 좋은 품질의 상품이나 서비스만을 선택하여 사용하며, 우리가 일상생활에서 상품에 대하여 가장 먼저 궁금해 하는 일차적인 관심사가 과연 품질인가 하는 것이다.

이에 대한 답은 고품질의 상품이나 서비스가 항상 시장에서 성공하는 것은 아니며, 이는 상품의 품질이 반드시 일차적인 관심사가 아니라는 점이다. 우리가 휴대폰이나 TV를 구매하려고 할 때 가장 먼저 궁금해 하는 것이 해상도나 내구성, 소비전력과 같은 품질인가? 물론 이러한 품질이 주요한 요소 중 하나임에는 틀림없다. 그러나 가장 일차적인 고려사항이 아닌 것임은 분명하다. 소비자들이 제품을 구매함에 있어 가장 일차적인 관심은 어떤 제품이나 서비스들이 있으며 이를 어디에서 어떻게 구매할 수 있는가를 먼저 파악하는 것이다. 그리고 그 다음에 가격과 품질 등을 종합적으로 비교하여 판단하고 구매하게 된다. 같은 논리로 데이터를 사용함에 있어서도 데이터 사용자들의 일차적인 관심 또한 어떠한 데이터들이 있으며 이들 데이터를 어디에서 어떻게 찾을 (또는 구매할) 수 있는가이다. 그 다음에 데이터 품질에 대한 평가나 데이터를 사용하기 위한 비용 등을 고려하게 된다. 이러한 점에서 볼 때, 사용자들이 데이터를 잘 활용할 수 있기 위한 가장 일차적인 요건은 무슨 데이터들이 있는가를 사용자들이 알 수 있도록 알리는 일이다. 만약 사용자들이 데이터의 존재를 잘 모르면 아무리 양질의 데이터가 생산되어도 활용되지 못하고 사장될 것이다. 이는 마치 좋은 제품을 생산하였더라도 사용자들이 해당 제품이 있는가를 모르면 판매가 되지 않는 것과 마찬가지이다. 또한 이렇게 획득한 데이터들이 다른 데이터들과 상호 통합되어 잘 활용될 수 있어야 한다. 제2장에서 소개한 바와 같이, 데이터를 조직의 주요자산으로 관리함에 있어 가장 큰 이슈는 자산의 공유이다. 이러한 점에서 데이터 관리 및 활용의 주관심사는 다음과 같이 요약된다.

- 많은 사용자들이 데이터의 존재 여부를 잘 알아서 쉽게 사용할 수 있어야 한다.
- 서로 다른 데이터들이 상호 통합되어 공유될 수 있어야 한다.

데이터 활용과 관련하여 가용성(availability)이 품질의 한 요인으로 평가되어 왔다. 그러나 여기서의 가용성은 데이터를 획득하는 것이 가능하며, 획득한 데이터가 데이터베이스에 저장되어 있어 사용될 수 있는 상태인가를 평가하는 척도이다. 즉, 데이터가 존재하며, 접근 불가능한 상태가 아닌가를 평가한다. 이러한 점에서 가용성은 어디에 어떤 데이터가 존재하는가를 아는 것과는 조금 다르다.

그러면 데이터의 존재를 쉽게 알 수 있는 정도가 데이터의 품질 요인으로 취급되지 않았는가 하면 그렇지 않다. 보통 데이터베이스를 이야기 할 때 이와 유사한 것으로 도서관을 언급하곤 한다. 즉, 데이터를 저장하고 관리하며, 저장된 데이터를 공유하는 데이터베이스의 기능이 도서를 비치하여 공유하는 도서관의 기능과 매우 유사하다. 그런데 우리가 도서관을 평가할 때, 도서관에 저장된 도서나 자료의 질에 추가하여 도서관을 사용함에 있어 느끼는 편리한 정도를 같이 평가한다. 여기서 편리함을 측정하는 척도중의 하나가 어떤 도서가 어디에 보관되어 있는가를 나타내는 도서 색인(index) 또는 검색 목록이다. 검색 목록이 사용하기 쉽도록 잘 구비된 도서관을 사용하기 편리한 도서관이라고 한다. 이와 같이 전통적으로 도서관의 중요 품질 요소로 사용되어온 검색 목록이 데이터베이스의 품질 평가에서는 그 중요성이 강조되지 않는 것은 역설적이다.

데이터 관리에서 양질의 데이터를 생산하고 관리하는 것에 들인 노력에 비하여 무슨 데이터들이 있는가를 사용자들에게 알리는 노력이 부족하였던 것은 다음의 두 가지 측면에서 그 원인을 살펴볼 수 있다.

- 첫째는 데이터 관리자들이 엔지니어적인 사고방식으로 생산 위주의 데이터 관리에 치중하였기 때문이라고 할 수 있다. 따라서 사용자들이 느끼는 일차적인 관심에 소홀하였다.

- 둘째는 전문 사용자들만으로 한정하여 데이터베이스를 생각하였기 때문이라고 할 수 있다. 전문 사용자들은 어떤 데이터가 어디에 있는가를 잘 알고 있다. 따라서 어디에 어떤 데이터가 있는지 조차도 모르는 사람들이 데이터베이스를 사용하는 것에 소홀하였다.

그러나 최근에는 데이터베이스가 보편화되고 일반 사용자들도 일상생활에서 다양한 데이터베이스를 사용하게 됨에 따라 어떤 데이터가 어디에 있는가를 파악하는 것이 매우 중요하게 되었다.

예를 들면, 미 국방성은 네트워크 중심 데이터 전략(Net-Centric Data Strategy)을 기반으로 하는 정보 공유 아키텍처를 제시하면서 세부 목표로서 〈그림 5-2〉에 제시된 바와 같이 가시성, 접근성, 이해가능성, 신뢰성, 상호운용성, 반응성 등의 기준을 제시하고 있다.[6]

즉, 이러한 요소들은 데이터들이 어디에 있는가를 쉽게 볼 수 있으며(가시성), 이들 데이터를 바로 접근하여 사용할 수 있고(접근성), 이들 데이터가 어떠한 내용을 나타내는지 쉽게 이해할 수 있는(이해가능성) 정보 제공을 목표로 하는 것이다. 더불어 이 요소들은 데이터들이 믿을 수 있으며(신뢰성), 여러 정보 시스템들이 공동으로 사용할 수 있으며(상호운용성), 사용자의 요구를 즉시 반영하여 제공할 수 있도록(반응성) 함을 목표로 한다.

이들 세부 목표들은 데이터 공유 및 데이터 품질 관리 등의 분야에서 전통적으로 다루어 온 정확성 등과 같은 품질 요소보다는 사용자들이 데이터의 소재를 파악하고, 이를 활용하는 데 도움이 되는 요소들에 주안점을 둔 것이다.

---

6) Todd, M., *Implementing the Net Centric Data Strategy using Communities of Interest*, DoD CIO(IM), OASD/NII, October 20, 2005.

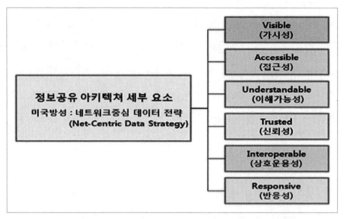

<그림 5-2> 정보공유 아키텍처의 세부목표(미 국방성)

5.2.1. 가시성(visibility)

가시성은 사용자들이 데이터를 얼마나 쉽게 찾을 수 있는가를 측정하는 척도이다. 즉, 눈에 잘 띄는 정도를 나타내는 척도이다. 사용자들이 데이터들을 사용하기 위한 가장 첫 번째 단계가 원하는 데이터가 어디에 있는가를 찾는 것이라는 점에서 볼 때 가시성은 데이터의 효과적 활용을 위한 가장 첫 번째 단계이다. 가시성을 높이기 위해서는 무엇보다도 사용이 편리한 검색 목록과 검색 엔진을 제공해야 한다. 사용자들이 원하는 정보들을 목록에 포함시킴으로써 사용자들이 목록을 통하여 원하는 데이터들을 찾을 수 있도록 하며, 이들 데이터가 어디에 있는가를 잘 찾을 수 있도록 우수한 검색 기능을 제공해야 한다. 이러한 점에서 볼 때 가시성은 데이터 자체의 품질이라기보다는 데이터를 제공하는 서비스의 품질이라고 할 수 있다. 즉, 데이터라는 제품을 획득하기 (구매 또는 판매하기) 이전에 필요한 서비스이다.

제2장 데이터 통합 및 공유에서도 소개한 바와 같이 데이터 목록은 데이터 별로 이의 특성을 서술하여 사용자들이나 개발자들이 쉽게 검색할 수 있도록

한 목록이다. 이들 데이터의 내용을 설명하는 목록을 작성함에 있어 가능한 표준 용어들을 사용하는 것이 데이터의 가시성을 높일 수 있다. 그리고 용어들 사이의 의미 네트워크(Semantic Network)를 통하여 유사어, 동의어 등을 사용할 수 있도록 함으로써 등록된 표준 용어들뿐만이 아니라 거의 모든 용어를 포함할 수 있도록 하는 것이 필요하다.

5.2.2. 접근성(accessability)

앞에서 설명된 바와 같이 접근성은 전통적인 품질 기준에서도 다루어져 왔다. 따라서 활용적 관점에서의 데이터 품질 기준인 접근성 또한 전통적 관점에서의 품질 기준인 접근성과 크게 다르지 않다.

5.2.3. 이해용이성(unstandability)

앞에서 설명된 바와 같이 이해용이성은 전통적인 품질 기준에서도 다루어져 왔다. 따라서 활용적 관점에서의 데이터 품질 기준인 이해용이성 또한 전통적 관점에서의 품질 기준인 이해용이성과 크게 다르지 않다.

5.2.4. 신뢰성(trust)

신뢰성은 제공된 자료가 얼마나 믿을 수 있는, 즉 신뢰할 수 있는 데이터인가를 측정하는 척도이다. 이러한 점에서 볼 때 신뢰성은 사용자의 경험을 바탕으로 한 척도이다. 정확성과 같은 품질 척도와 비교해 볼 때 신뢰성은 어떤 면에서 주관적인 평가가 추가된 척도라고 할 수 있다. 해당 데이터를 사용한 결과, 사후적으로 판단해 볼 때 신뢰할 만한 데이터였다는 것이 신뢰성이다. 예를 들면, 어느 고객 평가 데이터가 가장 신뢰할 수 있는 데이터인가 하는 것들이 가장 대표적인 예이다.

신뢰성을 평가하기 위해서 데이터 담당자는 데이터들을 사용한 사용자들의 평가의견을 수집하여 관리하는 작업이 필요하다. 이와 같이 신뢰성을 잘 평가하기 위해서는 데이터 사용자들에 대한 관리가 이루어져야 한다.

5.2.5. 상호운용성(interoperability)

상호운용성은 데이터가 다른 데이터들과 같이 잘 사용될 수 있는 정도를 나타내는 척도이다. 상호운용성은 원래 소프트웨어나 장비들을 평가할 때 사용하는 척도이다. 즉, 2개 이상의 장비를 같이 사용할 때 이들을 연결하여 같이 사용할 수 있는가를 나타내는 척도이다. 이러한 점에서 볼 때 데이터의 상호운용성 또한 서로 다른 데이터들을 결합하여 같이 사용할 수 있는가를 나타내는 척도이다. 데이터의 상호운용성을 높이기 위해서는 무엇보다도 표준화가 필요하다. 표준화가 된 데이터들은 이들이 어디에 저장되어 있더라도 다른 데이터들과 결합하여 같이 사용할 수 있다. 이에 반하여 표준화가 되어 있지 않다고 하면, 같이 사용되어야 하는 데이터들의 형식이 다르거나 측정 방법 등이 달라서 같이 연결하여 사용할 수 없는 상황이 발생하게 된다.

5.2.6. 반응성(responsiveness)

반응성은 사용자들의 요구에 대한 반응 수준을 평가한다. 새로운 데이터에 대한 요구나 데이터 품질 수준에 대한 개선 요청 등이 반영되는 수준을 나타낸다. 이러한 점에서 반응성은 어떤 면에서는 데이터 품질을 평가하는 척도라기보다는 데이터라는 제품을 획득한 후 사용자들이 느낀 개선 사항이 반영되는 수준을 나타내는 척도라고 할 수 있다. 이러한 점에서 데이터라는 제품을 판매한 후 데이터를 구매한 사용자의 요구에 대한 애프터서비스 수준을 나타내는 척도이다. 데이터에 대한 반응성을 향상시키기 위해서는 사용자들의 불만사항이나 추가적인 요구가 무엇인지에 대하여 항상 관심을 기울이는 것이 필요하다. 그리고 데이터 관리 시스템을 구축할 때에도, 새로운 요구들을 쉽게 반영할 수 있도록, 확장성과 유연성이 높도록 개발할 필요가 있다. 이와 같이 데이터 관리의 대상을 데이터 자체나 데이터를 생성하고 제공하는 프로세스나 시스템으로부터 데이터를 사용하는 사용자로 확대할 필요가 있다.

5.3. 데이터베이스 품질 평가

데이터 품질 평가는 보통 데이터 품질 진단이라는 이름으로 수행된다. 이는 마치 의사가 환자의 건강상태를 진단하는 것처럼 데이터베이스의 건강상태를 진단하는 작업이다. 데이터베이스 진단은 크게 4가지 관점에서 이루어진다.

- 첫째는 데이터베이스를 진단하는 절차로서 저장된 데이터의 품질을 앞에서 소개된 품질 기준에 따라 평가하는 방법이다. 이를 통하여 현재 데이터베이스의 품질 수준이 어떠한지를 측정한다.

- 둘째는 데이터들이 저장된 데이터베이스의 설계 품질을 평가하는 방법이다. 많은 경우, 데이터 품질 오류는 데이터베이스가 잘못 설계되어서 발생하곤 한다. 데이터베이스가 잘 설계된 경우는 이러한 오류가 발생하는 것을 사전에 방지할 수 있다. 이와 같이 데이터베이스 설계 품질 평가는 데이터베이스가 높은 품질을 유지하도록 설계되었는가를 측정한다.

- 셋째는 전문가들이 데이터의 생성 프로세스, 데이터 관리 정책/절차 등을 평가하는 방법이다. 이는 데이터의 품질이 아니라 데이터가 만들어지고 관리되는 과정을 평가하는데, 양질의 데이터들이 만들어지도록 생성과정이 잘 설계되었으며 잘 운영되고 관리되는가를 평가한다.

- 마지막으로, 넷째는 사용자들이 느끼는 주관적인 품질을 평가하는 방법이다. 동일한 데이터

라고 하여도 사용자들이 느끼는 품질 수준은 다를 수 있다. 이는 사용자에 따라 데이터들을 사용하는 환경과 적용 업무가 다르며, 기대하는 품질수준이 다를 수 있기 때문이다. 그리고 신뢰성, 사용용이성, 이해용이성 등과 같은 품질 평가 기준들은 객관적 측정이 쉽지 않은 기준들이다. 따라서 사용자들의 주관적인 평가에 의존할 수밖에 없다.

5.3.1. 데이터베이스 프로파일링: 표본 데이터를 이용한 측정에 의한 평가

데이터베이스 품질 평가에서 가장 중심을 이루는 것이 평가 대상인 데이터를 직접 측정하고 비교하는 방법이다. 이를 위하여 먼저 무작위 추출법에 따라 표본 데이터를 추출한다. 이렇게 생성된 표본 데이터를 이용하여 평가항목별로 평가절차에 따라 데이터베이스의 완전성, 일관성, 최신성 및 정확성을 평가한다. 이는 데이터베이스의 품질을 통계적으로 측정하여 평가하는 방법으로 보통 이를 데이터 프로파일링(profiling)이라고 부른다.

데이터 프로파일링은 보통 데이터 품질 평가 도구들을 사용하여 데이터베이스에 저장된 데이터들을 진단하는데 다음의 항목들을 검사한다.

- 반값(Null)의 발생
- 데이터값 누락
- 주키값의 유일성
- 데이터 속성에서 정의한 값의 범위(최대값, 최소값)와 데이터값의 일치 여부
- 데이터 제약조건과 값의 일치 여부
- 참조무결성 법칙에서 정의한 외래키의 일치여부
- 레코드 중복

이에 추가하여 데이터 오류를 직접 측정하는 것은 아니지만, 데이터의 발생 빈도, 값의 평균 등을 측정함으로써 데이터 발생이 업무 상식과 일치하는지를 판단한다.

- 값의 발생 빈도(횟수)
- 값의 범위(최대값, 최소값)
- 값의 평균, 분산, 표준편차
- 값의 갱신 시각(최신 데이터 제공 여부)

이러한 데이터 프로파일링에 추가하여 실사를 통하여 저장된 값과 실제값과의 일치를 평가한다.

- 실제사실과의 일치 여부

대부분의 데이터 프로파일링은 자동화된 도구를 사용하는데, 오라클, IBM 등과 같은 DBMS 공급사들이 제공하는 품질 진단 도구들이나 제3의 공급업체들이 공급하는 품질 진단 도구들을 사용할 수 있다.

5.3.2. 데이터베이스 설계 품질 평가

데이터를 포함한 모든 제품들의 품질은 설계 단계부터 고려되어야 한다.[7] 그러나 많은 경우 품질 관리는 불량 관리라고 말할 수 있을 정도로 생산된 제품, 즉 데이터의 문제로만 다루어져 온 경향이 있다. 그러나 품질이 고객의 요

---

7) 김상욱, 「품질관리는 설계단계부터」, 『LG주간경제』, LG경제연구소, 1998(http://www.lgeri. com/management/finance/article.asp?grouping=01020500&seq=296).

구사항을 만족시키는 정도라고 정의할 경우, 설계 단계부터 고객의 요구가 정확하게 반영되는 것이 중요하다. 그리고 이러한 사용자의 요구 충족이 데이터 모델링의 궁극적 목표라고 할 수 있다. 부연하면, 양질의 데이터를 제공할 수 있기 위해서는 높은 품질 수준의 데이터베이스를 설계해야 한다.

데이터모델링에서 잘 설계된 데이터베이스의 평가 기준으로서 완전성(completeness), 정규성(correctness, normality), 효율성(minimality), 표현성(expressiveness, understandability), 확장성(expandability) 등을 제시하고 있다.[8] 즉, 이들 기준들을 사용하여 데이터베이스 스키마를 평가함으로써 데이터베이스가 잘 설계되었는가를 평가한다. 대표적인 데이터베이스 설계 평가 항목들을 살펴보면 다음과 같다.

- 도메인 정의의 적절성
- 코드 정의의 적절성
- 정규형의 평가
- 무결성 법칙들의 준수여부 (개체무결성 법칙, 참조무결성 법칙)

5.3.3. 데이터 생성 프로세스 및 관리 정책 평가

데이터를 포함한 모든 제품의 경우, 생산에 종사하는 모든 사람들이 품질에 대하여 의식적으로 노력할 때 비로소 진정한 목표에 도달할 수 있다. 즉, 완제품의 품질은 이를 만들어 내는 제조 공정에 의하여 결정된다. 이러한 인식에 입각해서 품질 관리를 경영관리의 일부로서 관리하는 것이 종합적 품질 관리(TQC)이다. 종합적 품질 관리의 관점에서 볼 때, 데이터의 품질 또한 데이터의 생성 프로세스 및 관리 정책 전반에 의하여 결정된다. 이러한 점에서 데이터

---

8) 이춘열·김인재, 『데이터베이스관리론』, 박영사, 2011, 254~256쪽.

품질 진단 또한 데이터 생성 프로세스와 관리 정책에 대한 진단을 포함하는 것이 바람직하다.

일반적으로 데이터베이스의 관리 절차나 생성 프로세스에 대한 평가는 다음과 같은 항목들을 포함한다. 특히 생성프로세스에 대한 평가는 자료 및 실사에 추가하여 담당자와의 면담을 포함한다. 이는 업무 프로세스의 주 구성 요소의 하나가 작업자인 업무 담당자임을 의미한다. 즉, 실제로 업무 담당자가 어떻게 수행하는 가를 평가하는 것이 매우 중요하다.

- 데이터 생성/가공시 표준 적용 여부
- 데이터 생성/가공시 누락, 오류 및 중복
- 데이터 관리 직책 및 담당자 지정
- 데이터 관리 정책의 적절성
- 데이터 생성 프로세스에 대한 자세한 규정 및 지침 제정
- 프로세스의 적절한 운영
- 데이터 운영 현황의 관리

5.3.4 설문조사에 의한 사용자의 주관적 품질 수준 평가

데이터 품질 평가에서 최종 사용자가 느끼는 품질 수준의 평가는 중요한 의미를 갖는다. 일반적으로 이야기할 때, 품질은 곧 고객의 요구 사항을 만족시키는 정도이다. 즉, 고객이 제품에 대해 기대하는 수준과 실제 제품이 보유하고 있는 수준과의 차이가 고객이 느끼는 품질 수준이다. 만약 기대수준이 높으면 품질 수준이 낮다고 느끼게 되며, 실제 제품의 수준이 높으면 품질 수준이 높다고 사용자들이 느끼게 된다.

데이터의 경우도 사용자들의 기대수준에 따라 같은 데이터라도 다른 품질 수준을 체험하게 된다. 이러한 점에서 사용자들이 느끼는 주관적 품질 수준은 데이터 프로파일링을 통하여 측정한 객관적 품질수준과 더불어 중요한 의미를 갖는다. 또한 사용 용이성이나 데이터의 이해용이성 등과 같은 품질 평가 기준들은 경우에 따라서 객관적 평가가 쉽지 않은 경우들이 있다. 이와 같은 품질 평가 기준들에 대해서는 사용자들의 느끼는 주관적 수준을 설문을 통하여 분석하는 것이 바람직하다.

앞에서 소개한 데이터베이스 프로파일링, 데이터베이스 설계 품질, 데이터 생성 프로세스 및 관리 정책 평가, 그리고 설문에 의한 사용자의 주관적 품질 평가 항목을 정리하면 〈표 5-5〉와 같다.[9]

〈표 5-5〉 평가 항목별 평가 방법 분류

평가 방법	평가 항목	
표본 데이터를 이용한 측정에 의한 평가	- 데이터 범위 - 데이터값 누락 - 데이터 속성정의와 값의 일치 여부 - 데이터 제약조건과 값의 일치 여부 - 테이블정의와 레코드의 일치 여부 - 동일데이터의 상호일관성 - 최신 데이터 제공 여부	- 데이터 오/탈자 - 실제사실과의 일치 여부 - 레코드 중복 - 데이터 생성/가공 시 누락 - 데이터 생성/가공 시 표준 적용 여부 - 데이터 생성/가공 시 오류 및 중복
자료 실사와 면담에 의한 평가	- 데이터 크기 - 중요속성 누락 여부 - 필수속성의 설계 반영 여부 - 데이터 표준 정의의 적절성 - 도메인 정의의 적절성 - 코드 정의의 적절성 - 참조무결성 - 속성 중복 및 유일성 보장 여부 - 데이터 갱신 주기 - 원천 데이터의 신뢰성	- 인력의 운영성 - 교육의 운영성 - 프로세스의 운영성 - 개선작업의 운영성 - 운영 현황 관리의 적절성 - 시스템 유지보수 방안의 적절성 - 재해관리방안의 적절성 - 전담관리자 지정 여부 - 보안 관리의 적절성 - 물리적 접근 통제의 적절성

9) 이춘열·박현지, 「데이터베이스 품질 평가에 관한 사례 연구」, 『한국데이타베이스학회지(Journal of Information Technology Application and Management)』, Vol. 11, No. 4, 2011, 209~255쪽.

	– 정책의 적절성	– 사용통제의 적절성
	– 프로세스 규정의 적절성	
사용자 설문 조사에 의한 평가	– 사용용이성	– 성능
	– 검색성	

5.4. 데이터 품질 관리 수준10)

기업이나 조직의 전반적인 데이터 품질 수준을 나타내는 것이 품질 성숙수준이다. 품질 성숙수준은 조직의 데이터 품질 관리 발전 단계를 나타내는데, 이러한 품질성숙모델중의 하나가 한국데이터베이스진흥원에서 제시하고 있는 데이터 품질 관리 성숙모형11)이다. 데이터 품질 관리 성숙모델 또한 CMM (Capability Maturity Model)12)을 참조로 하여 데이터 품질 관리의 단계를 다음과 같이 5단계로 구분한다. 데이터 품질 관리 성숙수준은 조직이 수행하고 있는 데이터 품질 관리의 체계화 정도를 나타낸다. 즉, 성숙수준이 높을수록 체계적이며 정교한 데이터 품질 관리가 수행되고 있음을 의미한다.

- 수준 1(Initial): 도입 단계
- 수준 2(Repeated): 전형화 단계
- 수준 3(Defined): 통합화 단계
- 수준 4(Managed): 정량화 단계
- 수준 5(Optimized): 최적화 단계

---

10) 데이터 품질 관리 수준에 대한 내용은 한국데이터베이스진흥원(이전 기관명: 한국데이터베이스진흥센터)에서 발간된 데이터 품질관리 성숙모형(Ver. 1.0)을 기초로 한 것임.
11) 한국데이터베이스진흥센터, 『데이터 품질관리 성숙모형(Ver. 1.0)』, 2008.
12) CMM은 카네기-멜론 대학(Carnegie Mellon University (CMU))에서 미 국방성과의 계약에 의하여 개발한 소프트웨어 개발 기관의 프로젝트 수행 능력 성숙도를 나타내는 모형이다.

성숙 단계 1은 도입 단계이다. 도입 단계는 데이터 품질 관리의 초기 단계로 데이터 품질 관리에 대한 문제점과 필요성을 부분적으로는 인지하고는 있지만 표준화와 정형화된 프로세스가 미비하며, 데이터의 품질 관리는 담당자 개개인의 능력에 의존해 수행된다. 기본적인 수준의 식별 및 인증, 백업 계획이 수립되고 있으나 전반적으로 데이터의 오류 발생 소지가 높다.

성숙 단계 2는 정형화 단계이다. 정형화 단계는 데이터 품질 관리를 위한 정책 및 규정과 데이터 품질 관리와 관련된 제반 프로세스가 정형화되어 있으며, 정의된 절차에 따라 기본적인 품질 관리가 이루어진다. 데이터의 품질 상태는 누락 및 오류 발생에 대해 기본적인 대응이 가능하며 데이터 표준을 정의하여 단위 시스템 및 일부 조직에서 사용하며 기본적인 운영 활동을 수행하고 있다.

성숙 단계 3은 통합화 단계이다. 통합화 단계는 전사적인 연계 및 통합 관점에서 일관성 있는 데이터의 품질 관리가 이루어지고 있으며 데이터가 누락이나 오류 없이 서비스되고 있다. 데이터 표준이 조직 전체에 반영되어 있으며, 메타데이터가 활용되어 데이터 요소 간의 연계성이 확립되어 있다. 또한 지속적인 성능, 보안, 재해 복구 등의 프로세스가 안정화돼 있으며 개선 작업이 수행된다. 데이터 품질은 정성적으로 관리되고 있으며 운영 성과가 정량화되어 있지 않다.

성숙 단계 4는 정량화 단계이다. 정량화 단계는 통계적 기법이나 정량적인 측정 방법을 통해 관리되는 단계로, 프로세스가 지속적·안정적으로 예측 가능하게 유지되고 있으며, 정량적인 품질의 목표를 설정하고 달성 여부를 확인한다.

성숙 단계 5는 최적화 단계이다. 최적화 단계는 품질 관리 프로세스의 개선 사항을 지속적으로 도출하고 실행하며 평가를 통해 사후 관리를 수행하는 단계로, 현재의 관점에서 최적화뿐만 아니라 지속적인 개선 노력을 통하여 미래의 환경 변화에 유연하게 대처할 수 있는 수준이다.

데이터 품질 관리 성숙모형에서 품질 수준은 정확성, 일관성, 유용성, 접근성, 적시성, 보안성의 6가지 품질기준을 평가하여 판단하는 것으로 제시하고 있다. 그리고 이들 품질 기준별로 품질에 영향을 주는 프로세스를 같이 평가함으로써 성숙수준을 평가하는 방안을 제시하고 있다. 이들 품질 기준별 관련 프로세스와 성숙수준과의 관계는 〈표 5-6〉과 같이 제시되고 있다. 그러나 이들 품질 기준과 품질 관리 프로세스는 앞에서 제시된 여러 품질 평가 기준들 및 이들과 연관된 데이터 품질 관리 프로세스들을 포함하도록 확장될 수 있다.

<표 5-6> 품질 관리 프로세스와 성숙수준 관계

품질 기준	품질 관리 프로세스	성숙수준				
		도입	정형화	통합화	정량화	최적화
정확성	데이터 활용 관리(업무 규칙 검증)	●	●	●	●	●
	데이터 표준 관리(도메인, 코드 표준 관리)		●			
	데이터 오너십 관리			●	●	
일관성	데이터 구조 관리(중복 관리)	●	●	●	●	●
	데이터 구조 관리(참조 무결성 관리)	●	●	●	●	●
	데이터 흐름 관리(흐름 대사 관리)	●	●	●	●	●
	데이터 표준 관리(용어 표준 관리)		●	●	●	●
	데이터 표준 관리(도메인, 코드 표준 관리)		●	●	●	●
	데이터 오너십 관리			●	●	
유용성	요구사항 관리(기능적 관리)	●	●	●	●	●
	데이터 구조 관리(유연성 관리)			●		
	데이터 활용 관리(활용 모니터링)		●			
접근성	사용자 뷰 관리	●	●	●	●	●
	구조 관리(통합 관리)	●	●	●	●	
적시성	요구사항 관리(비기능적 관리)		●	●	●	●
	데이터 흐름 관리(흐름 주기 관리)	●	●	●	●	
	데이터베이스 관리(성능 관리)		●	●		
보안성	데이터베이스 관리(보안 관리)	●	●	●	●	●

5.5. 데이터 품질 개선

데이터 품질 평가의 목적은 양질의 데이터를 사용자들에게 제공하는 것이다. 즉, 데이터의 품질 성숙수준 및 데이터 자산의 품질 상태를 향상시키는 것이라고 할 수 있다. 이러한 점에서 데이터 품질 관리 활동은 일반적인 품질 관리 활동과 목적을 같이 한다고 할 수 있다. 품질 관리 활동으로서 가장 보편적으로 알려져 있는 것이 식스 시그마(6-sigma)이다. 식스 시그마는 제조 공정에서 발생하는 결함 원인들을 발견하고 제거함으로써 제품의 품질을 향상시키고자 하는 방법론이다. 이는 처음 모토롤라(Motorola)에서 시작한 것으로 이후 제너럴 일렉트릭(GE)의 잭 웰치(Jack Welch)가 전사적 품질 향상을 위한 방법론으로 채택함으로써 크게 알려지게 되었다.[13]

식스 시스마의 품질 관리 개선 프로세스는 다음과 같이 5단계를 거치는데 이를 두문자를 따서 DEMAIC이라고 부른다.

- 문제 정의 단계(Define): 문제의 원인을 정의하고 품질 개선 프로젝트의 목표를 설정.

- 측정 단계(Measure): 현재 프로세스를 평가하고 데이터를 수집.

- 분석 단계(Analyze): 수집된 자료를 분석하여 품질 결함의 근원적인 원인을 탐구.

- 개선 단계(Improve): 현재 프로세스에 대한 개선 대안을 제시하여 적용.

- 통제 단계(Control): 개선된 프로세스가 정착됨으로써 품질 결함이 다시 방생하지 않도록 통계적인 통제 프로세스를 구현.

데이터 품질개선 또한 품질 진단을 통하여 파악된 품질 결함의 근본 원인을 파악함으로써, 이에 대한 개선안을 제시하고, 이를 정착시켜 품질 결함이 재발

---

13) https://en.wikipedia.org/wiki/Six_Sigma#DMAIC

하지 않도록 함으로써 궁극적으로 조직의 품질 성숙수준을 향상시킴을 목표로 한다. 데이터 품질 결함의 발생 요인들과 이들 요인들의 개선 방안들에 대해서는 앞에서 여러 번 살펴보았다. 마지막으로 이들 요인들을 다시 한 번 정리하면 다음과 같다.

- 데이터 표준화
- 데이터 아키텍처 및 모델링
- 데이터 생성 프로세스
- 마스터 데이터

5.5.1. 데이터 표준화

데이터 품질 저하의 가장 근본적인 원인은 동일한 현상이 서로 다르게 표현되고 관리되는 것이다. 그리고 이를 해결하기 위한 방안이 데이터 표준화이다. 이에 대한 자세한 내용은 제3장 데이터 표준화 및 제2장 통합 및 공유에서 자세히 다루었다. 따라서 여기서는 생략하기로 한다. 그러나 데이터 품질 향상의 가장 기본이 조직에서 사용하는 모든 데이터 자산의 표준화에 있음은 아무리 강조해도 지나치지 않는다.

5.5.2. 데이터 아키텍처 및 모델링

높은 품질의 제품을 일관되고 지속적으로 생산하기 위해서는 설계 단계부터 고품질의 제품이 생산되도록 설계해야 한다. 처음부터 서로 잘 맞지 않는 부품들로 설계된 제품은 완성품의 품질도 낮을 수밖에 없다. 데이터의 품질도 같은 맥락에서 살펴볼 수 있다.

데이터들이 중복되고 서로 일관되지 않게 설계된 데이터베이스는 타당하지 않은 데이터들을 포함할 가능성이 높으며, 서로 다른 값의 데이터들이 중복 저장될 가능성 또한 높다. 이와 같이 데이터 품질 결함이 발생하지 않도록 하기 위해서는 데이터베이스 설계 단계부터 데이터베이스가 좋은 구조를 갖도록 노력해야 한다. 이것이 바로 데이터 모델링이나 데이터 아키텍처가 지향하는 궁극적인 목표이다.

많은 경우 데이터베이스 설계가 성능의 향상에만 초점이 맞추어진 경우가 있다. 그리고 많은 경우 데이터베이스 설계의 문제를 이후 데이터베이스 튜닝에서 해결하고자 하는 경향이 있다. 그러나 이는 잘못 설계되어서 품질이 좋지 않은 자동차를 매년 튜닝을 하면서 사용하는 것과 같이 좋지 않은 방법이다. 데이터베이스의 품질은 데이터의 검색이나 갱신 속도와 같은 성능적인 요소만을 포함하는 것은 아니다. 사용자들이 데이터 자산을 효과적으로 관리하고 사용하기 위한 모든 요소들이 잘 관리되어야 한다. 이러한 점에서 데이터베이스는 높은 품질의 데이터가 관리될 수 있도록 설계되어야 한다. 이에 대한 구체적인 내용은 다음 장인 데이터 아키텍처에서 자세히 다루어진다.

5.5.3. 데이터 생성 프로세스

완제품의 품질은 제품의 설계와 이를 만들어 내는 제조 공정에 의하여 결정되는데, 이러한 인식에 입각해서 품질 관리를 경영관리의 일부로서 관리하는 것이 종합적 품질 관리(TQC)이다. 데이터의 품질도 데이터베이스 설계와 더불어 데이터의 생성 프로세스 및 관리 정책 전반에 의하여 결정된다. 특히 최근에는 제조업의 경우 제조 이력관리가 정보기술의 발달로 중요한 품질 개선 수단으로 각광받고 있다. 즉, 각 제품이 어디서 어떻게 생산되었는지의 이력 정보를 모두 관리함으로써 만약 결함이 발생하면, 해당 제조 공정을 찾아가서 발생 원인을 조사하고 개선함으로써 품질향상을 도모하는 방법이다. 이러한 제조이력에 대한 관리가 가능하게 된 것은, 이후 빅 데이터 관리에서 별도로 자세히 이야기 하겠지만, RFID와 같은 정보기술의 발달로 각 제품들이 만들어지는 이력에 대한 데이터를 수집하고 처리하는 것이 가능하게 되었기 때문이다.

데이터의 경우도 데이터들의 생성 프로세스와 이에 대한 이력 데이터를 관리하는 것이 데이터의 오류나 품질을 향상시킴에 있어 매우 중요하다. 이러한 점에서 데이터 생성 프로세스 및 관리 정책에 대한 진단이 품질 진단의 일부로 수행되는 것을 살펴보았다. 그러나 데이터 관리에서 데이터 생성 프로세스와 관리 정책에 대한 관리는 아직도 대부분이 정성적인 분석이나 프로세스 관리가 대부분을 이룬다. 그리고 이에 대한 진단도 〈표 5-5〉에서 살펴본 바와 같이 면담과 같이 정성적인 분석이 대부분을 이룬다. 그러나 보다 과학적인 분석과 관리를 위해서는 제조공정관리와 같은 정량적인 분석이 데이터 생성 프로세스 관리를 위해서도 적용될 필요가 있다.

5.5.4. 마스터 데이터 관리

최근 데이터 관리의 주요 이슈 중의 하나로 대두한 것이 마스터 데이터 관리이다. 마스터 데이터는 기업이나 조직 활동의 근간을 이루는 주요 데이터들로서 고객, 제품/서비스, 사원, 자산, 계정 등이 이에 포함된다. 이들 데이터들은 인사 대장(臺帳)이나 품목 대장, 시설 대장 등의 이름으로 컴퓨터가 도입된 시점부터 정보화의 기초로서 정보시스템의 주요 구성요소로 취급되어 왔다.

마스터 데이터가 데이터 관리 관점에서 다시 조명을 받는 것은 이들이 조직 전체적인 과점에서 거래 처리나 다른 데이터들에 미치는 영향이 매우 크기 때문이다. 즉, 조직에서 이루어지는 거의 모든 활동은 마스터 데이터를 참조한다. 따라서 마스터 데이터를 잘 관리하는 것이 전사적으로 데이터 품질을 향상시키는 기초라고 할 수 있다. 이러한 점에서 전사적으로 모든 데이터의 관리에 선행하여 일차적으로 마스터 데이터 관리에 집중하는 것이 효과적일 수 있으며, 이것이 마스터 데이터 관리의 기본 원칙이다. 마스터 데이터 관리에 대하여서는 이후 별도의 장에서 자세히 다룬다.

제6장

데이터 아키텍처

기업에서 정보들이 만들어지고 사용되는 과정을 살펴보면 〈그림 6-1〉에 표시된 바와 같이 거래 처리 영역에서 발생한 데이터들이 이후 분석 정보 영역으로 흘러가 사용된다. 이는 데이터 및 정보를 흐름의 관점에서 살펴본 것인데, 이를 보다 자세히 살펴보면 다음과 같다.[1]

> • 먼저 기업 활동에서 발생하는 데이터들이 운영 데이터베이스에 저장되고 이들이 다시 기업 활동을 위하여 활용된다. 이들 데이터들은 보통 ERP 시스템과 같은 기업용 통합 애플리케이션이나 이전부터 사용되어온 개별 업무 시스템(legacy system)으로부터 생성된다. 이렇게

---

1) Inmon, W. H., Imhoff, C., & Sousa, R., *Corporate Information Factory 2nd edition*, John Wiley & Sons, 2001, p. 13.

기업의 기본 활동은 응용시스템과 운영 데이터베이스들을 중심으로 이루어지며, 이들을 거래 처리 영역이라고 한다.

• 운영 데이터베이스에 저장된 데이터들은 정보 분석을 위하여 활용되는데, 정보 분석의 궁극적 목적은 효과적인 의사결정과 전략적 사고의 실행이다. 정보 분석을 위해서는, 운영 데이터와는 다른 성격을 갖는 분석 정보들을 별도로 관리하여야 하는데, 이들을 저장한 것이 데이터웨어하우스 또는 다차원 데이터베이스들이며 이들로 구성된 영역을 분석 정보 영역이라고 한다.

• 분석 정보 영역과 거래 처리 영역을 연결하는 것이 데이터의 통합 및 변환 프로세스들이다. 이들은 운영 데이터나 외부 데이터들로부터 분석 정보들을 추출하여 데이터웨어하우스에 저장하는 과정을 담당한다. 이러한 데이터의 통합과 변환을 위하여서는 운영 데이터베이스에 저장되어 있는 데이터들을 일종의 작업 공간에 저장한 후, 변환이나 통합을 수행하는 것이 운영 데이터베이스에 저장된 내용을 직접 변환, 통합하는 것보다 효율적이다. 이와 같이 운영 데이터들을 변환하고 통합하는 영역을 통합영역이라고 하고, 이를 위해서 운영 데이터들을 임시로 저장하는 저장소를 ODS(Operational Data Store)라고 한다.

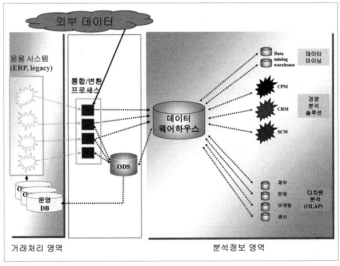

<그림 6-1> 기업 정보 흐름

기업 정보흐름에서 살펴보았듯이 거래 처리 영역에서 분석 정보영역으로 데이터들이 잘 흘러가기 위하여서는 구성요소들인 데이터베이스들과 이들 사이의 처리 과정(즉, 프로세스)들이 잘 설계되고 관리되어야 한다. 특히 데이터 관리의 관점에서 볼 때, 데이터들이 유기적으로 연결될 수 있도록 데이터베이스들을 설계하고 관리하는 것이 중요한데 이를 데이터 모델링이라고 한다. 서로 다른 데이터베이스에 저장되어 있는 데이터들이 유기적으로 연결되도록 설계하기 위해서는 개별 데이터베이스의 설계와 더불어 이들이 어떻게 상호 연관되어 있는가를 전사적인 관점에서 관리하여야 하는데, 이를 전사적 데이터 아키텍처라고 한다. 이러한 점에서 볼 때, 데이터베이스 설계는 개별 데이터베이스의 설계와 더불어 데이터베이스들 사이의 연관성을 설계하고 관리하는 전사적 데이터 아키텍처 설계를 포함한다.

본장에서는 먼저 전사적 데이터 아키텍처의 구성요소들을 설명한 후, 개별 데이터베이스 설계를 위한 개체관계 모델링과 관계형 데이터 설계를 소개한다.

6.1. 전사적 데이터 아키텍처

조직에서 사용되는 모든 데이터들은 크게 운영 데이터들과 분석 정보로 구분할 수 있다. 이를 기업 활동 구분과 연관하여 살펴보면, 전자인 운영 데이터는 거래 처리를 위하여 주로 사용되며, 후자인 분석 정보는 의사결정 및 경영 관리를 위하여 주로 사용된다.

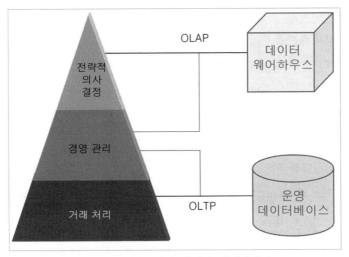

<그림 6-2> 정보처리 형태와 데이터베이스

    따라서 기업에서 관리되는 모든 정형화된 데이터들은 〈그림 6-2〉에 예시된 바와 같이 운영 데이터베이스와 데이터웨어하우스에 저장된다. 운영 데이터를 저장한 것이 운영 데이터베이스이며, 분석 정보를 저장한 것이 데이터웨어하우스이다. 데이터웨어하우스는 7장 비즈니스 인텔리전스에서 보다 자세히 설명되겠지만, 정보 분석을 목적으로 하는 데이터베이스이기 때문에 시간이라는 필드가 추가되며, 분석을 위한 요약 데이터들이 추가되는 점 등이 운영 데이터베이스와 다르다.

    기업이나 조직에서 사용하는 데이터베이스를 보다 더 세분화하면, 〈그림 6-1〉의 기업 정보 흐름에서 소개되었던 바와 같이 운영 데이터베이스들과 데이터웨어하우스 이외에도 ODS가 존재하기도 하며, 데이터웨어하우스도 전사적 데이터웨어하우스와 주제별 데이터마트로 세분되기도 한다. 그리고 이러한 데이터베이스들을 이용하여 분석 정보시스템을 구축하는 방법은 이후 7장에서 소개될 예정인 전사적인 데이터웨어하우스를 구축하는 전사적인 데이터웨어하우스 방법론과 주제별 데이터마트들만을 구축하고 이들을 데이터웨어하우스 버스(DW Bus)로 연결하는 데이터마트 방법론이 있다.

기업의 정보흐름을 정리하면, <그림 6-3>에 예시된 바와 같이 운영 데이터베이스로부터 분석 정보들을 추출하여 데이터웨어하우스에 저장한 후, 데이터마트를 거쳐 다차원 큐브(OLAP Cube)의 형태로 사용자들에게 제공된다. 이러한 데이터베이스들은 서로 용도가 다르며, 따라서 이들의 데이터베이스 구조 또한 서로 다른 형태를 갖는다. 운영 데이터베이스는 정규화가 된 관계형 데이터베이스 스키마를 가지고 데이터웨어하우스 또한 정규화된 관계형 데이터베이스 스키마를 가진다. 그러나 데이터마트 및 OLAP Cube들은 스타 스키마, 다차원 스키마 등과 같이 운영 데이터베이스와 다른 구조를 가진다.

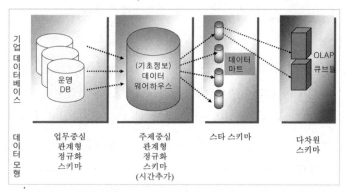

<그림 6-3> 기업 정보 흐름과 데이터베이스 유형별 데이터 모형

전사적인 기업정보흐름에서 분석 정보영역을 위한 정보시스템을 비즈니스 인텔리전스 시스템이라고 하는데,[2] 비즈니스 인텔리전스 시스템의 구축은 특히 사용하는 솔루션이나 개발환경에 따라 다르다. 예를 들면, SQL Server의 OLAP Service를 사용할 경우에는 스타 스키마를 생성하고, 다차원 큐브를 만드는 것이 보통이며, Hyperion의 Essbase를 사용할 경우에는 운영 데이터베이스로

---

2) '비즈니스 인텔리전스'에 대해서는 제7장에서 자세히 소개한다.

부터 ODS를 생성하고 이로부터 바로 다차원 큐브를 생성하는 과정을 거친다.

<표 6-1> 비즈니스 인텔리전스 솔루션별 구축 환경

솔루션	운영 DB	ODS	전사적 DW	DM	다차원 Cube
SQL Server OLAP Services	○	△	△	○	○
Hyperion Essbase	○	○	△	△	○
Hyperion Essbase with Essbase Integration Server	○	△	△	○	○

○: 반드시 구축
△: 일반적으로 구축하지 않아도 무방

6.2. 3계층 데이터 모델링

운영 데이터베이스나 데이터웨어하우스 또는 데이터마트 등에 걸쳐 모든 종류의 데이터베이스들에 대하여 데이터베이스의 구조를 설계하는 것을 데이터베이스 설계라고 한다. 그리고 이렇게 설계된 데이터베이스는 궁극적으로 특정 데이터베이스 서버에 설치된 특정 DBMS(예: DB2, Oracle, SQL Sever, mySQL, marinaDB 등)를 사용하여 구축된다. 그러나 데이터베이스는 설치 대상 DBMS나 DB 서버를 직접 대상으로 하여 바로 설계하지 않고, 먼저 데이터베이스에 포함될 내용이 무엇인가를 설계한 후(개념 모형), 이를 표준적인 데이터 모형으로 바꾼 후(논리모형), 마지막 단계에서 설치 대상 DBMS나 DB 서버를 대상으로 하여 설계한다(물리모형). 표준적인 데이터 모형으로서 관계형 데이터 모형이 주로 사용되며, 경우에 따라서는 객체지향 데이터 모형이 사용되기도 한다. 이와 같이 데이터베이스 설계도를 3단계에 걸쳐 설계하는 것을 3계층 데이터 모형이라고 한다.

현재 대부분의 운영 데이터베이스는 관계형 데이터베이스로 구축되어 있다.

따라서 이하에서는 관계형 데이터베이스의 개념 설계를 위하여 가장 보편적으로 사용되는 개체관계모델링을 살펴본다. 그리고 관계형 데이터베이스의 논리 설계를 위한 가장 중요한 기준인 정규형을 살펴본 후, 물리설계를 위한 기준들을 살펴본다.

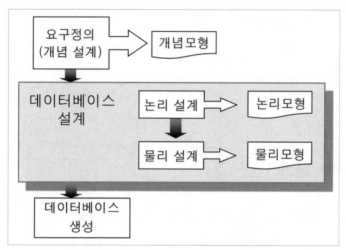

<그림 6-4> 3계층 데이터베이스 개발 단계

6.3. 개체관계모델링

데이터베이스의 개념 설계를 위하여 가장 보편적으로 사용되는 모형이 개체관계모형이다. 여기서 개념 설계란 데이터베이스에 무슨 데이터들을 저장할 것인가를 설계하는 것이다. 즉, 저장될 데이터들을 개념적으로 정의하는 것을 의미하며, 이들을 어떠한 방식으로 어떻게 저장할 것인가는 논리 설계 및 물리 설계에서 다룬다. 이후 개체관계모형의 데이터 구조에서 알 수 있는 바와 같이, 개념 설계를 하면 이로부터 개체 릴레이션과 관계 릴레이션이 만들어지며 따라서 관계형 데이터베이스를 위한 논리모형을 자동적으로 생성할 수 있다.

따라서 모든 데이터베이스 설계의 시작은 개념 설계라고 할 수 있다.

개체관계모형은 명칭을 통하여 알 수 있는 바와 같이, 기본적으로 개체(entity)와 관계(relationship)라는 2가지 개념을 사용한다. 즉, 개체관계모형은 실제 현상을 구성하는 개체들과 이들 사이의 관계를 사용하여 실제 현상을 모델링한다. 그리고 이들로부터 데이터베이스에 저장될 가치가 있는 데이터들을 추출한다. 여기서 실제 현상을 개체들과 이들 사이의 관계로 모델링한다는 것은, 실제 현상을 제3자에게 설명할 때 개체와 관계를 사용하여 설명한다는 것과 같은 말이다. 여기서 개체와 관계를 보다 구체적으로 설명하면 다음과 같다.

- 개체: 실제 현상을 구성하는 구성물들을 지칭한다.
- 관계: 구성물들 사이에 어떠한 관계가 존재하는가를 설명한다.

물론 이러한 모델링은 실제 현상에 대한 모든 것을 전달할 수 있는 완전한 모델링이 될 수 없으며, 단지 데이터라는 관점에서 본 모델링에 불과하다. 그러 한 가지 모형으로 모든 것을 다 설명할 수 있는 모형은 없다. 따라서 다양한 관점에서 본 여러 모형들을 상호 보완적으로 같이 이용하여야 한다.[3] 이러한 다양한 관점에서 본 여러 모형들 중에서, 개체관계모형은 데이터를 중심으로 실제 현상을 모델링하는 모형이다.

---

3) 대표적인 예로써, 통합 모형으로 평가되고 있는 UML(Unified Modeling Language)에서는 9개의 세부 모형을 같이 이용한다. 이들 세부 모형들은 이전에 제시된 여러 관점의 모형들을 통합한 것이라고 할 수 있는데, 이들 중에서 개체관계모형과 동일한 세부 모형이 Class Diagram 이다.

6.3.1. 개체

개체관계모형을 구성하는 개체와 관계 중에서, 순서를 따지자면, 개체가 먼저이다. 관계는 개체와 개체가 어떠한 연관성을 가지는가를 정의하는 것이므로, 논리적으로 볼 때, 먼저 개체가 존재하여야 관계가 정의될 수 있다. 개체(entity)란 실제 현상에 존재하거나 또는 존재하는 것으로 가정하는(즉, 추상화를 통하여 우리가 식별할 수 있는) 것들(즉, 실제 현상을 구성하는 구성물들)을 지칭한다. 개체에 대한 이해를 돕기 위한 방안 중의 하나로써 먼저 연극을 공연하기 위한 과정을 살펴본다.

연극을 무대에서 공연하기 위하여서는 연극에 출연하는 배우, 장치, 소품들과 같은 연극의 구성물들을 먼저 준비하여야 한다. 이러한 구성물들에 의하여 무대가 꾸며지면, 배우들은 무대 위에서 연기를 수행한다. 이와 같이, 연극은 실제 현상을 추상화(즉, 간략화)하여 관객들에게 전달하는 방법들 중의 하나이며, 이를 위하여서는 무대를 꾸미고, 배우들이 연기를 수행한다. 여기서 무대에 등장하는 것들, 즉 출연하는 배우, 장치, 소품들이 개체이다. 동일한 맥락에서 정보시스템 또한 실제 현상을 추상화하여 사용자들에게 전달하는 방법들 중의 하나이다. 따라서 정보시스템을 통하여 실제 현상을 추상화하기 위해서는 정보시스템이라는 가상의 무대에 구성물들을 배치해야 한다. 이와 같이 실제 현상을 정보시스템으로 추상화하여 나타내기 위한 필요한 모든 구성물들을 개체라고 한다.

보통 개체라고 하면 개별 개체들을 지칭한다. 그리고 이러한 개체들을 동일한 유형별로 분류한 것이 개체유형(entity class 또는 entity set)이다. 개체유형과 개별 개체는, 수학적 표현을 빌리면, 집합과 원소와 같다. 즉, 개체유형은 개체들을 모아 놓은 집합이며, 개체는 개체유형을 구성하는 원소들이다. 〈그림 6-5〉와 같이 고객사라는 개체유형에 신영상사(주), 원창(주), 동광통산(주) 등의 개체가 존재한다. 후자를 개체유형과 구분하여 개별 개체라고 하기도 한다. 예제를 통하여 알 수 있듯이, 개체유형은 일반 명사들로 표시되며, 개별 개체들은 고유 명사로 표시된다. 이러한 개체와 개체유형과의 차이에도 불구하고, 이들을 구별하여 사용하기 보다는, 개체라는 동일 단어를 이용하여 개별 개체를 지칭하기도 하며, 개체유형을 지칭하기도 한다. 개체라는 단어가 언제 개체유형을 뜻하며 언제 개별 개체를 뜻하는 가는 상황에 따라 적절히 판단한다.

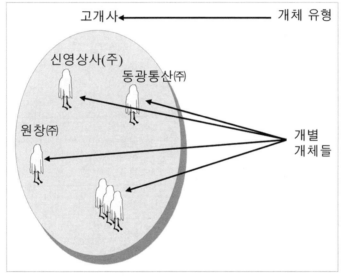

<그림 6-5> 개체와 개체유형

개체들을 정보시스템에서 디지털화 하여 표현하기 위하여서는 이들에 대하여 무슨 정보를 저장하는가를 정형적으로 서술해야 한다. 이와 같이, 개체의 특성을 추상화하여 나타내는 가장 기본적인 요소들이 속성과 주키이다.

가. 속성

모든 개체는 속성(property 또는 attributes)을 갖는다. 속성이란 개체를 설명하는 특성, 즉 개체에 대하여 우리가 알고자하는 정보들이다. 예를 들면, 주문처리 예제에서 고객사, 제품과 사원의 속성을 예시하면 〈표 6-2〉와 같다. 바꾸어 이야기하면 고객사, 제품과 사원에 대하여 우리는 〈표 6-2〉에 제시된 정보들을 알기를 원한다. 이들 각 속성에 대하여 개체들은 속성값을 갖는다. 예를 들면, 김소미 사원은 생년월일이라는 속성에 대하여 1966-12-08이라는 값을 가진다(사실 '김소미'도 사원의 속성인 이름의 속성값이다). 이와 같이 개체들의 특성은 속성의 값으로 표현된다.

〈표 6-2〉 속성의 예

개체유형	고객사	제품	사원
속성	고객번호 고객이름 담당자 이름 담당자 직위 주소 도시명 지역 우편번호 국가명 전화번호 팩스	제품번호 제품이름 공급업체 제품분류 포장단위 단가 재고량 발주량 재주문량 단품종	사원번호 이름 직위 성별 생년월일 입사일 주소 도시명 지역 우편번호 소속부서장

나. 주키

개체의 집합에서 개별 개체의 속성을 기록하고 갱신하며 검색하기 위해서는 무엇보다도 먼저 개별 개체들을 서로 구별할 수 있어야 한다. 실제 현상에서는 이름이나 형태, 촉감 등과 같은 여러 가지 방법으로 개체를 식별할 수 있다.

그러나 추상화된 정보시스템에서 개체는 속성(또는 속성들)의 값을 이용하여 식별된다. 예를 들면, 우리가 아는 태양100% 오렌지 주스는 제품번호가 1번이며, 제품 이름이 태양100% 오렌지 주스이며, 공급업체가 서울 무역㈜이며, 제품 분류가 유제품이며, 포장 단위가 10boxes×20bags이며, 단가가 80,000원이며, 재고량이 39이며, 발주량이 0이며, 재주문량이 10이고, 현재 단종되지 않은 그러한 제품으로 식별된다. 그러나 개별 개체를 식별하기 위하여 이러한 모든 속성의 값을 다 열거하여야 한다는 것은 대단히 불편하다. 따라서 실제 현상에서 개별 구성물마다 이름을 부여하고 이를 이용하여 각 구성물을 지칭하듯이, 데이터베이스에서도 특정 속성의 값을 이용하여 개별 개체를 지칭할 수 있으면 매우 편리하리라 예상할 수 있다. 이와 같이 특정 개체를 식별하기 위하여 사용되는 속성(또는 속성들)을 키(key)라고 한다. 따라서 모든 개체들은 서로 다른 키값을 가져야 한다. 이를 키값의 유일성이라고 한다. 즉, 같은 유형의 개체들의 집합에서는 개체들의 키값이 서로 달라야 하며, 같은 키값을 가지는 개체들이 2개 이상 존재해서는 안 된다.

예를 들면, 제품의 주키는 제품번호이다. 제품번호를 알 경우 어느 제품을 칭하는지 식별할 수 있다. 그러나 판매가격은 주키가 될 수 없다. 판매가격이 10,000원인 제품은 여러 개가 있을 수 있으며, 따라서 여러 제품들이 식별될 수 있다(물론 경우에 따라서는 만 원짜리 제품이 꼭 하나만 존재할 수도 있다. 그러나 여기서 말하는 유일성은 예상 가능한 모든 제품이 발생할 경우를 고려한 유일성이므로, 무수히 많은 제품이 있을 수 있다고 가정할 경우 판매가격이 10,000원인 제품은 당연히 2개 이상 있을 수 있다고 예상할 수 있다).

다. 속성치 영역, 도메인(domain)

속성은 임의의 값을 함부로 가질 수 있는 것은 아니며, 한정된 값들 중에서 하나를 갖는다. 예를 들면, 시험 성적은 보통 0점부터 100점까지 자연수 또는

A+, A와 같은 문자 등급 중 하나의 값을 갖는다. 이와 같이 특정 속성이 가질 수 있는 모든 값의 집합을 속성치 영역 또는 도메인(domain)이라고 한다.

만약 학교의 성적이 0점부터 100점까지 자연수로 표현되면, 성적의 속성치 영역은 다음과 같이 정의된다.

dom(성적) = {0, 1, 2, … , 100}

그리고 만약 성적이 A+, A와 같은 문자 등급으로 표현된다면 성적의 속성치 영역은 다음과 같이 정의된다.

dom(성적) = {A+, A, B+, B, C+, C, D+, D, I, F}

예를 통하여 알 수 있는 바와 같이 속성치 영역은 일반적으로 이야기하는 데이터 유형보다 훨씬 제한적이다. 문자등급으로 표현된 성적의 경우, 성적의 데이터 유형은 2자리 문자(CHAR(2))로 정의된다. 그러나 속성치 영역은 이보다 훨씬 제한적인 A+부터 F까지의 10개의 값들이다. 또한 첫 번째 예의 성적과 두 번째 예의 성적은 서로 다른 성적을 의미한다. 물론 이들 사이에 변환 공식이 존재할 수 있으나, 경우에 따라서는 서로 변환이 불가능한 경우도 발생한다.

이와 같이 속성치 영역은 속성을 정의하는 주요 요소이며, 속성치 영역을 어떻게 정의하는 가에 따라 같은 이름의 속성이라도 다른 의미를 갖게 된다. 속성의 이름이 같다고 하여도 속성치 영역이 다르면 서로 다른 속성들이라고 할 수 있으므로, 속성치 영역이 정의되었을 때 비로소 속성에 대한 정의가 완료되었다고 할 수 있다.

6.3.2. 관계

개체관계모형에서 개체들은 관계(relationship)에 의하여 서로 연결된다. 즉, 개체관계모형에서 상호 독립적으로 존재하는 개체들을 연결하는 것이 관계이며, 이러한 관계는 개체들 사이의 연관성을 표현한다.

예를 들면, 〈그림 6-6〉에서 표시된 바와 같이, 사원과 주문 사이에는 처리라는 관계가 존재한다. 즉, 김소미 사원이 10270주문과 10275주문을 담당하여 처리하며, 김덕훈 사원은 10277주문을 처리한다.

이와 같이 개체와 개체를 연결하는 것을 관계라고 하며, 개별 관계들의 집합을 관계 유형(relationship set)이라 한다. 관계는 이를 구성하는 개체유형의 수와 관계를 구성하는 개체들이 상대방 개체에 몇 개씩 대응하는 가에 따라 다른 형태를 가지는데, 이들을 각각 관계의 항수와 관계의 대응개체수라고 한다.

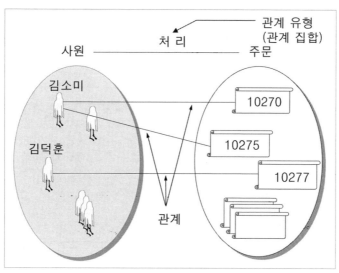

<그림 6-6> 관계와 관계 유형

가. 관계의 항수(degree)

관계를 1항 관계, 2항 관계, 3항 관계 등으로 구분하는데 여기서 1항, 2항, 3항 등을 관계의 항수(degree)라고 한다. 관계의 항수는 관계를 구성하는 개체들이 소속된 개체유형의 수이다.

- 2항 관계:
  〈그림 6-6〉의 예에서와 같이 관계가 2개의 개체유형들 사이에서 맺어지면, 이를 2항 관계라고 한다.

- 3항 관계
  〈그림 6-7〉의 예에서와 같이 관계가 3개의 개체유형들 사이에서 맺어지면, 이를 3항 관계라고 한다.

- 1항 관계:
  〈그림 6-8〉의 사원들 사이의 상하 관계와 같이, 관계가 2개 또는 3개의 개체유형들 사이에 맺어지는데 이때 이들 개체유형들이 서로 같아서 관계를 구성하는 개체들이 추출된 집합이 1개일 경우 이를 1항 관계라고 한다.

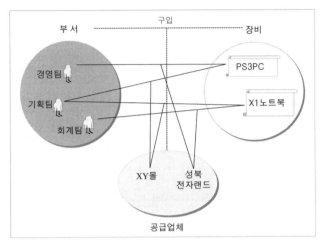

<그림 6-7> 3항 관계

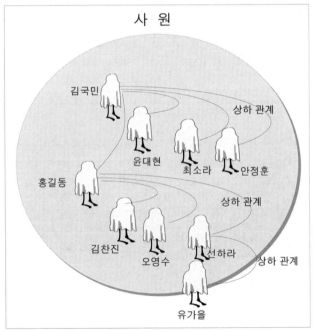

<그림 6-8> 1항 관계

나. 관계의 대응개체수(caedinality)

관계를 구성하는 개체들이 상대방 개체 몇 개와 관계를 맺는가에 대한 1-대-1 관계, 1-대-다 관계, 다-대-다 관계 등으로 구분하는데 이를 관계의 대응개체수라고 한다. 대응개체수는 1항 관계, 2항 관계, 3항 관계 등에 모두 적용되나 여기는 설명의 편의상 2항 관계를 사용하여 대응개체수를 설명한다.

• 1-대-1 관계
1-대-1 관계란 A의 한 개체에 대하여 B의 한 개체만 관련되며 B의 한 개체에 대하여 A의 한 개체만이 대응하는 관계이다. 예를 들면, 일부일처 제도에서(동성애자 사이에서의 부부관계는 인정하지 않는다고 가정할 경우) 남자와 여자 사이에는 1-대-1의 부부관계가 성립한다(〈그림 6-9〉).

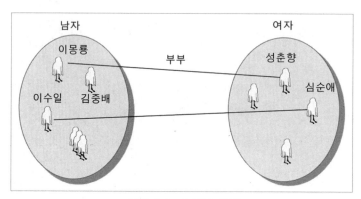

<그림 6-9> 1-대-1 관계

・1-대-다수 관계

1-대-다수 관계는 A의 한 개체에 대하여 B의 여러 개체가 관련될 수 있으나 B의 한 개체에 대해서는 A의 한 개체만 대응하는 관계이다. 예를 들면, 주문 처리에서 한 사원은 여러 개의 주문을 담당하여 처리할 수 있으나 특정 주문을 처리하는 사원은 1명이어야 한다. 따라서 사원과 주문 사이에는 1-대-다수의 관계가 성립한다(〈그림 6-10〉).

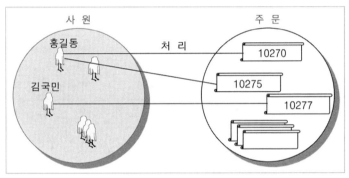

<그림 6-10> 1-대-다수 관계

・다수-대-다수 관계

다수-대-다수 관계는 A의 한 개체에 대하여 B의 여러 개체가 관련될 수 있으며, B의 한 개체에 대해서도 A의 여러 개체와 관련될 수 있는 관계를 나타낸다. 예를 들면, 한 학생은 여러 과목을 수강할 수 있으며, 한 과목을 수강하는 학생도 여러 명이다. 따라서 학생과 과목 사이에는 다수-대-다수의 관계가 성립한다(〈그림 6-11〉).

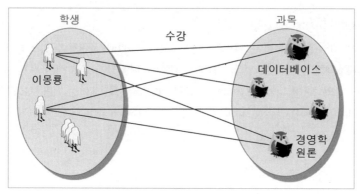

<그림 6-11> 다수-대-다수 관계

6.3.3. 개체관계도

개체관계도는 개체와 관계를 나타낸다. 예를 들어 학생들이 무슨 과목들을 수강하는가를 나타내는 개체관계도로 그림으로 표현하면 〈그림 6-12〉와 같다.

<그림 6-12> 개체관계도의 기본 모형 예시

개체관계도는 크게 다음의 세 종류의 정보를 나타낸다.

(1) 데이터베이스를 구성하는 개체들(보다 정확히는 개체유형)
(2) 개체들 사이의 관계
(3) 관계의 대응개체수

개체관계도에서 사각형은 개체를 나타내며, 마름모는 관계를 나타낸다. 개체와 관계를 연결하는 선 위에 표시된 문자는 대응개체수를 나타낸다. 개체관계도는 이상의 기본 도형에 추가하여 각 개체 및 관계에 대한 세부 정보들을 추가로 표현한다. 세부 정보란 각 개체 또는 관계의 속성들 및 속성의 자료값 영역들을 포함한다. 개체의 속성들은 별도로 기록하거나 또는 개체관계도에 같이 표시된다.

6.3.4. 개체관계모형의 데이터 구조: 개체 릴레이션과 관계 릴레이션

개체관계모형에서 개체와 관계로 표시된 것들은 결국 관계형 데이터베이스에서 테이블(이를 릴레이션(relation)이라고도 함)로 표시된다. 이하에서는 개체와 관계가 어떻게 릴레이션(즉, 테이블)으로 변환되는가를 살펴본다.

• 개체 릴레이션
개체를 테이블 형식으로 표현한 것을 개체 릴레이션이라고 하는데, 이의 구조는 〈표 6-3〉에 표시된 바와 같이 개체의 구조와 동일하다. 즉, 개체의 주키가 개체 릴레이션의 주키로 표시되며, 개체의 속성들이 개체 릴레이션의 속성으로 표시된다.
각각의 개체유형은 하나의 릴레이션(테이블)으로 표현되며, 개별 개체들은 레코드로 표현된다.

<표 6-3> 개체 릴레이션(예: 직원)

직원번호	이 름	…	생년월일	입사일
1	홍길동	…	1968-12-08	1992-05-01
2	김국민	…	1953-02-19	1992-08-14
…	…	…	…	

↑	↑	↑	↑	↑
주키			속성	

- 관계 릴레이션

  관계는 개체들 사이의 연관성을 나타낸다. 따라서 관계에 대한 세부 정보는 관계를 구성하는 개체들 및 관계가 지니는 고유 속성을 포함한다. 이를 관계 릴레이션(relationship relation)이라 하는데, 관계 릴레이션의 주키는 해당 개체 릴레이션들의 주키를 결합한 것이다. 따라서 항상 복합키로 구성된다. 그리고 관계의 속성은 관계 테이블의 속성으로 표시된다.

<표 6-4> 관계 릴레이션 (다수-대-다수 관계일 경우)

직원	프로젝트	
직원번호	프로젝트 번호	참여율
1	건물_A	100
2	건물_B	75
2	건물_A	25

6.4. 관계형 데이터 모델링

데이터베이스 설계는 개념 설계, 논리 설계 및 물리 설계로 구분된다. 이들 중 개념 설계는 데이터베이스에 저장될 내용들을 설정하는 단계로서 개체관계 모형에서 소개하였다.

건축물을 예를 들면, 개념 설계는 외양이나 건물을 구성하는 공간의 크기, 용도 등을 스케치하는 단계이다. 이에 반하여 논리 설계나 물리 설계는 건축 방법을 결정한 후(예를 들면, 철골 구조물로 건축할 것이라고 결정한 후), 이에 부합하는 구조를 설계하는 과정이다. 따라서 해당 구조물의 역학적 특성들을 고려하여 설계해야 한다.

관계형 데이터베이스의 논리 설계와 물리 설계는 관계형 데이터 모형의 구조에 부합하는 데이터들을 저장 관리할 수 있도록 데이터베이스 구조를 설계하는 단계이다. 이들 중 표준적인 관계형 데이터 모형을 가정한 것이 논리 설계이며, 특정 구현 환경(특정 DBMS 및 컴퓨터 시스템 등)을 대상으로 한 것이 물리 설계이다.

6.4.1. 데이터베이스 스키마의 평가 척도

데이터베이스 설계의 목적은 당연히 좋은 데이터베이스 스키마를 만드는 것이다. 단지 어떠한 데이터베이스 스키마가 좋은 것이냐 하는 것이 문제이다. 데이터베이스 스키마는 상황이나 목적에 따라 평가 기준이 조금씩 다를 수 있다. 그러나 이것은 평가 척도 자체가 변하는 것이 아니라 상황에 따라 중요시하는 척도가 달라지기 때문이라고 할 수 있다. 즉, 특정 상황에서는 정규성이 보다 더 중요할 수 있으며, 다른 상황에서는 최소성이 더 중요할 수 있다.

일반적으로 이야기하는 데이터베이스 스키마의 평가 척도들을 나열하면 다음과 같다.

가. 완전성(completeness)

데이터베이스 스키마는 실제 현상을 제대로 추상화한 데이터 모형이어야 한다. 즉, 추상화란 관점에서 실제 현상에 존재하는 데이터들과 이들 사이의 관계들을 모두 포함해야 한다.

나. 정규성(correctness, normality)

관계형 데이터 모형의 관점에서 모든 릴레이션들은 정확하게 설계되어야 한다. 즉, 데이터의 중복이 가능한 범위 내에서 모두 제거되어야 하며, 데이터 관리의 모순이 발생하지 않도록 구성되어야 한다. 이러한 데이터베이스 스키마의 정확성을 측정하는 기준이 정규형이다. 관계형 데이터베이스는 모든 테이블들이 적어도 제3정규형으로 설계됨을 목표로 한다.

다. 최소성(minimality)

데이터베이스는 데이터의 입력, 갱신 및 검색이 가능한 범위 내에서 빨리 수행될 수 있도록 설계되어야 한다. 그리고 이를 판단하는 척도의 하나가 릴레이션의 수이다. 동일한 데이터를 나타내면서 릴레이션의 수가 적도록 모델링된 스키마는 릴레이션의 수가 많은 스키마보다 효율적으로 데이터를 관리할 수 있다. 따라서 가능하면 릴레이션 수가 적도록 설계해야 한다.

라. 표현성(expressiveness, understandability)

데이터베이스 스키마는 가능한 실제 현상과 개념적으로 일치하여야 한다. 즉, 릴레이션을 구성하는 속성들을 보면, 해당 릴레이션에 무슨 종류의 데이터들이 저장되는가를 쉽게 이해할 수 있어야 하는데 이를 표현성이라고 한다.

마. 확장성(expandability)

데이터베이스 스키마는 확장 및 갱신이 용이하여야 한다. 즉, 새로운 속성이나 릴레이션들을 추가하기가 쉬워야 하며, 데이터의 적용 범위 또한 쉽게 확장할 수 있어야 한다. 예를 들면, 현재는 본사의 사원들에 대한 정보들만을 관리하던 것을 전 부서의 사원들에 대한 데이터로 확장 하고자 할 경우 이를 쉽게 실현할 수 있어야 한다. 또한 사원들에 대하여 부양가족과 같은 정보를 추가하고자 할 경우에도 쉽게 구현할 수 있어야 한다.

6.4.2. 정규화 법칙

관계형 데이터베이스의 최소한의 법칙을 만족시키는 테이블을 제1정규형이라고 한다. 따라서 관계형 데이터베이스의 정규화는 제1정규형이 아닌 임의의 테이블을 관계형 데이터베이스에 저장할 수 있는 제1정규형으로 바꾸고, 이들 테이블의 정규형을 제3정규형 이상으로 높이는 과정을 정규화라고 한다. 정규형은 제4, 제5 정규형 등이 있으나 보통 제3정규형이 되면 정규화가 된 테이블이라고 한다. 이들 정규형과 정규화를 위한 법칙들을 요약하면 다음과 같다.

가. 제1정규형(1NF)

릴레이션을 구성하는 모든 속성들이 단일 자료값을 가질 경우 이를 제1정규형 릴레이션,이라고 한다. 만약 특정 필드의 값이 2개 이상 저장될 경우, 예를 들면 부품의 공급업체가 2개 이상일 경우, 이들 공급업체명을 부품 테이블의 공급업체명 필드에 저장할 경우, 해당 부품 테이블은 제1정규형이 아니다.

나. 제2정규형(2NF)

제1정규형인 테이블에서, 속성들이 주키의 일부에 대하여 종속됨으로써 발생하는 데이터 중복이 없을 경우 이를 제2정규형 릴레이션이라고 한다. 예를 들면 학생들의 과목수강 테이블에서 특정 과목의 학점수나 과목 설명 등이 과목을 수강하는 모든 학생들에 대하여 중복하여 저장될 경우, 학생들의 과목수 강 테이블은 제2정규형이 아니다. 이와 같이 제2정규형이 되기 위한 법칙을 위 반하는 테이블은 주키가 2개 이상의 속성으로 구성된 복합키일 경우이다(즉, 2개 이상의 개체나 사건들에 대한 정보를 나타내는 경우이다). 이들 데이터 중복은 과목에 대한 정보들을 별도의 테이블로 분리하여 정규화함으로써 제거할 수 있다.

다. 제3정규형(3NF)

제2정규형인 테이블에서, 주키가 아닌 다른 속성들에게 종속됨으로써 발생 하는 데이터 중복이 없을 경우 이를 제3정규형이라고 한다. 학생들에 대한 정 보를 나타내는 테이블에서 학생이 소속된 학부의 설립년도와 같은 데이터들은 해당 학부에 소속된 모든 학생들에 대하여 중복된다. 이와 같이 제3정규형이 되기 위한 법칙을 위반하는 테이블은 2개 이상의 개체나 사건들이 연관된 경 우이다. 이들 데이터 중복은 학부에 대한 정보들을 별도의 테이블로 분리하여 정규화함으로써 제거할 수 있다.

라. 보이스카드 정규형(BCNF)

테이블의 주키가 될 수 있는 복합키들 사이의 연관관계로 인한 데이터 중복 이 없을 경우 이를 보이스카드(Boyce-Codd) 정규형이라고 한다. 제3정규형에서 데이터 중복이 발생하는 이유는 주키가 될 수 있는 복합키가 2개 이상 있을 경우이며 이들 사이에 연관성이 있을 경우이다. 예를 들면, 특정 은행의 고객 이 여러 지점에 여러 개의 계정을 개설해서 가지고 있으며, 해당 계정의 담당 직원이 있을 경우, 특정 직원이 어느 지점에 근무하는가는 해당 직원이 여러 계정을 관리하기 때문에 중복하여 반복된다. 이러한 데이터 중복을 없애기 위해서는 지점테이블을 분리하여 정규화함으로써 제거할 수 있다.

마. 제4정규형(4NF)

속성 A에 다중적으로 종속되는 속성 B와 속성 A에 다중적으로 종속되는 속성C가 같이 저장될 경우, A와 B의 연관성이 중복하여 반복되며, A와 C의 연관성도 중복하여 반복되는데, 이러한 중복이 발생하지 않도록 만들어진 테이블을 제4정규형이라고 한다. 예를 들면 과목을 가르치는 교수님이 여러 명이며, 해당 과목에서 사용하는 교재도 여러 권일 경우(물론 여러 교수님들이 같은 교재들을 사용한다), 해당 과목을 가르치는 교수님들의 이름은 교재의 수만큼 중복하여 기록된다. 이러한 데이터 중복을 제거하기 위해서는 과목별 교수님과 과목별 교재를 따로 분리하여 테이블을 별도로 구성하면 된다.

6.5. 관계형 데이터베이스 물리설계

데이터의 물리 설계는 가장 효율적인 데이터베이스를 구축하고자 하는 설계 활동이다. 여기서 효율적이라는 것은 데이터의 입력, 갱신이나 검색을 보다 빠르게 하는 것을 의미한다. 그래서 물리 설계에서 가장 논란이 되는 것은 인덱스를 만드는 것(인덱싱)과 논리 설계에서 정규화한 테이블들을 반정규화하는 것 등이라고 할 수 있다.

데이터베이스 모델링에 대한 연구들은 성능과 관련된 물리 설계 이슈들을 다음과 같이 구분하여 제시하고 있다.

- 인덱싱(indexing)
- 반정규화
- 집계 테이블 또는 유추 데이터
- 테이블의 분할
- 코드 테이블의 통합

6.5.1 인덱싱

데이터베이스에서 특정 레코드(들)을 쉽게 찾기 위하여 각 레코드들의 저장위치를 목록화하여 놓은 것을 인덱스(index)라고 하며, 인덱스를 만드는 작업을 인덱싱(indexing)이라고 한다. 데이터베이스의 인덱스는 전자화되지 않은 이전의 도서관에서 쉽게 발견할 수 있었던 도서색인을 생각하면 된다. 도서 색인들 중에서 특정 제목의 색인카드를 찾으면 해당 책이 비치되어 있는 서가번호가 카드에 기록되어 있으며, 이 번호를 참조하면 쉽게 책을 찾을 수 있다. 마찬가지로 데이터베이스의 인덱스도 특정 속성값 별로 해당 레코드의 위치를 쉽게 알 수 있도록 기록한 것이다.

예를 들면, 직급별로 사원 테이블을 인덱싱하면 〈표 6-5〉와 같이 표시된다. 과장의 레코드는 저장장치의 ↑E1 위치에 있으며, 부장의 레코드는 ↑E5, ↑E2에 있는 것을 바로 알 수 있다. 그리고 이들 위치를 찾아가면 이들 레코드들을 바로 찾게 된다. 인덱스는 데이터베이스의 조작 과정에서 먼저 읽어 들여 주기억장치에 저장된다. 따라서 레코드들의 저장위치를 찾기 위한 추가적인 디스크 입·출력은 필요 없다.

<표 6-5> 직급 인덱스

데이터 필드	주소 필드
과장	↑E10
부장	↑E5, ↑E3
직원	↑E1, ↑E2, ↑E26

인덱스는 테이블을 구성하는 모든 속성에 대하여 만들 수 있으며, 주키에 대하여 만들어진 인덱스를 주키 인덱스(primary index)라고 하며, 주키가 아닌 속성들에 대하여 만들어진 인덱스를 분류키 인덱스 또는 2차 인덱스(secondary index)라고 한다.

가. 주키 인덱스

주키값 별로 레코드의 저장 위치를 설정한 것을 주키 인덱스(primary index)라고 한다. 주키 인덱스는 주키값 별로 해당하는 레코드의 저장 위치를 나타낸다. 관계형 데이터베이스에서 모든 주키는 자동으로 인덱싱된다. 왜냐 하면 거의 모든 데이터베이스 작업에서 기준이 되는 값이 주키값이기 때문이다. 즉, 레코드를 추가할 경우 새로운 레코드의 주키값이 이미 존재하는가를 먼저 확인해야 한다. 그리고 테이블을 조인할 경우에도 가장 많이 사용되는 속성이 주키이다. 이와 같이 관계형 데이터베이스에서 거의 모든 작업은 주키를 매개로 하여 이루어지기 때문에 주키 인덱스는 필수적이다. 만약 주키 인덱스가 만들어져 있지 않으면, 테이블을 구성하는 모든 레코드들을 저장자치로부터 주기억장치에 다 가져온 후, 이들 레코드들을 다 뒤져서 비교해야 하는데 이렇게 하기 위해서는 너무 많은 디스크 입·출력이 이루어져야 하고, 이 결과 너무 오랜 시간이 소요된다.

〈표 6-5〉에서와 같이 인덱스는 데이터 필드와 주소 필드로 구성된다. 주키

인덱스의 데이터 필드는 주키 필드이므로 중복이 허용되지 않도록 이미 정렬되어 있으며, 주소 필드는 각 레코드의 주소값(address)을 나타낸다. 그런데 관계형 데이터베이스에서 레코드들은 보통 주키값의 순서대로 저장된다. 즉, 하드디스크와 같은 저장 장치에 각 레코드들은 주키값의 순서대로 기록된다(이를 주키 클러스터링이라고 한다). 따라서 레코드들의 위치를 인덱스에 기록할 때, 모든 레코드 별로 주소 필드의 값을 모두 기록할 필요가 없으며 페이지(page)[4]의 시작점에 있는 첫 번째 레코드들의 주소만을 기록하면 된다[5](〈표 6-6〉 참조). 주키 인덱스 테이블에서 해당하는 주키값의 인덱스 레코드를 찾기 위해서는 데이터 필드의 주키값을 순차적으로 검색할 필요 없이 이진 검색(binary search)으로 쉽게 찾을 수 있다. 그 이유는 데이터 필드의 값인 주키값이 정렬이 되어 있기 때문이다.

〈표 6-6〉 사원 테이블의 주키 인덱스

데이터 필드	주소 필드
E1	↑E1
E2	
E3	
E5	↑E5
E10	
E26	

---

4) 하드디스크와 같은 저장장치에 데이터를 기록할 때, 저장장치 관리 시스템이 관리하는 기록의 단위를 페이지라고 한다. 저장장치에 기록된 데이터를 주기억장치로 읽어 들일 때는 페이지의 배수를 1블록(block)으로 하여 읽어 들인다.

5) 그래서 주키 인덱스를 논덴스 인덱스(non-dense index)라고 한다.

나. 분류키 인덱스

주키에 의하여 인덱싱된 테이블에서 주키가 아닌 속성을 이용하여 데이터들을 검색하고자 할 경우에는 이미 만들어진 주키 인덱스를 이용할 수 없다. 바꾸어 말하면, 주키 인덱스는 주키값을 기준으로 하여 인덱스가 만들어져 있기 때문에 주키값을 사용한 레코드의 검색에는 직접 사용될 수 있으나, 다른 속성값을 기준으로 한 레코드의 검색에는 전혀 활용될 수 없다. 따라서 다른 속성의 값을 이용하여 레코드를 검색할 경우에는(예를 들면, 사원의 직급을 사용하여 레코드를 찾아야 할 경우에는), 저장된 레코드들을 하나씩 순차적으로 검색해야 한다. 이와 같이 주키가 아닌 속성을 이용하여 레코드를 검색할 경우, 검색을 빨리하기 위해서는 해당 속성별로 인덱스를 각각 만들어 주어야 하는데, 이를 분류키 인덱스라고 한다.

〈표 6-5〉에서 살펴본 바와 같이, '직급'이라는 속성을 이용하여 특정 직급에 속하는 레코드들을 바로 검색하기 위해서는 (즉, 특정 직급에 속하는 레코드들의 저장 위치를 알기 위해서는) 직급에 대하여 인덱스를 만들어야 한다. 이와 같이 특정 속성에 대해서 인덱스를 만들 경우, 해당 직급에 속하는 레코드들의 저장 위치는 인덱스 테이블의 주소 필드에서 바로 찾을 수 있다. 관계형 데이터베이스에서 주키가 아닌 속성들은 같은 값이 여러 번 나타날 수 있다. 따라서 분류키 인덱스에서는, 〈표 6-5〉에 예시되어 있는 바와 같이, 여러 레코드들의 저장 위치가 인덱스 테이블의 주소 필드에 나타난다.

분류키 인덱스는 반드시 단일 속성별로 만들 필요는 없다. 즉, 두 개 이상의 복합 속성에 대해서도 인덱스를 만들 수도 있다. 이와 같이 복합 인덱스를 설정할 경우에는 인덱싱의 순서를 결정하여 순서별로 인덱싱한다. 따라서 이는 개별 속성의 인덱스로도 활용될 수 있다. 예를 들면, 지급과 나이에 한 복합 인덱스를 직급에 대하여 우선적으로 설정한다고 하면 인덱스 테이블은 〈표 6-7〉과 같이 표시된다. 〈표 6-7〉의 복합 인덱스는 직급에 대하여 우선 정렬되어 있으므로, 직급 인덱스로도 이용될 수 있다.

〈표 6-7〉 직급/나이 복합 인덱스

데이터 필드	주소 필드
과장/35	↑E10
부장/40	↑E3
부장/45	↑E5
직원/25	↑E2
직원/27	↑E1
직원/30	↑E26

다. 인덱스의 단점

인덱스의 주목적은 레코드의 저장 위치를 효율적으로 찾는 것이라고 하였다. 그러나 인덱스를 설정하게 되면 이에 상응하는 추가적인 비용을 지불해야한다. 이것은 다름 아닌 인덱스 테이블의 갱신이다.

데이터베이스에 새로운 레코드를 입력할 경우나 기존 레코드의 값을 갱신할 경우, 인덱스가 만들어져 있지 않은 경우에는 데이터 레코드만을 추가하거나 갱신, 삭제하면 된다. 그러나 인덱스가 만들어져 있는 경우에는 인덱스 테이블도 같이 수정하여야 한다. 예를 들면, 사원 테이블에서 사원번호 E1 사원이 직원에서 과장에서 승진하였다고 가정하자. 이 경우 데이터 테이블에서는 〈표 6-8〉과 같이 E1 사원의 직급을 직원에서 과장으로 변경시키면 된다. 그러나 직급에 대하여 인덱스가 설정되어 있을 경우에는 과장과 직원 인덱스가 나타내는 레코드번호들을 〈표 6-9〉와 같이 변경시켜야 한다.

<표 6-8> 사원 테이블(예시)				<표 6-9> 직급 인덱스	
사원번호	이름	나이	직급	값	레코드번호
E10	PARK	35	과장	과장	↑E10, ↑E1
E5	KIM	45	부장	부장	↑E5, ↑E3
E26	KIM	30	직원	직원	↑E2, ↑E26
E3	CHOI	40	부장		
E2	HONG	25	직원		
E1	JUNG	27	과장		

라. 인덱스의 설정 기준

인덱스는 데이터의 검색 속도를 향상시키는 장점과 더불어 데이터의 갱신 속도를 지연시키는 단점을 갖는다. 따라서 검색의 효율성과 갱신(레코드의 입력, 갱신, 삭제를 모두 포함하여)의 비효율성을 고려하여 전자의 장점이 후자의 단점보다 클 경우에 적용하여야 한다. 인덱스를 만들 필요가 있는 속성들을 정리하면 다음과 같다.

주 키: 관계형 데이터베이스에서 데이터 관리의 기준은 주키이다. 바꾸어 말하면, 주키를 이용한 데이터의 검색, 테이블의 결합 등이 빈번하다. 그리고 주키는 개체무결성법칙에 의하여 서로 같은 값을 가질 수 없기 때문에 새로운 레코드가 추가될 경우 항상 기존 레코드의 주키값들과 비교해야 한다. 이러한 이유로, 주키 인덱스는 항상 설정하는 것이 바람직하다. 이에 따라 거의 모든 관계형 데이터베이스 관리 시스템에서 주키에 대해서는 자동적으로 인덱스가 만들어진다.

외래키: 관계형 데이터베이스 관리 시스템에서 테이블의 조인 기준으로 가장 많이 사용되는 것은 외래키이다. 그리고 외래키를 사용하여 조인이 이루어질 경우 이를 기준으로

레코드들을 읽어 들여 처리하므로 이들에 대해서는 인덱스를 만드는 것이 효율적이다. 이에 따라 대부분의 관계형 데이터베이스 관리 시스템은 외래키에 대해서는 자동적으로 인덱스를 생성한다.

분류키: 분류키 또는 보조키는 일반적으로 자료의 분류를 위하여 이용되는 속성들이다. 대표적인 예로서는 사원의 직급 등이 이에 해당한다. 따라서 검색의 편의를 위하여 인덱스를 설정하는 것이 바람직하다. 그러나 분류 기준이 될 수 있다고 하여서 모두 분류키로 정의해서는 안 된다. 즉, 분류키는 앞에서 살펴본 바와 같이 인덱스로 인한 효과가 이로 인한 비용보다 높은 경우에 설정한다.

정렬키: 정렬키는 레코드들을 정렬하기 위하여 사용되는 인덱스이다. 대표적인 예로서는 우편번호 등이 있다. 이들 속성들은 보고서의 작성이나 출력작업을 위하여 사용된다.

6.5.2. 반정규화

반정규화는 정규화되어 있는 테이블 구조를 정규화 이전 형태로 되돌리는 것을 말하는 것으로 데이터베이스에서 자주 사용되는 필드들을 복제하여 2개 이상의 테이블에 중복 저장하는 방법을 지칭한다. 정규화에서 살펴본 바와 같이 데이터를 중복 저장할 경우 해당 테이블은 제3정규형이 아닌 제1정규형이나 제2정규형의 형태를 갖게 된다. 이와 같이 정규형을 낮추는 것을 반정규화라고 한다.

반정규화의 방법을 살펴보면 중복 필드를 추가하는 경우와 중복 관계를 만드는 경우로 나눌 수 있다.

가. 중복 필드의 추가

반정규화의 가장 일반적인 형태는 같은 필드를 2개 이상의 테이블에 중복하여 저장하는 것이다. 예를 들면, 제품 데이터들을 사용하는 과정에서 항상 제품의 공급업체에 대한 자료들을 참조한다고 가정하자. 정규화된 데이터베이스는 제품 테이블과 공급자 테이블로 구분되며, 제품 테이블은 제품이름만을 외래키로 포함하고 있다. 따라서 제품의 공급업체자료를 열람하기 위해서는 제품 테이블과 공급자 테이블을 조인하여야 하는 번거로움이 발생하게 된다. 따라서 보다 효율적인 데이터의 검색을 위하여 〈표 6-10〉에 예시된 바와 같이 공급자 관련 속성을 제품 테이블에 같이 저장할 수 있다. 이 경우 제품 테이블은 공급업체의 담당자이름과 담당자 직위를 중복하여 포함하는 제1정규형의 형태를 띠게 된다.

이상에서 설명한 중복 필드의 저장은 비록 검색의 효율성은 향상시킬 수 있으나, 매우 조심하여 사용해야 한다. 즉, 데이터의 중복이 발생하며, 데이터베이스의 갱신과 관련하여 여러 바람직하지 않은 현상들이 발생할 수 있다. 예를 들면, 특정 공급회사의 담당자가 변경되면, 해당 공급업체가 공급하는 모든 제품 레코드들을 찾아서 담당자를 변경시켜야 한다. 만약 그렇게 하지 않으면 특정 공급회사의 담당자가 레코드에 따라서 다르게 기록되는 오류가 발생하게 된다. 따라서 이와 같은 현상이 발생하지 않도록 데이터의 정합성(또는 무결성)을 유지하기 위한 추가적인 장치가 마련되어야 한다.

<표 6-10> 중복 필드의 주가에 의한 비정규화

(a) 정규화 릴레이션

공급 업체 번호	회사 이름	담당자 이름	담당자 직위
1	태양 식품(주)	박찬식	구매 1과장
2	신한 식품(주)	김문식	수주 3과장

제품 번호	제품이름	공급업체	단가
1	태양 오렌지주스	서울무역(주)	80,000
2	태양 레몬주스	태양식품(주)	19,000
3	태양 체리시럽	태양식품(주)	10,000
4	신한 복숭아시럽	신한식품(주)	22,000
5	신한 파인애플시럽	신한식품(주)	21,000

(b) 반정규화 릴레이션

공급 업체 번호	회사 이름	담당자 이름	담당자 직위
1	태양 식품(주)	박찬식	판매 1과장
2	신한 식품(주)	김문식	수주 3과장

제품 번호	제품 이름	공급 업체	담당자 이름	담당자 직위	단가
1	태양 오렌지 주스	서울 무역(주)			80,000
2	태양 레몬 주스	태양 식품(주)	박찬식	판매 1과장	19,000
3	태양 체리 시럽	태양 식품(주)	박찬식	판매 1과장	10,000
4	신한 복숭아 시럽	신한 식품(주)	김문식	수주 3과장	22,000
5	신한 파인애플 시럽	신한 식품(주)	김문식	수주 3과장	21,000

나. 중복 관계의 설정

관계형 데이터베이스에서 테이블들은 외래키를 통하여 복잡한 연관 관계를 형성하고 있다. 예를 들면, 〈표 6-11〉에 예시된 바와 같이, 고객별 담당직원과 직원에 대한 정보, 부서에 대한 정보가 각각 주문 테이블, 직원 테이블, 부서 테이블에 저장되어 있다고 가정하자. 여기서 주문 테이블은 직원이름을 통해서 직원 테이블의 직원의 전화번호를 참조한다. 이 경우, 주문별 직원의 담당지역을 참조하기 위해서는 주문 테이블과 직원 테이블, 부서 테이블을 조인해야 한다. 이와 같이 테이블들 사이의 관계가 연계되어 설정된 경우에는 조인의 횟수가 증가하게 되며, 따라서 데이터 검색 시 시스템 부하가 증가하게 된다.

과도한 조인 횟수를 경감시키기 위해서는 자주 사용되는 테이블들을 직접 연결하는 속성을 저장함으로써 이들 테이블들이 바로 조인될 수 있도록 한다. 즉, 주문 테이블에 부서를 추가로 저장하면, 직원 테이블을 참조하지 않고서도 부서테이블을 참조하여 주문별 직원의 담당지역을 알 수 있다. 이 방법은 실제로 중복을 허용함으로써 정규화를 위반하는 것인데 중복 관계의 설정도 중복 필드의 추가와 마찬가지로 중복을 허용하는 것이다. 따라서 데이터의 정규성(또는 무결성)을 유지할 수 있도록 추가적인 장치가 마련되어야 하며, 꼭 필요한 경우에만 조심스럽게 적용해야 한다.

<표 6-11> 중복 관계의 추가에 의한 반정규화

(a) 정규화 릴레이션

주문 번호	고객	직원 이름	납기일
10248	해바라기	안정훈	1996-06-01
10249	산타페	김찬진	1996-06-16

직원 이름	직위	부서
최소라	영업 사원	영업 1부
안정훈	과장	영업 1부
김찬진	영업 사원	영업 2부
오영수	영업 사원	영업 1부

부서	지역
영업 1부	수도권
영업 2부	충청권
영업 3부	호남권
영업 4부	경상권

(b) 반정규화 릴레이션

주문 번호	고객	직원 이름	부서	납기일
10248	해바 라기	안정훈	영업 1부	1996-06-01
10249	산타페	김찬진	영업 2부	1996-06-16

직원 이름	직위	부서
최소라	영업 사원	영업 1부
안정훈	과장	영업 1부
김찬진	영업 사원	영업 2부
오영수	영업 사원	영업 1부

부서	지역
영업 1부	수도권
영업 2부	충청권
영업 3부	호남권
영업 4부	경상권

다. 유추 데이터(derived facts)

유추 데이터는 데이터베이스에 저장되어 있는 다른 데이터들로부터 계산될 수 있는 데이터들이다. 따라서 유추 데이터들은 원칙적으로는 데이터베이스에 저장할 필요가 없다. 그러나 이들을 계산하기 위해서는 여러 테이블을 조인하거나 여러 레코드들을 복잡하게 처리해야 하는 경우가 대부분이므로, 데이터 검색 효율을 향상시키기 위해서는 이들 유추 데이터들을 미리 계산하여 저장하는 것이 효과적일 수도 있다.

유추 데이터의 저장 여부는 데이터 사용 형태를 기준으로 데이터 관리의 효율성 제고라는 관점에서 결정해야 한다. 예를 들면, 누적구매액을 구매 내역과 중복하여 저장할 경우, 구매내역 데이터들이 갱신됨과 동시에 누적구매액 또한 갱신해야 한다. 따라서 데이터의 입력이나 갱신이 이루어질 경우 유추 데이터들을 갱신하기 위한 노력이 추가로 이루어져야 한다. 이에 반하여 저장하지 않을 경우에는 검색 시에 매번 누적구매액을 계산해야 한다. 따라서 데이터 검색 시 추가적인 계산 작업을 수행해야 한다. 따라서 신속한 검색을 필요로 하는 경우에는 중복하여 저장하는 것이 보다 효과적이며, 효율적인 데이터 입력과 갱신을 필요로 하는 경우에는 저장하지 않는 것이 바람직하다. 이와 같이 유추 데이터의 저장은 데이터의 사용 형태를 분석하여 적절히 판단한다.

라. 테이블의 분할

레코드의 길이가 매우 길거나 레코드의 수가 지나치게 많은 테이블은 디스크 입/출력 시 부하가 많이 발생한다. 따라서 데이터 관리 효율을 저하시킨다. 이러한 테이블들 중에서 가장 대표적인 것이 품목 테이블이나 고객 테이블들이다. 품목 테이블은 보통 수십 개, 많은 경우 수백 개의 필드를 포함한다. 그리고 품목 테이블들은 보통 수십만 건의 레코드들을 포함한다. 이와 같이 거대한 테이블들은 하나로 관리하는 것보다는 분할하여 관리하는 것이 바람직하다. 테이블의 분할에는 수평 분할과 수직 분할 방법이 있다.

수직 분할은 테이블을 구성하는 필드들은 구분하여 별도의 테이블들을 만들어서 사용하는 방법이다. 예를 들면, 품목 테이블을 품목의 사양과 관련된 품목기준정보 테이블과 재고관리 또는 구매와 관련된 품목 재고 테이블로 구분하여 관리하는 것이 수직 분할이다.

수평 분할은 전체 레코드들을 성격에 따라 서로 나누어서 다른 테이블로 관리하는 방법이다. 예를 들면 품목 테이블을 완성품의 품목 테이블과 국내 구매 품목 테이블, 해외 수입 품목 테이블 등으로 구분하여 관리하는 것이 수평 분할이다.

마. 코드 테이블의 통합

관계형 데이터베이스는 여러 종류의 코드 테이블들을 포함한다. 코드 테이블들은 필드값을 정확하게 표현하며, 저장 공간 또한 줄일 수 있다는 점에서 매우 효과적인 데이터의 저장 방법이다. 그러나 이들 코드 테이블들을 각각 별도로 관리할 경우 다음과 같은 단점들이 발생할 수 있다.

- 테이블의 수가 많아지게 된다.
- 레코드의 추가나 조회 시 여러 코드 테이블들을 조회해야 한다.
- 코드 테이블을 유지 관리하기 위한 프로그램들을 각각 유지하여야 한다.

통합된 코드 테이블에는 여러 종류의 코드들이 같이 저장된다. 따라서 통합 코드 테이블은 데이터 테이블들과 외래키에 의하여 직접 연결되지 않는다. 따라서 데이터를 입력하고 갱신하거나 검색할 경우, 코드 테이블에 저장된 코드와 데이터 테이블에 저장되는 레코드들 사이에 참조 무결성 법칙을 유지하기 위한 방안을 별도로 마련해야 한다.

제7장

비즈니스 인텔리전스

전사적인 데이터 아키텍처에서 살펴보았듯이 기업정보흐름을 살펴보면, 크게 거래 처리 영역과 분석 정보영역으로 나누어진다. 여기서 거래 처리 영역은 말 그대로 기본적인 거래 업무들을 처리하는 영역이다. 예를 들면 은행에서 고객의 신규 계좌 개설, 입·출금 등이 이에 포함된다. 그리고 분석 정보 영역은 의사결정을 위한 분석 정보들을 처리하는 영역이다. 예를 들면, 은행에서 각 고객의 신용도 변화, 지점별 총 여신 및 수신액 또는 변화율 등이 모두 분석 정보에 포함된다.

〈그림 7-1〉에 표시된 바와 같이 거래 처리를 위한 데이터베이스를 운영 데이터베이스 또는 거래 처리 데이터베이스라고 하며, 분석 정보를 위한 데이터베이스를 분석 정보 데이터베이스 또는 데이터웨어하우스라고 한다. 그리고 이들 데이터베이스에 저장된 데이터들을 각각 거래 처리 데이터(또는 운영 데이

터)와 분석 정보라고 부른다. 분석 정보 영역과 거래 처리 영역을 연결하는 것
이 데이터 통합 및 변환 프로세스들이다. 이들은 운영 데이터베이스나 외부 데
이터들로부터 분석 정보들을 추출하여 데이터웨어하우스에 저장하는 과정을
담당한다. 데이터의 통합과 변환을 위하여서는 운영 데이터베이스에 저장되어
있는 데이터들을 일종의 작업 공간에 저장한 후, 변환이나 통합 작업을 수행하
는 것이 효율적일 수 있는데, 이를 ODS(Operational Data Store)라고 한다.[1]

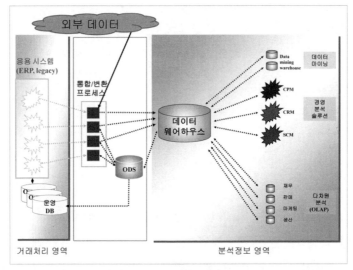

<그림 7-1> 기업 정보 흐름

운영 데이터로부터 분석 정보를 생산하고, 이들 분석 정보들을 분석하여 의
사결정에 도움에 되는 정보들을 산출하는 전 과정을 비즈니스 인텔리전스라고
한다. 비즈니스 인텔리전스를 위해서는, 〈그림 7-1〉 기업 정보 흐름을 통하여
알 수 있는 바와 같이, 데이터웨어하우스를 관리하는 DBMS에 추가하여, 데이

---

1) Inmon, W. H., Imhoff, C., & Sousa, R., *Corporate Information Factory 2nd edition*, John Wiley &
Sons, 2001, pp. 12~27.

터 통합 및 변환을 위한 도구, 다차원 분석을 위한 다차원 DBMS, OLAP 도구 등과 같은 다양한 정보 분석 도구들이 필요한데, 이들을 비즈니스 인텔리전스 (BI: Business Intelligence) 솔루션이라고 한다.

7.1. 비즈니스 인텔리전스의 출현 배경

7.1.1. 분석 정보의 특성

분석 정보는 의사결정이나 경영관리를 위하여 필요한 데이터들이다. 대표적인 운영 데이터와 분석 정보들을 예시하면 〈그림 7-2〉에 표시된 바와 같다. 이들 중에서 카드별 신용한도, 제품 재고량, 가입자의 통화내역들은 운영 데이터베이스에 저장된 거래 데이터들이다. 이에 반하여 품목 종류별 연간 구매액, 월별 평균 재고량, 매출량 증감, 시간대별 통화량들은 이미 데이터베이스에 저

	운영 데이터	분석 정보
1. 카드번호 3672-XYZ-0001의 신용한도	+	
2. 수도권 고객들의 품목 종류별 연간 구매액		+
3. 제품 X의 현 재고량	+	
4. 지난 2년간 제품 종류별 월별 평균 재고량		+
5. 할인판매 품목의 매출량 증감		+
6. 전화가입자 02-910-4565의 금월 통화 내역	+	
7. 전화가입자 02-910-4565의 시간대별 통화량		+

〈그림 7-2〉 운영 데이터와 분석 정보

장되어 있는 거래 자료들로부터 추출된 분석 정보들이다. 따라서 이들 정보들은 직접 수집하여 데이터베이스에 입력하는 데이터가 아니며, 이미 저장되어 있는 운영 데이터들로부터 만들어 내는 분석 정보이다.

분석 정보는 운영 데이터와 비교하여 다음에 제시되는 여러 가지 다른 특징을 갖는다. 이러한 차이들이 발생하는 근본적인 요인은 운영 데이터와 분석 정보의 사용목적과 사용 환경이 서로 다르기 때문이다.

가. 질의의 형태와 종류

정보 분석을 위한 질의는 거래 처리를 위한 질의와 매우 다른 형태를 갖는다. 거래 처리를 위한 질의는 보통 기본적인 단순 자료 검색을 주로 한다. 〈표 7-2〉에서 살펴보았듯이, 주문을 수주하기 위하여 현 재고량을 확인하는 것이라든지, 예금 지급을 위하여 현 잔고를 검색하는 것 등이 대표적인 거래 처리를 위한 운영 데이터에 대한 질의들이다. 이에 반하여 정보 분석을 위한 질의는 분석 기준들과, 이러한 분석 기준에 대하여 분석하고자 하는 변수를 포함한다. 예를 들면 고객별, 지역별, 제품별로 매출액의 월별 변동 추이를 분석함으로써 최근 특이한 경향을 보이는 제품, 지역, 고객층을 식별하는 것 등이 분석 정보에 대한 질의이다.

나. 데이터의 종류

운영 데이터는 카드의 신용한도와 같은 단일 사실을 나타낸다. 따라서 이들 데이터들은 대부분 기초자료(basic facts)들이다. 이에 반하여 분석 정보들은, 제품 종류별 월별 매출량과 같이 기초자료들을 분석 기준(예: 제품종류, 월)별로 처리해서 만든 통계 자료들이다. 따라서 이들은 기초 자료들로부터 만들어지는 유추 데이터(derived data)들이다.

다. 시간성

분석 정보의 가장 큰 특징은 오랜 시간대에 걸친 여러 자료들을 비교하고 분석하여 만들어 낸 정보라는 점이다. 이에 반하여 운영 데이터는 주어진 시점의 단일 사실들을 주로 나타낸다. 예를 들면, 운영 데이터는 재고량과 같이 현재 값을 나타내는 경우가 대부분이다. 그러나 제품 종류별 월별 평균 재고량과 같은 분석 정보는 월별로 기록된 제품별 평균 재고량을 시간대에 걸쳐 나타낸다. 따라서 이전의 역사 자료들을 누적하여 포함한다.

운영 데이터를 저장한 데이터베이스를 운영 데이터베이스라고 하고, 분석 정보를 저장한 데이터베이스를 데이터웨어하우스(또는 데이터마트, 인포메이션 웨어하우스)라고 하는데, 웨어하우스(warehouse)라고 하는 단어의 사전적 의미로부터도 분석 정보를 저장한 데이터베이스들이 과거의 오래된 자료들을 누적적으로 저장하고 있음을 알 수 있다. 즉, 웨어하우스는 창고 또는 대형 상점을 이야기하는데, 고객들은 웨어하우스가 현재의 상품뿐만이 아니라 예날 상품들도 모두 보관하고 있음을 기대한다. 이와 마찬가지로 데이터의 웨어하우스도 현재의 데이터값뿐만이 아니라 과거의 데이터값(예를 들면, 이번달의 매출량뿐만이 아니라 작년의 매출량이나 5년, 10년 전의 매출량)도 저장한다.

라. 데이터의 수명주기

운영 데이터는 수시로 갱신된다. 즉, 제품의 재고량, 고객의 주소 등은 모두 바뀔 수 있는 자료들이다. 그리고 값이 바뀔 경우 이전 값은 없어지고 새로운 값으로 대체된다. 이에 반하여 분석 정보는 과거사실을 기록한 것으로 보통 한 번 기록되면 갱신되지 않는 경우가 대부분이다. 예를 들면, 텔레비전 모델 27C123의 2008년 8월의 평균 재고량이 120대일 경우, 이는 한 번 기록되면, 이후 9월의 평균 재고량이 새로이 추가되어도 갱신되지 않는다.

마. 관리 또는 분석의 단위

운영 데이터는 거래(트랜잭션)처리를 목적으로 한다. 따라서 이의 관리단위 또한 거래 처리를 위한 최소의 단위들이다(즉, 관계형 데이터베이스에서 말하는 정규화된 레코드들이다). 그러나 분석 정보는 경영관리나 의사결정을 위한 여러 연관된 정보들을 제공한다. 따라서 분석단위 또한 모든 연관된 데이터들을 포함한다.

예를 들면, 상품매출거래를 위해서는 현재의 재고량을 알아야 한다. 따라서 특정 제품의 현재 재고량이 하나의 관리단위이다. 그러나 제품종류별 재고량 변동추세를 파악하기 위해서는 분기 또는 년과 같이 일정 기간 동안의 같은 제품종류에 속하는 모든 제품들의 재고량을 나타내는 모든 레코드들을 필요로 하며, 이들이 하나의 분석 단위이다.

바. 데이터 관리의 주 이슈 및 정규화 필요성

운영 데이터 관리의 주요현안은 효과적인 갱신이라고 할 수 있다. 사실 관계형 데이터베이스에서 테이블들을 정규화하는 이유는 모두 데이터 갱신을(추가 또는 삭제도 포함하여) 효과적으로 처리하기 위함이라고 할 수 있다. 이에 반하여 분석 정보는 효과적인 검색이 주 관심이라고 할 수 있다. 즉, 한 번 기록된 분석 정보들은 갱신되거나 수시로 삭제되지 않는다. 이와 같이 데이터베이스에 기록된 자료들이 갱신되거나 삭제되지 않는다면, 비정규화된 형태로 저장하여도 크게 문제되지 않는다.

사. 적시성

운영 데이터는 실시간 정보를 반드시 제공할 수 있어야 한다. 만약 특정 고객의 신용한도나 상품의 재고량이 변경되면, 이는 바로 데이터베이스에 반영되어 거래의 승인이나 처리에 적용되어야 한다. 이에 반하여 분석 정보들은 반드시 실시간으로 제공될 필요가 없다. 즉, 2008년 9월의 평균 재고량이 2008년 10월 1일 0시에 추가되지 않아도 월별 재고량 분석에서 크게 문제되지 않는다. 물론, 10월의 평균 재고량이 11월 중순경에 입력된다면 이는 문제가 될 수 있다. 그러나 10월 1일 0시에 입력되는 것과 10월 1일 오전 8시에 입력되는 것은 크게 문제가 되지 않는 경우가 대부분이다.

이상에서 열거된 분석 정보의 특성을 운영 데이터와 비교하여 요약하면 〈표 7-1〉과 같다.

<표 7-1> 운영 데이터와 분석 정보의 특성 비교

구 분	운영 데이터	분석 정보
용도	OLTP	OLAP
데이터의 종류	기초자료	유추 데이터
시간성	현재값	과거 자료들
관리의 단위	최소한의 독립적인 정규화가 된 테이블	통합된 관련 정보
데이터의 수명주기	갱신을 수반	갱신되지 않음
주요 데이터 관리 활동	입력/갱신/삭제	검색
적시성	실시간 갱신	정기적 갱신

7.1.2. 분석 정보 데이터베이스의 필요성

분석 정보는 운영 데이터들로부터 도출된 자료들이다. 따라서 이론적으로는 (운영 데이터들로부터 유도될 수 있으므로) 별도로 기록하여 관리하지 않아도 된다. 그러나 분석 정보들을 매번 필요할 때마다 운영 데이터들로부터 추출하여 계산한다고 가정할 경우, 이는 이론적으로는 가능하나 현실적으로는 그렇게 간단한 일이 아님을 알 수 있다. 예를 들면, 고객별 제품종류별 구매패턴을 분석하기 위하여서는 수백만 건의 구매 자료들로부터 제품종류별 고객별로 구매 액을 집계해야 한다. 운영 데이터베이스에 저장된 자료를 처리하여 이러한 분석 정보를 직접 생산할 경우 다음과 같은 문제들이 발생할 수 있다.

- 운영 데이터베이스에 과도한 부하가 발생할 수 있다. 이 결과 거래(트랜잭션) 처리가 지연될 수 있다.
- 많은 시간과 노력이 소요된다. 이 결과 의사결정이 지연될 수 있다.

이상의 이유 때문에 분석 정보는 운영 데이터와 분리하여 별도로 저장하여 관리하는 것이 보다 효율적이다. 즉, 〈그림 7-3〉에 표시된 바와 같이 운영 데이터베이스는 거래 처리를 담당하도록 하고, 데이터웨어하우스는 경영관리와 의사결정을 위한 정보 분석을 담당하도록 하는 것이 바람직하다. 이와 같이 데이터베이스 또한 정보처리 형태에 따라 세분화하는 것이 효과적이다.

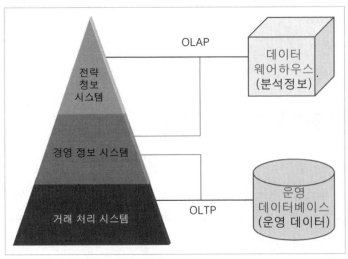

<그림 7-3> 정보처리 형태와 데이터베이스

〈그림 7-3〉에서와 같이 분석 정보를 저장하는 데이터웨어하우스와 운영 데이터를 저장하는 운영 데이터베이스를 분리하여 저장하는 이유를 보다 구체적으로 설명하면, 앞에서도 언급하였던 바와 같이(〈표 7-1〉 참조), 운영 데이터베이스에 대한 질의의 성격과 데이터웨어하우스에 대한 질의의 성격이 서로 다르기 때문이다. 질의의 형태가 다르면 데이터베이스의 구조도 다르게 설계되어야 한다. 운영 데이터베이스와 데이터웨어하우스로 구분하여 따로 따로 구축하는 것이 보다 효과적이라는 것을 그림으로 표시하면 〈그림 7-4〉와 같다.

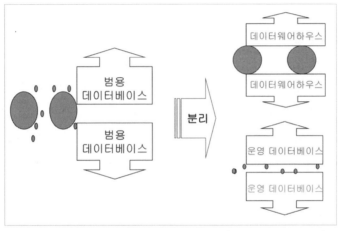

〈그림 7-4〉 OLTP 데이터베이스와 OLAP 데이터베이스의 구분 이유

〈그림 7-4〉의 왼편은 OLTP를 위한 데이터베이스 처리 작업과 OLAP를 위한 데이터베이스 처리 작업이 동시에 수행되는 상태를 도식화한 것이다. 이에 따라 주기적으로 매우 빈번하게 발생하나 데이터 처리 작업은 간단한 OLTP작업(그림에서는 작은 점으로 표시)과 이보다는 덜 자주 발생하나 데이터 처리 작업이 복잡하고 처리량이 많은 OLAP작업 (그림에서는 큰 원으로 표시) 모두 효과적으로 처리할 수 없다(즉, 그림에서 DB를 나타내는 틀을 잘 통과할 수 없다). 그러나 이들 2종류의 데이터베이스를 그림 오른편과 같이 분리하면, OLTP 작업과

OLAP 작업이 모두 효과적으로 처리됨을 알 수 있다

7.1.3. 온라인 정보 분석의 유래

비즈니스 인텔리전스의 개념이 소개되고 솔루션들이 출현하기 이전에도 기업이나 조직에서는 정보 분석이 이루어져 왔다. 경영 관리 활동 자체가 현상을 분석하여 계획하고 관리하는 것이기 때문에 현황 파악과 분석을 위한 정보 분석은 처음부터 경영관리의 일부로 수행되어 왔다. 다만 정보 분석을 위한 도구들이 상호 유기적으로 연계되지 못하였고 기능이 부족하여 온라인으로 이루어지지 못하였을 뿐이다.

분석 정보를 생산하기 위해서는 데이터나 정보를 저장, 관리하는 데이터베이스가 있어야 하며, 이들 데이터들을 분석하는 분석도구가 같이 제공되어야한다. 이러한 점에서 OLAP나 비즈니스 인텔리전스 솔루션들이 출현하기 이전에도 비록 부족하나마 운영 데이터베이스에 저장된 데이터들을 활용하고 엑셀과 같은 기초적인 분석도구를 사용하여 정보 분석이 이루어졌다. 단지 데이터베이스에 저장된 데이터들을 활용하여 현황을 파악하고 이로부터 분석 정보를 생산하는 작업들이 현재와 같이 온라인으로 실시간으로 이루어지지 못하였을 뿐이다.

가. 데이터베이스와 스냅샷

정보 분석을 위하여서는 무엇보다도 먼저 필요한 데이터나 정보를 저장한 데이터베이스가 존재해야 한다. 따라서 데이터웨어하우스(data warehouse)는 비즈니스 인텔리전스를 위한 가장 핵심적인 구성 요소이다. 그러나 데이터웨어하우스가 지원되지 않았던 이전에는 운영 데이터베이스로부터 필요한 정보들을 직접 추출하여야 하였다. 이렇게 추출된 정보들을 엑셀과 같은 분석 도구를 이용하여 분석하는 것이 전통적인 정보 분석 방법이라고 할 수 있다.

운영 데이터베이스로부터 정보를 추출하는 가장 기본적인 방법은 데이터베이스에 저장된 내용을 시점별로 복사하여 별도로 저장하는 방법이며, 이러한 방법을 스냅샷이라고 한다. 예를 들면, 신용등급별로 월별 고객수의 증감을 분석하기 위해서는 〈그림 7-5〉의 두 번째 데이터베이스와 같이, 주기별로 또는 시각별로 고객들의 신용등급을 저장해야 한다. 그리고 이로부터 신용등급별 고객수로 계산하고 월별증감을 분석하게 된다. 그러나 운영 데이터베이스는 과거의 자료들을 저장하지 않고 단지 현재 시점에서의 신용등급만을 나타내기 때문에, 과거의 신용등급을 알기 위하여서는 시점별 신용등급을 별도로 기록해야 한다. 즉, 운영 데이터베이스에 저장되어 있는 데이터들을 주기적으로 기록해 두었다가 시점별 데이터분석에 활용하게 된다.

예를 들면, 〈그림 7-5〉의 첫 번째에 표시된 운영 데이터베이스는 고객의 현재 신용등급을 기록하고 있다. 거래 처리를 위해서는 현재의 고객정보가 주로 활용된다. 그러나 지역별 신용등급별 고객수를 분석하기 위해서는 고객 데이터가 갱신될 때마다 또는 주기적으로 이전 데이터를 〈그림 7-5〉의 분석 정보 테이블에 별도로 기록해야 한다. 그리고 만약 신용등급별 고객수를 분석하고자 한다면 이로부터 과거 특정 시점의 신용등급별 고객수를 추출하여 〈그림 7-5〉의 분석 정보 요약 테이블에 기록하여 사용한다.

시점별 고객의 신용등급과 같은 분석 정보들을 도출하기 위하여 일반적으로 많이 사용되는 방법은 운영 데이터베이스의 내용을 시점별로 촬영하여 그 내용을 별도의 테이블에 저장하는 스냅샷이라는 방법이다.

스냅샷(snapshot)은 특정 시점의 데이터베이스 내용을 별도의 테이블에 기록한 것이다. 바꾸어 말하면 마치 연속적으로 움직이는 물체의 시점별 정지 사진을 스냅샷으로 찍는 것처럼, 항상 변하는 데이터베이스의 내용을 특정 시점을 기준으로 그때의 내용 중에서 관심 있는 것들만을 모아서 기록한 것이다. 이와 같이 데이터베이스의 모든 내용들 중에서 관심 있는 것들만을 모아서 기록하였다는 점에서 스냅샷은 관계형 데이터베이스의 뷰(view)와 비슷하다. 그러나 뷰는 가상 테이블로서 실제로 테이블에 기록되지 않는 반면에 스냅샷은 실제로 기록된다. 따라서 이는 저장된 뷰(materialized view)이다.

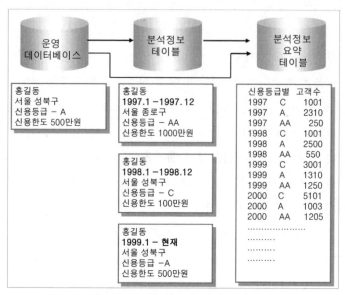

<그림 7-5> 분석 정보의 예제(고객정보)

스냅샷으로 운영 데이터베이스의 내용을 기록하기 위해서는 <그림 7-6>과 같이 스냅샷 테이블의 이름과, 저장 공간, 저장 방법들을 명시하고, 스냅샷이 촬영되는 시점을 사전에 명시해야 한다(<그림 7-6>의 예제는 30일에 한 번씩 (sysdate + 30) 스냅샷을 기록한다). 이러한 점에서 볼 때, 비즈니스 인텔리전스의 구성요소로 제시되고 있는 데이터웨어하우스는 다양한 스냅샷들을 시간별로 누적하여 저장한 것이라고 할 수 있다.

```
CREATE  SNAPSHOT cust_ss
    PCTFREE 5  PCTUSED 60
    TABLESPACE  users
    STORAGE  INITIAL  50K  NEXT  50K  PCTINCREASE 50
    REFRESH FAST NEXT sysdate + 30
    AS  SELECT  *  FROM  customers


여기서,
    PCTFREE, PCTUSED, TABLESPACE, INITIAL, NEXT,
    PCTINCREASE 등은 cust_ss라는 스냅샷을 저장하는 저장공간에
    대한 명령어들이며,
    REFRESH는 스냅샷이 기록되는 주기를 나타낸다.
```

<그림 7-6> 스냅샷을 이용한 분석 정보의 도출 예제

나. 분석도구

정보 분석 도구들 중에서 가장 많이 사용되는 것이 엑셀과 같은 계산표 (spreadsheet)이다. 따라서 OLAP 솔루션과 같은 분석 도구들이 제공되지 않은 상태에서 정보 분석을 위한 방법은 데이터베이스로 추출한 자료들을 스프레드시트로 옮겨서 분석하는 것이다. 예를 들면, MS의 SQL Server 2000의 예제 데이터베이스인 Foodmart2000에 포함된 데이터를 이용하여 1999년 1년 동안 제품별 대리점별 매출액을 분석하기 위하여서는 먼저 데이터베이스에 저장된 자료들을 스프레드시트로 이동해야 한다. 그러나 〈그림 7-7〉에 표시된 바와 같이 데이터베이스에 저장된 시점별 스냅샷들은 관계형 데이터베이스의 테이블 구조를 가지기 때문에 스프레드시트의 분석틀과 잘 맞지 않는다. 따라서 이러한 데이터베이스에 저장된 스냅샷들을 스프레드시트에 저장하기 위하여서는 행과 열이 분석 기준이 되도록 변환해야 한다. 즉, 앞의 예에서 행은 제품 종류 (〈그림7-7〉의 product_id)로 하고 열은 대리점(〈그림 7-7〉의 store_id)로 하며, 각 셀은 매출액을 나타내도록 〈그림 7-8〉과 같이 재정렬해야 한다.

product_id	time_id	customer_id	promotion_id	store_id	store_sales	store_cost	unit_sales
337	371	6280	0	2	₩2	₩1	2
1512	371	6280	0	2	₩2	₩1	3
963	371	4018	0	2	₩2	₩1	1
181	371	4018	0	2	₩3	₩1	3
1383	371	4018	0	2	₩5	₩2	2
1306	371	4018	0	2	₩7	₩3	3
1196	371	1418	0	2	₩6	₩2	2
360	371	1418	0	2	₩3	₩1	2
1242	371	1418	0	2	₩4	₩2	2
154	371	1418	0	2	₩2	₩1	1
483	371	4382	0	2	₩4	₩2	2
77	371	1293	0	2	₩6	₩3	2
533	371	1293	0	2	₩5	₩2	2
310	371	1293	0	2	₩1	₩0	1
1392	371	1293	0	2	₩1	₩0	1
1303	394	9305	0	2	₩1	₩0	2
748	394	9305	0	2	₩4	₩2	2
1270	394	9305	0	2	₩3	₩1	1
311	394	5649	0	2	₩6	₩2	3
194	394	5649	0	2	₩3	₩2	1
544	394	5649	0	2	₩3	₩1	1
610	394	6319	0	2	₩2	₩1	1
854	394	6319	0	2	₩2	₩1	1
538	394	6319	0	2	₩2	₩1	2

<그림 7-7> 운영 데이터베이스의 스냅샷 데이터

	A	B	C	D	E	F	G	H
1	product_id	store 2	store 3	store 6	store 7	store 11	store 13	store 15
2	2	1	37	11	23	34	9	43
3	4	7	9	7	21	12	16	7
4	5	4	3	16	6	12	20	13
5	8	8	36	40	29	40	87	80
6	9	5	28	26	37	28	28	18
7	11	7	14	13	9	23	40	12
8	13	3	42	42	52	39	55	31
9	14	8	31	85	54	49	75	39
10	15	11	46	10	31	19	34	19
11	18	3	16	20	24	21	48	6
12	19	6	84	109	95	42	126	56
13	21	2	18	20	34	25	55	28
14	22	16	74	8	53	21	103	19
15	23	2	6	19	29	14	31	33
16	25	2	25	23	23	27	57	32
17	26	2	31	42	46	54	69	57
18	28	8	36	36	57	12	93	39
19	29	9	16	21	29	13	88	19
20	30	3	57	64	61	54	121	19
21	31	6	42	39	11	31	67	75

<그림 7-8> 제품별(product_id), 매장별(store) 매출(store_sales)을 나타내는 2차원 스프레드시트

이러한 작업을 거쳐서 스프레드시트에 저장하여도 스프레드시트는 2개의 분석 기준만을 표시한다. 따라서 만약 제품별 지역별 매출액에 추가하여 고객별, 월별 매출액들을 분석하고자 한다면, 이를 위해서 이들 분석기준에 따라 데이터들을 다시 정렬해야 하며, 다시 이들을 위한 스프레드시트를 만드는 등의 번거로운 작업을 반복적으로 수행해야 한다. 이와 같이, 스프레드시트를 이용한 데이터 분석은 다음과 같은 제약점을 갖는다.

- 데이터베이스에 저장된 자료들을 스프레드시트의 형식으로 저장하기 위하여서는 번거로운 데이터의 재정렬 작업을 거쳐야 한다.
- 한 개의 스프레드시트에서 가장 손쉽게 분석할 수 있는 기준의 수는 가로축과 세로축의 2개이다(OLAP 에서는 이들 기준을 차원(dimension)이라고 한다. 따라서 현재의 스프레드시트는 2차원 분석 도구라고 할 수 있다). 따라서 여러 기준에 따라 다차원 분석을 하기 위하여서는 가로축과 세로축을 세분화하기 위한 추가적인 노력이 필요하다.

이러한 스프레드시트가 갖는 문제점을 해결하고, 2차원 분석뿐만이 아니라 여러 차원들에 대하여 다양하게 자유자재로 분석할 수 있도록 기능을 보강한 도구가 OLAP솔루션이라고 할 수 있다.

7.2. 다차원 데이터 모형

조직 전체적으로 정보의 흐름을 살펴보면 운영 데이터베이스와 데이터웨어하우스를 포함하여 여러 형태의 데이터베이스들이 존재한다. 이들 데이터베이스들은 용도에 따라 〈그림 7-9〉에 제시된 바와 같이 다른 구조를 가진다.

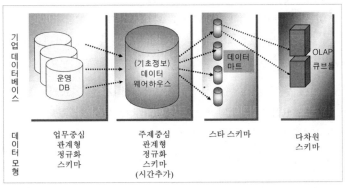

〈그림 7-9〉 기업 정보 흐름과 데이터베이스 유형별 데이터 모형

이들 중에서 스타 스키마와 다차원 스키마는 모두 다차원 데이터 모형에 근거한 데이터베이스 스키마이다. 즉, 거래 처리 영역을 구성하는 개념적 데이터 모형이 관계형 데이터 모형이라면, 분석 정보 영역을 구성하는 개념적 데이터 모형이 다차원 데이터 모형이다. 이들 다차원 데이터 모형들은 경우에 따라 다차원 데이터베이스로 구축되기도 하며, 스타 스키마와 같은 데이터 모델링 기법을 사용하여 관계형 데이터베이스로 구축되기도 한다.

7.2.1. 다차원 데이터 모형의 수학적 개념

다차원 데이터들은 데이터들 사이의 연관성을 좌표(locator)와 변수(variable)로 표현한다. 예를 들면, 제품별, 지역별, 시간별 매출액을 분석할 경우, 제품, 지역, 시간은 각각의 분석 차원(dimension)을 나타내며, (유제품, 경기, 2008년)은 이들 차원들의 값이 결합된 다차원 공간에서의 좌표를 나타내며, (13억, 250000박스, 0.7억)은 이 좌표에 대응하는 매출액, 매출량 및 매출이익을 나타낸다. 이를 다시 정리하면 다음과 같다.

- 좌표(locator): N차원 공간에서 각 차원들의 값을 결합한 점을 나타낸다. 즉, 각각의 차원을 다차원 공간의 좌표축(axis)으로 나타낼 때, 각 차원의 값은 이들 축에서의 좌표로 표시된다. 그리고 이들 차원들을 결합한 값은 다차원 공간에서의 좌표로 표시된다. 각각의 차원을 $X_1, X_2, \cdots, X_n$이라고 할 때, 각 차원의 값, 즉 좌표를 $x_1, x_2, \cdots, x_n$이라고 하면, 다차원 좌표는 $(x_1, x_2, \cdots, x_n)$으로 표시된다.

- 변수(variable): 변수는 좌표에 할당된 값이다. 그러나 여기서 값이라고 하지 않고 변수라고 하는 이유는 좌표에 1개의 값만 할당되는 것이 아니라 여러 변수들의 값이 할당될 수 있기 때문이다. 즉,

$$(y_1, y_2, \cdots, y_n) = f(x_1, x_2, \cdots, x_n)$$

예를 들면, 제품별, 지역별, 시간별 매출액, 매출량, 매출이익을 분석할 경우 매출액, 매출량, 매출이익이 변수이다. 즉,

(매출액, 매출량, 매출이익) = f (제품, 지역, 시간)

예를 들면, 2008년 경기지역 유제품의 매출액이 13억, 매출량이 250000 박스, 매출이익이 0.7억이면 다음과 같이 표시된다.

(13억, 250000박스, 0.7억) = f (유제품, 경기, 2008년)

이상에서 살펴본 바와 같이, 다차원 데이터 모형은 데이터를 좌표와 변수 사이의 함수로 모델링 한다. 이러한 다차원 구조를 그림으로 표시하면, 〈그림 7-10〉과 같다. 그림을 통하여 보다 쉽게 알 수 있는 바와 같이, 다차원 데이터베이스는 관계형 데이터베이스와 달리 다음과 같은 특징 갖는다.

- 다차원 데이터베이스는, 단순히 데이터들을 저장한 것이 아니라, 좌표와 변수값을 기록한 것이다.
- 다차원 데이터베이스의 스키마는 좌표와 변수들 사이의 다차원 구조를 표현한 것이다.

이상에서 살펴본 바와 같이 다차원 데이터 모형을 설계하기 위하여서는 각각의 좌표축, 즉 차원들을 설계해야 하며, 좌표에 대응하는 변수를 설계해야 한다.

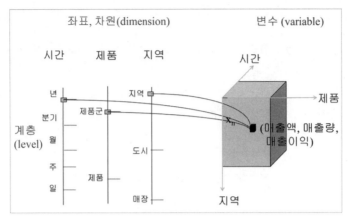

<그림 7-10> 다차원 데이터 모형의 개념적 구조

7.2.2. 다차원 데이터베이스 설계: 스타 스키마(Star Schema)

　다차원 데이터베이스를 설계하기 위해서 가장 많이 사용하는 스키마 형태가 스타 스키마이다. 스타 스키마는 관계형 데이터 모형을 사용해서 다차원 데이터베이스를 표현하는 방법이다. 먼저 대표적인 스타스키마의 형태를 예시하기 위하여 앞에서 소개된 제품별, 시간별, 매장별로 매출액, 매출원가 및 매출이익을 분석하는 다차원 데이터베이스를 스타 스키마로 나타내 보면 〈그림 7-11〉과 같다. 예시된 바와 같이 스타스키마는 측정변수 데이터들을 저장하는 사실 테이블(fact table)과 분석 차원들을 저장하는 차원 테이블(dimension table)로 구성된다.

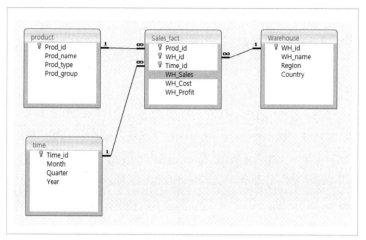

<그림 7-11> 스타 스키마(star schema)의 예제

이를 스타스키마라고 하는 이유는 사실테이블(fact table)을 중앙에 두고 각 차원 테이블(dimension table)들이 연결된 모양이 별 모양을 띄기 때문이다. 그리고 이렇게 설계된 스타스키마로부터 만들어진 데이터베이스를 예시하면 〈그림 7-12〉과 같다.

product

Prod_id	Prod_name	Prod_type	Prod_Group
1	저지방우유	우유	음료
2	칼슘우유	우유	음료
3	등심	소고기	육류

time

Time_id	Month	Quarter	Year
1	1	1	2007
2	2	1	2007
...	...	...	...

warehouse

WH_id	WH_name	Region	Country
1	강북	서울	대한민국
2	분당	경기	대한민국
...	...	...	...

Prod_id	WH_id	Time_id	WH_sales	WH_Cost	WH_Profit
1	1	1	136,000	129,000	7,000
1	1	2	126,000	119,000	7,000
1	1	3	123,000	118,000	5,000
1	1	4	119,000	110,000	9,000
1	1	5	120,000	110,000	10,000
...	...	...	...	...	...
...	...	...	...	...	...
3	2	22	146,000	129,000	17,000
3	2	23	147,000	135,000	12,000
3	2	24	158,000	143,000	15,000

<그림 7-12> 스타스키마로부터 만들어진 관계형 다차원 데이터베이스

스타 스키마가 다차원 데이터베이스 설계를 위하여 보편적으로 사용되는 이유는 다음의 3가지로 정리할 수 있다.

- 첫째는 대량의 다차원 데이터들을 저장하기에 가장 효과적인 데이터베이스 형태가 관계형 데이터베이스이다. 즉, 다차원 정보 분석을 위한 데이터들이 실제로는 관계형 데이터베이스에 저장되며, 이들 데이터들을 이용한 분석결과들만 다차원 분석표 형태로 제공된다. 이러한 형태의 OLAP 분석 도구들을 ROLAP(Relational OLAP)이라고 한다.

- 둘째는 주제별 데이터마트는 관계형 데이터베이스에 저장하고, 이로부터 다차원 데이터베이스인 다차원 큐브들을 생성하여 사용하는 경우들이 많다. 이러한 경우에는 먼저 주제별 데이터마트의 구조를 스타 스키마로 표현하고, 이로부터 다차원 큐브들을 만들어 사용한다. 다차원 데이터베이스에 저장된 데이터들을 이용하여 다차원 분석을 수행하는 OLAP 분석 도구들을 MOLAP(Multi-dimensional OLAP)이라고 한다.

- 셋째는 비록 데이터들은 다차원 데이터베이스에 저장되나, 논리적으로 이들 데이터베이스의 측정변수와 분석 차원들을 나타내는 방법으로서 스타스키마를 사용한다. 이와 같이 다차원 데이터베이스의 스키마를 나타내기 위하여 관계형 데이터베이스 스키마를 사용하는 것은 관계형 데이터베이스가 가장 보편적인 데이터베이스로 사용되고 있으며, 사용자들이 가장 친숙한 데이터베이스이기 때문이다. 따라서 다차원 데이터베이스의 스키마를 스타 스키마로 표현하는 것이 이해도 쉬우며, 운영 데이터베이스와 비교하고 또한 원시 데이터(source date)와 다차원 큐브를 연결하기도 쉽다.

이러한 점에서 볼 때, 스타 스키마는 다차원 데이터베이스들에 저장될 데이터들을 정의하는 논리 스키마라고 할 수 있으며, 이러한 다차원 데이터베이스가 관계형 데이터베이스에 저장될 것인지 또는 다차원 데이터베이스(다차원 큐브)에 저장될 것인지는 구현에 관한 문제로서 구현 기법의 구분이라고 할 수 있다(〈그림 7-13〉 참조).

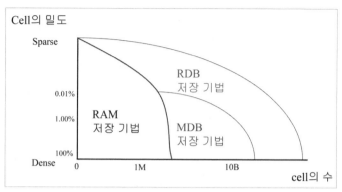

<그림 7-13> 다차원 데이터베이스의 구현 기법 비교

가. 스타 스키마의 구조

스타 스키마는 차원 테이블과 사실 테이블로 구성된다. 이는 다차원 데이터 모형이 차원과 변수로 구성되는 것과 동일하다.

- 차원 테이블(dimension table)

  차원 테이블은 다차원 데이터 모형의 차원을 나타내는 테이블이다. 차원 테이블들은 차원 계층들을 포함하며, 최하위 계층의 원소들인 각 차원의 최소 원소들에게 식별자를 부여한다. 예를 들면, 〈그림 7-12〉에서 시간 차원 식별자 1번 날짜는 2007년 1월이다.

- 사실 테이블(fact table)

  사실 테이블은 측정 변수의 값을 저장하는 테이블이다. 측정 변수의 값은 각 차원의 최하위 계층의 원소, 즉 최소 원소들 별로 저장된다. 따라서 이들 차원의 식별자들을 외래키로 포함한다. 예를 들면, 〈그림 7-12〉에서 예시된 사실 테이블의 첫 번째 레코드는 저지방 우유(product 식별자 1번)가 대한민국 서울의 강북 매장(warehouse 식별자 1번)에서 2007년 1월(time 식별자 1번)에 136,000 판매되었으며, 판매 원가는 129,000 이며, 이익은 7,000 이라는 사실을 나타낸다.

이와 같이 스타 스키마는 사실 테이블과 차원 테이블로 구성되며, 모든 차원 테이블의 주키는 사실 테이블에 외래키(외부키: foreign key)로 포함된다. 그리고 사실 테이블의 주키는 〈그림 7-12〉에 예시된 바와 같이, 차원 테이블들의 주키를 결합하여 구성하거나 또는 자체로 주키를 갖는다(이에 대하여서는 이후 사실 테이블을 설명하면서 보다 자세히 소개한다).

나. 스타 스키마의 장점

비즈니스 인텔리전스를 위한 다차원 데이터베이스의 스키마로서 스타 스키마는 정규화된 운영 데이터베이스 스키마와 비교하여 많은 장점을 갖는다. 따라서 다차원 데이터베이스의 구현 형태와 상관없이 다차원 데이터베이스의 논리 스키마로서 스타 스키마를 사용하는 것이 바람직하다. 스타 스키마의 대표적인 장점을 나열하면 다음과 같다.

- 스타 스키마는 구조가 매우 간단하며 이해하기가 쉽다. 즉, 스타 스키마는 차원 테이블과 사실 테이블로 구성된다. 사실 테이블은 분석 대상값을 저장하며, 차원 테이블은 분석 기준을 저장한다. 따라서 분석 정보의 사용자들인 일반 관리자들이 이해하기 쉽다.
- 정규화와 같은 기술적인 이슈들을 포함하지 않는다. 즉, 스타 스키마는 모두 차원 테이블과 사실 테이블로 구성되며, 차원 테이블의 주키가 모두 사실 테이블에 외래키로 포함된다. 그리고 차원 테이블이 다른 차원 테이블을 참조하는 경우가 없기 때문에 구조가 단순하고, 정규화를 고려하지 않아도 대부분의 경우 자동적으로 정규화가 된 테이블들이 만들어진다.
- 스키마가 차원 테이블과 사실 테이블로 구성되며, 모든 차원 테이블들은 서로 독립적이기 때문에(즉, 차원 테이블이 다른 차원 테이블을 참조하는 경우는 없음), 차원 테이블과 사실 테이블의 크기를 예측하기가 쉬우며, 이를 통하여 다차원 데이터베이스의 크기를 예측하기도 쉽다.

이상에서 살펴본 바와 같이 스타 스키마는 운영 데이터베이스를 위한 정규화된 관계형 데이터베이스 스키마들 보다 명료하고 단순하며 이해하기가 쉽다.

7.2.3. 사실 테이블

사실 테이블은 분석하고자 하는 사실 데이터 또는 측정변수를 기록한다. 여기서 측정변수는 다음의 특성을 가져야 한다. 측정변수들이 이들 조건을 충족시켜야 하는 이유는, 그렇지 않을 경우 변수값들을 조작하여 합계, 평균 등의 통계치를 계산할 수 없기 때문이다. 만약 측정변수들에 대하여 이들 통계치를 계산하지 못하면, 다차원 정보 분석 자체가 불가능하다.

- 숫자(numeric)로 표시된다.
- 가산성(additivity)을 가진다.

사실 테이블은 테이블에 저장된 측정변수의 값이 단일 트랜잭션의 값을 나타내는지 또는 일정 기간 동안의 통계치를 나타내는지에 따라 트랜잭션을 나타내는 사실 테이블과 스냅샷을 나타내는 사실 테이블로 구분된다.

가. 트랜잭션을 나타내는 사실 테이블

거의 모든 사실 테이블들은 트랜잭션을 나타내는 사실 테이블들이다. 이들은 1개의 트랜잭션을 1개의 레코드로 표시한다. 〈그림 7-14〉에서 우측 하단의 order_fact 테이블은 주문별(order no) 세부주문항목(line item no)의 매출액(amount)과 매출량(sales amount)을 나타내는 사실 테이블이다. 이러한 트랜잭션을 나타내는 사실 테이블들은 다음과 같은 특성들을 갖는다.

- 가능한 제일 자세한 수준의 사실 데이터들을 기록한다. 예를 들면, 주문별로 사실 데이터를 기록하기 보다는 주문의 개별 제품별로 사실 데이터를 기록한다.

- 트랜잭션을 나타내는 주키를 사실 테이블의 주키로 사용한다. 예를 들면, order_fact 테이블의 주키는 주문번호(order no)와 세부주문 항목(line item no)을 결합한 것이다.

- 트랜잭션을 나타내는 사실 테이블들은 보통 1, 2개의 측정 변수값을 가지며, 이들을 값(amount)으로 표시한다.

- 분석을 위한 기준은 사실 테이블에 외래키로 포함된다. 〈그림 7-14〉의 order_fact 테이블에서 매장(location), 날짜(activity date), 제품(line item no)들은 분석 기준들이다. 〈그림 7-14〉에서는 고객(customer)을 나타내는 차원 테이블만 표시되었으나, 각각별로 차원 테이블들이 존재한다.

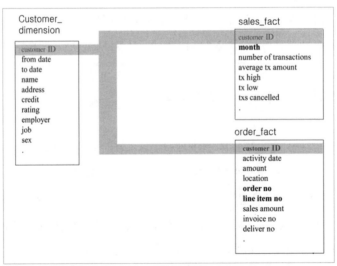

〈그림 7-14〉 트랜잭션을 나타내는 사실 테이블과 스냅샷을 나타내는 사실 테이블

나. 스냅샷을 나타내는 사실 테이블

일정 기간 동안 발생한 거래나 상태에 대한 정보들을 취합하여 이에 대한 통계치들을 기록한 테이블을 스냅샷을 나타내는 사실 테이블이라고 한다. 〈그림 7-14〉에서 sales-fact 테이블은 고객별로 매월 주문횟수(number of transactions), 평균 주문액(average tx amount), 최고 주문액(tx high), 최저 주문액(tx low), 주문 취소건수(txs cancelled) 등을 나타내는 사실 테이블이다. 이러한 사실들은 일정 기간 동안 발생한 트랜잭션들을 처리하여 통계량을 기록한 것이다. 일정 기간 동안의 스냅샷을 분석해서 그 동안의 변화를 기록하였다고 하여 스냅샷을 나타내는 사실 테이블이라고 한다.

스냅샷을 나타내는 사실 테이블들은 다음과 같은 특성들을 갖는다.

- 여러 종류의 통계 정보들을 나타내기 때문에 측정 변수가 여러 개인 경우가 대부분이다.
- 사실 테이블의 주키는 분석 기준을 나타내는 차원 테이블의 주키 들로 구성된다. 〈그림 7-14〉에서 sales_fact 테이블의 주키는 고객번호(customerID)와 기간(month)이다.
- 분석을 위한 기준들은 사실 테이블에 외래키로 포함된다.

이상에서 살펴본 바와 같이 사실 테이블들은 특정 거래 사실이나 일정 기간 동안의 상태나 활동을 표시한다. 그리고 이러한 사실 테이블들은 서로 연관되는 것을 알 수 있다. 예를 들면, 〈그림 7-14〉에서 sales_fact 테이블은 order_fact 테이블로부터 도출될 수 있다. 즉, order-fact 테이블이 sales_fact 테이블의 원시 데이터(source)이다.

7.2.4. 차원 테이블

차원 테이블은 다차원 정보 분석의 기준들인 차원을 표현하는 테이블이다. 따라서 차원 테이블들은 각 차원의 계층들과 계층 구조를 포함하며, 최하위 계층의 원소들인 각 차원의 최소 원소들에게 식별자를 부여한다.

가. 차원 테이블의 주키

차원 테이블에서는 가능하면 운영 데이터베이스에서 사용하는 주키들은 사용하지 않는 것이 바람직하다. 그 이유는 운영 데이터베이스와 차원 테이블의 목적이 서로 다르기 때문이다.

> - 운영 데이터베이스의 주키:
>   운영 데이터베이스에서 주키는 실제로 존재하는 개체를 구별하기 위하여 사용된다. 따라서 운영 데이터베이스에서 사용되는 주키들은 다음의 특성을 갖는다.
>   - 만약 해당 개체의 속성이 바뀌었다고 하여도 주키는 바뀌지 않는다. 예를 들면, 고객의 거주지나 신용상태가 변경되었다고 하여도 고객의 주키는 바뀌지 않는다.
>   - 업무 필요에 따라 주키를 변경하는 경우들이 발생한다. 예를 들면, 생산 라인을 통합하거나 할 경우 부품 번호 또한 같이 변경되어야 하는 경우들이 발생한다.
> - 차원 테이블의 주키:
>   차원 테이블의 주키는 분석 기준을 나타내기 위하여 사용된다. 따라서 차원 테이블의 주키들은 다음의 특성을 갖는다.
>   - 분석 기준이 바뀌면 해당 개체 또한 다른 개체로 표현해야 하는 경우들이 발생한다. 예를 들면, 분석 기준에 지역이 포함되었다고 가정하면, 거주지가 바뀐 고객은 다른 고객으로 표현해야 한다.
>   - 분석 기준이 바뀌지 않으면 분석 기간 동안 단일 개체를 지속적으로 표현할 수 있어야

한다. 즉, 앞의 예에서 생산 라인을 통합하여도 해당 부품들에 대한 분석을 통합전과 통합 후에 지속적으로 수행할 수 있기 위하여서는 각 부품들에 대하여 동일한 주키를 사용하여야 한다.

이러한 운영 데이터베이스와 다차원 데이터베이스의 차이점 때문에 차원 테이블의 주키는 운영 데이터베이스에서 사용하는 주키들을 같이 사용하지 않는 것이 좋으며, 일련번호와 같이 인위적인 값을 별도로 부여한 대리키를 새로 만들어서 사용하는 것이 바람직하다.

차원 테이블을 구성하는 개체의 속성이 바뀔 경우에는 변경전의 개체와 변경 후의 개체에 서로 다른 대리키를 부여하여 구별한다. 예를 들면 고객의 주소지가 바뀔 경우, 운영 데이터베이스와 다차원 데이터베이스의 고객 데이터는 다음과 같이 다르게 취급되어야 한다.

- 운영 데이터베이스에서 사용하는 고객의 주키(예를 들면 고객번호)는 주소가 변경되어도 변경전과 동일하다.
- 고객 차원 테이블에서 사용하는 고객의 주키는 주소가 변경되기 이전과 이후에 다르게 부여한다.

속성이 바뀜에 따라 주키를 변경하게 되면, 다차원 데이터베이스에서의 개체 수는 실제 개체 수보다 훨씬 많게 된다. 〈그림 7-15〉에서 보는 바와 같이 실제 고객은 한 사람이나, 다차원 데이터베이스의 고객 차원 테이블에는 서로 다른 지역에 거주하는 고객번호 91101과 101101의 2명의 고객이 존재하게 된다.

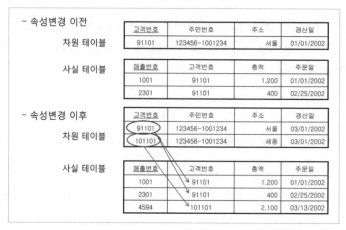

<그림 7-15> 속성 변경에 따른 차원 테이블의 주키 변경

나. 대용량 차원 테이블의 관리

다차원 데이터베이스에서 차원 테이블의 주키는 운영 데이터베이스에서 사용하는 주키와는 분리하여 별도의 대리키를 만들어 사용하는 것이 바람직하다고 하였다. 그리고 이들 주키는 해당 개체의 속성이 바뀔 경우 변경되기도 한다. 따라서 차원 테이블의 크기(즉, 레코드 수)는 실제 개체수보다 많게 된다. 대부분의 다차원 데이터베이스에서 차원 테이블들은 사실 테이블과 비교하여 크기가 매우 작기 때문에 속성이 바뀜에 따라 대리키를 부여하더라도 큰 문제가 되지 않는다. 그러나 고객과 같은 대용량 차원 테이블의 경우에는 이러한 대리키가 중요한 현안으로 대두할 수 있다.

예를 들면, 고객의 수가 3,000,000 명이라고 하고, 고객의 분석 기준을 나타내는 속성들인 주소, 신용등급, 결혼 여부들이 바뀔 때마다 별도의 대리키를 부여한다고 하면, 고객 차원 테이블의 레코드 수는 기하급수적으로 증가하게 된다. 따라서 고객과 같은 대용량 차원 테이블을 관리하기 위해서는 별도의 방안이 필요하다.

대용량 차원 테이블의 문제점을 해결하기 위한 대안은 각 차원 개체별로 속성이 바뀜에 따라 다른 대리키를 부여하는 것이 아니라, 속성별로 분석 기준을 나타내는 차원들을 별도로 만드는 것이다. 예를 들면, 앞에서 언급한 고객 테이블에서 각 속성의 변경은 다음과 같이 모델링 된다.

- 고객 차원 테이블은 고객에 대한 기본 정보 및 현재의 속성들만을 나타낸다.
- 바뀔 수 있는 속성들인 거주지, 신용등급들에 대해서는 차원 테이블들을 별도로 만든다. 예를 들면 고객거주지 차원 테이블, 고객신용등급차원 테이블들을 생성한다.
- 사실 테이블에는 고객차원 테이블의 주키뿐만이 아니라 고객거주지 차원 테이블과 고객신용등급차원 테이블의 주키들도 외래키로 포함한다.

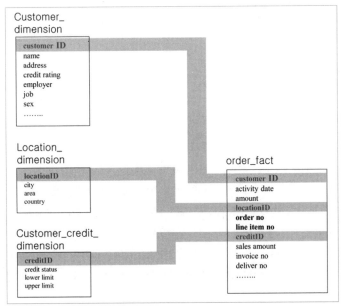

<그림 7-16> 대용량 차원 데이터 표시를 위한 속성별 차원 테이블

즉, 〈그림 7-14〉에서 표시되었던 것처럼 고객에 대한 정보를 하나의 차원테이블에 표시하는 것이 아니라 〈그림 7-16〉에 표시된 것 같이 여러 개의 차원테이블로 표시한다. 이렇게 할 경우 특정 트랜잭션이 발생할 때의 고객의 속성을 직접 파악할 수는 없으며(〈그림 7-15〉에서와 같이 새로운 주키를 만들어서 표시할 경우에는 직접 파악할 수 있음), 다른 차원 테이블들을 통하여서만 파악할 수 있다.

다. 차원테이블에서 계층의 설계

계층은 차원의 상세정도를 나타내는 단위이다. 유클리디언 공간에서의 좌표축을 예를 들면, 좌표를 10단위로 표시할 수도 있으며, 자연수로 표시할 수도 있으며, 소수 첫째자리 단위로 표시할 수도 있다. 이와 같이 동일한 차원에서의 값을 얼마나 상세하기 표현하는가에 따라 계층이 정해진다. 다차원 데이터 모형에서 각 차원들은 여러 단계의 계층을 갖는다. 대표적인 계층을 예시하면, 시간(time)축을 일자 단위로 나타낼 수도 있으며, 주 단위로 나타낼 수도 있으며, 월 단위로 나타낼 수도 있으며, 분기 단위로 나타낼 수 있으며, 년 단위로 나타낼 수도 있다. 이러한 계층의 표현 방법을 살펴보면 다음과 같다.

> • 차원의 값을 나타내기 위하여서는 각 차원을 구성하는 개체들을 가장 하위 계층의 원소들로 구분하고, 이들 각각에 대하여 식별자(identifier)를 부여한다. 예를 들면,
> – 시간 차원의 값을 나타내기 위하여서는 가장 상세하게 시간 차원의 값을 나타내는 계층을 선택한다. 예를 들어서 일 단위로 시간을 나타내는 것이 가장 상세한 계층이라고 한다면 일(day) 단위 계층을 구성하는 원소들을 모두 나열한다.
> – 이들 가장 하위계층의 원소들에게 식별자를 부여한다. 예를 들어 시간을 일 단위로 나타낼 경우, 각각의 날(day)에 번호를 부여한다. 즉, 2007년 1월 1일을 1, 2007년 1월 2일을

2, 이런 식으로 표시한다.

- 상위 계층의 원소에게 하위계층의 원소들을 대응시킨다(즉, 하위 계층의 원소는 상위 계층의 원소의 일부이다). 예를 들면 2007년 1월 1일은 2007년 1월에 속하며(즉, 일부이며), 2007년 1분기에 속하며(즉, 일부이며), 또한 2007년에 속한다(2007년의 일부이다). 따라서 예를 들면 1번 날짜의 년은 2007년이며, 분기는 2007년 1분기이며, 월은 2007년 1월이며, 일은 2007년 1월 1일이며, 주는 1번째 주(2007년 1월 1일이 포함된 주를 1번째 주라고 할 때)이다. 즉, 최하위 계층의 원소들에게 모든 계층의 값을 부여한다.

이와 같이 각 차원의 최소 원소들 별로 식별자를 부여하고 각 계층의 값을 부여함으로써 하위 차원의 원소와 상위 차원의 원소가 자동으로 연결된다. 차원을 구성하는 원소와 각 계층값들 사이의 관계를 그림으로 표시하면 〈그림 7-17〉에 예시된 바와 같다. 즉, 식별자가 T1인 날짜의 연 계층값은 2007년이며, 월 계층값은 2007년1월이며, 일 계층값은 2007년1월1일이다.

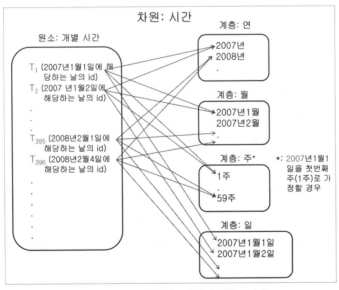

〈그림 7-17〉 계층과 차원의 대응 관계

계층의 가장 큰 역할은 차원의 값을 상세정도에 따라 다르게 표현하는 것이다. 예를 들면 시간차원의 값을 연 단위로 나타내고, 월 단위로 나타내고, 일 단위로도 나타낼 수 있도록 여러 계층들을 사용하여 하나의 시간 차원을 표현한다. 이러한 점에서 계층들은 다음과 같이 서로 연결된다.

- 하위 계층의 값은 자연스럽게 상위 계층의 값들 중에서 1개에 포함된다. 예를 들면, 앞에서 제시된 예에서, 일 계층의 값 2007년 2월 1일은 월 계층의 값 2007년 2월에 포함되며, 분기계층의 값 2007년 1분기에 포함되며, 년 계층의 값 2007년에 포함된다.
- 상위 계층의 값은 여러 개의 하위 계층의 값들로 구성된다. 예를 들면 월 계층의 값 2007년 2월은 일 계층의 값 2007년 2월 1일(32번 날짜)부터 2007년 2월 28일(59번 날짜)을 갖는다.

이와 같이 계층은 차원의 값을 나타내는 상세정도이기 때문에, 실제로는 하나의 값(이들 값들을 식별자에 의해 구별됨)을 상세정도에 따라 (즉, 자세히 세분화하여 구분하는지 또는 그룹으로 포괄적으로 구분하는지에 따라) 여러 계층의 각각 다른 값으로 표현한다. 그렇기 때문에 계층은 다음의 가산성(additivity), 완전성(completeness), 엄격성(strictness) 특성을 충족시켜야 한다.

(1) 가산성(additivity)

다차원 데이터베이스에서 차원을 여러 단계의 계층으로 표현하는 것은 다차원 정보 분석에서 분해(drill down)와 취합(roll up)을 쉽게 하기 위해서다. 예를 들면, 시간을 나타내는 차원이 일과 월, 분기의 계층으로 구성되어 있을 경우 다음과 같이 특정 매장, 특정 제품에 대한 월별 매출액을 일별 매출액으로 분해하고, 분기 매출액으로 쉽게 취합할 수 있다.

- 시간이라는 차원을 일이나 월, 분기의 여러 계층으로 표현한다.

- 이들 계층의 원소들을 서로 연결 시켜놓음으로써(즉, 2007년 1월은 2007년 1월 1일을 나타내는 T_1원소부터 2007년 1월 31일을 나타내는 T_{31}원소까지를 포함하는 것을 미리 설정해둠으로써), 2007년 1월의 값이 계산될 때 2007년 1월 1일의 값이 자동으로 포함되도록 하며, 2007년 1월 31일의 값도 포함되도록 하며, 2007년의 값이 계산될 때 2007년 1월의 값도 자동으로 포함되도록 한다.

이렇게 각 계층의 원소들이 연결되어 있을 때, 비로소 특정 계층의 측정값을 하위 계층의 측정값으로 분해할 수 있으며, 상위 계층의 측정값으로 취합할 수 있다. 이와 같이 아래 계층 원소들의 측정값들이 합하여져서 상위 계층 원소의 측정값이 되는 것을 가산성이라고 한다. 그러나 여기서 가산성이란 하위 계층 원소의 측정값이 반드시 더해져서 상위계층 원소의 계층값이 된다는 것은 아니며, 이들이 서로 곱해지거나 나누어져서 계산될 수도 있다. 따라서 가산성은 다음을 의미한다.

- 하위 계층 원소의 측정값들이 모여서 상위 계층 원소의 측정값이 된다.
- 상위 계층 원소의 측정값들은 하위 계층 원소의 측정값으로 분해가 된다.

(2) 완전성(completeness)

차원을 나타내는 계층들을 설계할 때, 각 계층의 원소들은 서로 완전하게 연결되어야 한다. 여기서 완전하다는 것은 빠지거나 누락된 원소들이 없어야 함을 의미한다.

- 하위 계층의 원소들은 모두 상위 계층에 포함되어야 한다. 즉, 하위 계층의 원소들 중에서 상위 계층의 원소들에 포함되지 않는 원소가 존재하여서는 안 된다. 예를 들면, 시간차원에서 월의 상위 계층으로 절기라는 계층을 새로 만들어 5월부터 9월까지를 하절기라고 하고, 11월부터 3월까지를 동절기라고 한다고 가정하자. 이 경우 시간차원을 나타내는 계층들은 완전성을 충족시킨다고 할 수 없다. 그 이유는 월의 원소들 중에서 4월에 해당하는 원소들과 10월에 해당하는 원소들은 절기를 나타내는 계층의 원소들에 포함되지 않기 때문이다.

완전성의 관점에서 볼 때, 계층들은 결국은 차원을 구성하는 최소 단위 계층의 원소들을 다른 방법으로 그룹화하여 표현하는 방법이라고 할 수 있다.

(3) 엄격성(strictness)

엄격성은 완전성과 비슷한 특성이라고 할 수 있는데, 하위 계층의 원소는 반드시 1번만 상위 계층의 원소에 포함되어야 함을 의미한다.

- 하위 계층의 원소가 2번 이상 상위 계층의 원소에 포함되어서는 안 된다. 예를 들면, 모든 국가들을 나타내는 국가 차원에서 개별 국가 계층과 대륙 계층을 사용하여 모든 국가를 대륙으로 구분한다고 하자. 이때 만약 러시아가 유럽에도 포함되고 아시아에도 포함된다면, 국가 차원은 엄격성은 충족시키지 못한다. 그 이유는 러시아가 유럽 대륙에도 포함되면서, 아시아 대륙에도 포함되기 때문이다.

이상에서 열거된 계층의 특성들은 모두 다차원 정보 분석에서 분해와 취합을 실행하기 위한 조건들이다. 위에서 소개된 특성들인 가산성, 완전성, 엄격성 중에서 하나라도 지켜지지 않으면, 분석 정보의 분해와 취합이 올바르게 계산되지 않는다. 분해와 취합을 다시 정리하면 다음과 같다.

• 분해(drill down):
상위 계층의 원소에 대응하는 측정 변수의 값을 분해하면, 하위 계층의 원소에 대한 측정값
들로 나누어진다.

• 취합(roll up):
하위 계층의 원소에 대한 측정값을 모으면 상위 계층의 원소에 대한 측정값이 계산된다.

(4) 계층구조(hierarchy)

계층은 차원의 상세정도를 나타내는 단위이다. 이러한 계층들을 연결하여
상위 계층과 하위 계층으로 구성한 것을 계층구조라고 한다. 그런데 다차원 분
석에서 계층구조가 복잡한 이유는 1개의 차원에 대하여 2개 이상의 계층구조
를 만들 수 있기 때문이다. 즉, 차원을 구성하는 계층들을 서로 다르게 구성할
수 있다.

예를 들면, 시간을 나타내는 계층들이 년, 계절, 분기, 월, 주, 일로 구분되었
다고 할 경우, 이들 계층들 중에서 앞에서 제시되었던 계층의 요구특성들(즉,
가산성, 완전성, 엄격성)을 모두 충족시키는 계층들을 구성하는 방법은 〈그림
7-18〉에 예시된 것처럼 3가지가 존재한다.

계층 구조가 여러 개 존재하는 이유는 가산성, 완전성, 엄격성이 충족되지
않는 계층들이 있을 수 있기 때문이다. 예를 들면, 2008년의 1번째 주는 일부
는 2007년의 12월에 포함되고 또 일부는 2008년의 1월에 포함된다. 따라서 엄
격성이 지켜진다고 할 수 없다. 마찬가지로 계절도, 예를 들면, 봄을 3, 4, 5월
이라고 하고 여름을 6, 7, 8월 이라고 하고, 가을을 9, 10월이라고 하고, 겨울을
11, 12, 1, 2월이라고 하면, 겨울은 이전 년도와 다음 연도에 모두 포함된다.
그리고 1사분기는 겨울도 되고, 봄도 된다. 이와 같이 여러 계층들을 연결하여
계층구조를 구성할 경우, 임의의 계층들이 서로 연결될 수 있는 것은 아니다.

가산성, 완전성, 엄격성을 모두 충족시키는 계층들만을 연결하여 계층구조를 구성해야 한다. 따라서 1개의 차원에 대하여 2개 이상의 계층구조가 존재할 수 있다. 이러한 계층 구조를 구성하기 위하여서는 최상위 계층인 All을 항상 포함하여야 한다. All은 모든 하위 계층들의 상위 계층이며, All이라는 하나의 원소만을 포함한다. 따라서 All계층의 원소(member)는 1개뿐이다.

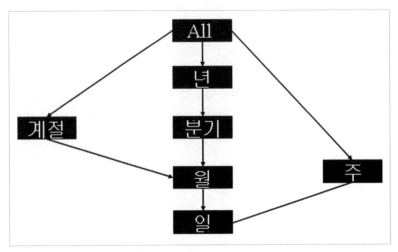

<그림 7-18> 계층 구조(hierarchy)

7.2.5. 눈송이 스키마(Snowflake schema)와 스타 스키마(Star Schema)

스타 스키마는 차원별로 1개의 차원 테이블을 만들어서 관리한다. 그러나 만약 1개의 차원을 2개 이상의 차원 테이블로 표시하면 눈송이 스키마(snowflake schema)가 된다. 눈송이 스키마를 사용하는 이유는 동일 차원에 대한 모든 데이터들을 1개의 테이블에 저장할 경우, 중복되는 필드들이 너무 많을 경우 이들 중복 필드들만을 (이들은 대부분 차원 계층구조에서 상위 계층을 설명하는 필드들이다) 분리하여 별도의 테이블에 관리하는 방법이다. 이러한 점에서 볼 때 눈송이 스키마는 스타 스키마를 정규화 한 것이다. 눈송이 스키마의 장점은 다음과 같다.

- 저장 공간을 절약할 수 있다. 〈그림 7-19〉에 예시된 바와 같이 매장을 나타내는 차원 테이블(stores_dim)과 지역을 나타내는 차원 테이블(region_dim)을 분리할 경우, 지역을 나타내는 필드들을 각 매장별로 중복하여 저장할 필요가 없으므로 데이터 저장 공간을 절약할 수 있다.
- 데이터의 갱신이나 변경을 쉽게 할 수 있다. 행정 구역에 대한 정보가 변경될 경우에는 해당 구역차원의 테이블 만을 수정하면 된다. 따라서 매장 차원 테이블에서 모든 레코드들을 찾아서 변경할 필요가 없으므로 데이터 관리가 용이하다.

그러나 다차원 데이터베이스의 스키마로서는 눈송이 스키마 보다는 스타 스키마를 사용하는 것이 보다 좋은 것으로 추천된다. 그 이유는 다음에 제시된 바와 같이 다차원 데이터베이스에서는 눈송이 스키마의 장점이 크게 필요하지 않기 때문이다.

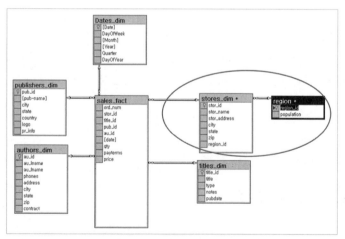

<그림 7-19> 눈송이 스키마(snowflake schema)의 예제

- 저장 공간을 절약할 수 있음: 다차원 데이터베이스에서 차원 테이블들은 크기가 크지 않으므로 저장 공간의 절약이 큰 이슈가 아니다. 그리고 비즈니스 인텔리전스 환경에서 분석 정보 데이터베이스의 가장 큰 관심사는 신속한 정보의 검색이며, 저장 공간의 절약은 큰 관심사가 아니다.
- 데이터의 갱신이나 변경의 효율성: 다차원 분석 정보 데이터베이스에서 차원 테이블들은 데이터량이 많지 않으며, 갱신이 빈번하게 발생하지 않으므로 데이터의 갱신이나 변경 효율성은 크게 고려하지 않아도 된다.

그러나 다음과 같은 특별한 경우에는 눈송이 스키마를 사용하는 것이 필요하다.

- 상위 계층의 차원 테이블이 매우 많은 필드를 포함하는 경우:
  예를 들면 행정 구역을 나타내는 차원을 설명하는 필드들이 수십 개일 경우, 이들 필드들을 모두 매장을 나타내는 차원 테이블에 같이 포함하는 것은 현실적으로 너무 비효율적이다.
- 상위 계층의 차원 테이블의 관리와 데이터 적재가 하위 계층의 차원 테이블과 독립적으로 이루어질 경우:
  예를 들면 행정 구역을 나타내는 차원 계층을 관리하는 담당자와 매장을 나타내는 차원 계층을 관리하는 담당자가 다르고, 데이터의 갱신 주기와 방법도 다를 경우에는 별도로 관리한다. 실제로 행정구역을 나타내는 데이터들은 행정기관에서 이루어지며, 매장에 대한 데이터들은 해당 기업에서 이루어질 경우, 이들 테이블들은 별도의 테이블에 따로 관리하는 것이 바람직하다.

7.3. OLAP 큐브 생성

OLAP 분석을 위한 다차원 큐브들은 스타 스키마로 표현되는 관계형 다차원 데이터베이스로부터 만들어진다. 솔루션에 따라, 다차원 큐브를 관계형 다차원 데이터베이스 없이 운영 데이터베이스로부터 직접 만들기도 한다(대표적인 다차원 데이터베이스인 Essbase는 관계형 다차원 데이터베이스 없이 직접 다차원 큐브를 생성한다). 그러나 이러한 경우에도 관계형 다차원 데이터베이스를 생성하여도 무방하므로, 여기서는 관계형 다차원 데이터베이스로부터 다차원 큐브들이 만들어지는 과정을 소개한다.

다차원 큐브는 배열(array)을 사용하여 첨자를 이용하여 원하는 유형의 값을 곧바로 찾을 수 있도록 만들어진 데이터구조이다. 따라서 다차원 큐브에서는 데이터검색을 위하여 테이블들을 조인(즉, 결합)할 필요가 없다.

예를 들면, 그림 〈7-20〉은 다차원 큐브에서 각 차원의 계층과 사실 테이블의 측정변수값을 표시한다. 예시된 다차원 큐브는 지역과 시간차원을 가지는데, 지역은 국가, 주, 도시, 구역, 상점으로 계층화되며, 시간은 년, 월, 분기, 일의 순서를 계층화되는 동시에 년, 주, 일의 순서로도 계층화되어 있다. 이와 같이 다차원 큐브에서 사용되는 차원과 측정값은 스타 스키마에서 정의된 차원 테이블과 사실 테이블로부터 추출된 것이다. 따라서 1개의 다차원 데이터베이

차원:		Account, Store Type, Store, Time.ywd, Time.yqmd
	Account	(All), Account Id
	Store Type	(All), Store Type
	Store	(All), Store Country, Store State, Store City, Region Id, Store Name
	Time.ywd	(All), 년, 주, 일
	Time.yqmd	(All), 년, 분기, 월, 일
측정값:		Amount

<그림 7-20> 다차원 큐브 차원과 측정값

스로부터 여러 개의 큐브들이 만들어질 수 있다.

이렇게 만들어진 큐브를 이용하여 그림 7-21(a)와 7-21(b)에서 보는 바와 같이, 국가별로 집계된 매출을 주별로(그림 7-21(a)에서 7-21(b)로) 상세분석하며, 주별로 집계된 매출을 국가별로(그림 7-21(b)에서 7-21(a)로) 집계하기도 한다. 이와 같이 대부분의 OLAP 서비스에서 제공하는 상세분석(drill down)과 집계 (roll up)가 해당 차원의 계층구조에 따라 자동적으로 처리된다.

	+ 년		
+ Store Country	All Time	+ 1997	+ 1998
All Store	₩1,204,300	₩166,482	₩1,037,818
+ Canada	₩29,052	₩0	₩29,052
+ Mexico	₩790,922	₩0	₩790,922
+ USA	₩384,326	₩166,482	₩217,844

<그림 7-21(a)> 다차원 데이터 분석의 총괄분석표

- Store Country	+ Store State	+ 년		
		All Time	+ 1997	+ 1998
All Store	All Store 합계	₩1,204,300	₩166,482	₩1,037,818
- Canada	Canada 합계	₩29,052	₩0	₩29,052
	+ BC	₩29,052	₩0	₩29,052
- Mexico	Mexico 합계	₩790,922	₩0	₩790,922
	+ DF	₩180,541	₩0	₩180,541
	+ Guerrero	₩89,234	₩0	₩89,234
	+ Jalisco	₩8,047	₩0	₩8,047
	+ Veracruz	₩94,800	₩0	₩94,800
	+ Yucatan	₩143,750	₩0	₩143,750
	+ Zacatecas	₩274,549	₩0	₩274,549
- USA	USA 합계	₩384,326	₩166,482	₩217,844
	+ CA	₩225,747	₩87,188	₩138,560
	+ OR	₩51,150	₩25,575	₩25,575
	+ WA	₩107,429	₩53,720	₩53,709

<그림 7-21(b)> 다차원 데이터 분석의 상세분석표

큐브를 생성하기 위해서는 차원 테이블에 포함된 각 필드들을 사용해서 큐브에서 사용할 계층 구조를 만들고 사실 테이블에 포함된 필드들을 사용해서 큐브에서 사용할 측정값들을 생성한다.

7.4. BI 아키텍처 설계: DW Bus 설계

기업정보의 흐름에서 살펴본 바와 같이 다차원 데이터베이스들은 운영 데이터베이스의 원천 데이터로부터 만들어진다. 이들 분석 정보들이 서로 연동하여 기업 경영 의사결정에 활용되기 위해서는 이들의 산출 기준과 분석 기준이 상호 연동할 수 있도록, (즉, 앞에서 소개한 측정변수와 차원의 계층 구조가 서로 연동할 수 있도록) 다차원 데이터베이스들이 만들어져야 한다. 이와 같이 다차원 데이터 모형의 차원과 측정변수들이 서로 연동될 수 있도록 정의한 것을 BI 아키텍처(Business Intelligence Architecture)라고 한다.

BI 아키텍처는 전사적인 수준의 데이터웨어하우스를 기반으로 할 수도 있으며, 개별 주제 분야별로 데이터마트들을 기반으로 할 수도 있다.

- 전사적인 수준의 데이터웨어하우스를 기반으로 할 경우에는 데이터웨어하우스로부터 다차원 큐브를 생성한다(〈그림 7-22〉 참조).[2]

- 주제별 데이터 마트를 기반으로 할 경우에는 주제별로 여러 개의 데이터마트들을 만들고 이로부터 다차원 큐브를 생성한다(〈그림 7-23〉 참조).[3]

---

2) 위의 책.

3) http://www.kimballgroup.com/data-warehouse-business-intelligence-resources/kimball-techniques/kimball-data-warehouse-bus-architecture/

그러나 어느 구축방법을 사용하더라도 다차원 큐브들은 상호 비교가 가능한 공통된 기반위에서 구축되어야 한다. 이렇게 분석 정보들이 공통된 기반위에서 만들어질 때, 비로소 전사적으로 다양한 분석 정보들을 상호 비교할 수 있으며, 이를 통하여 보다 나은 의사결정을 할 수 있다. 만약 전사적 데이터웨어하우스를 기반으로 BI 시스템을 구축할 경우에는 모든 분석 정보들이 일단 통합된 데이터웨어하우스에 저장되기 때문에, 데이터웨어하우스 구축과정을 통해서 공통된 기반을 구축할 수 있다. 그러나 주제별로 데이터마트를 구축할 경우에는 여러 개의 데이터마트들이 독립적으로 양립함으로써 마트들 사이의 정보 불일치 등이 문제될 수 있다.

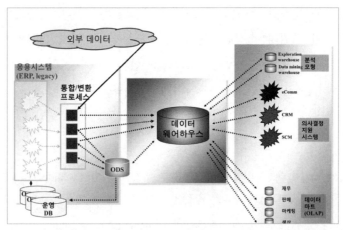

<그림 7-22> 전사적 데이터웨어하우스 중심의 BI구축방법

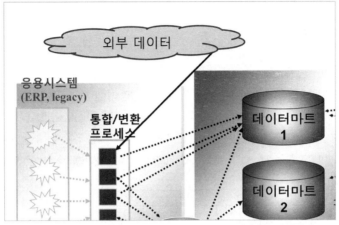

<그림 7-23> 주제별 데이터마트 중심의 BI 구축방법

비즈니스 인텔리전스에서 분석 정보들이 공통된 기반위에서 만들어져야 한다는 것은 이들 분석 정보들이 상호 비교가 가능하여야 하며, 이를 위해서는 다음의 조건들이 충족되어야 한다. 즉, 다차원 큐브의 차원과 변수들이 서로 동일하여야 함을 의미한다.

- 분석 정보들이 서로 동일한 차원을 사용해야 한다. 즉, A라는 다차원 큐브가 고객 차원 테이블을 사용하고 B라는 다차원 큐브가 고객 차원 테이블을 사용할 경우, 이들 고객 차원 테이블은 서로 같은 테이블이어야 한다.
- 측정 변수들이 상호 같거나 비교가 가능하여야 한다. 즉, A라는 다차원 큐브에서 판매량이라는 측정변수를 사용하고 B라는 다차원 큐브에서 판매량이라는 측정변수를 사용할 경우, 이들 판매량은 서로 같은 방법으로 계산된 같은 측정변수이어야 한다.

다차원 큐브들에서 차원과 변수를 동일하게 만들기 위해서는 다차원 큐브들이 같은 차원 테이블과 사실 테이블들로부터 만들어져야 하는데, 이러한 차원 테이블과 사실 테이블의 동질성은 BI 아키텍처가 어떻게 구현되는가에 따라 다르게 실현된다.

- 〈그림 7-22〉에 예시된 바와 같이 모든 차원테이블과 사실테이블들이 전사적인 수준의 데이터웨어하우스에 포함되어 있을 경우에는, 하나의 데이터웨어하우스만이 존재하기 때문에 데이터웨어하우스가 잘 설계될 경우에는 당연히 각각의 차원 테이블과 사실 테이블들은 하나만이 존재할 수밖에 없다. 따라서 차원 테이블과 사실 테이블의 동질성은 자동적으로 실현된다.
- 〈그림 7-23〉에 예시된 바와 같이 주제별 데이터마트를 기반으로 할 경우에는 각각의 주제별로 데이터마트들을 만들기 때문에, 이들 데이터마트에서 정의된 차원 테이블과 사실테이블들이 다르게 만들어질 수 있다. 따라서 차원 테이블과 사실 테이블의 동질성을 보장하기 위해서는 여러 데이터마트에서 사용되는 차원과 변수들이 서로 같도록 정의되어야 하는데, 이러한 차원과 변수들을 데이터웨어하우스 버스(DW Bus)라고 한다.

데이터웨어하우스 버스는 기업의 전사적 비즈니스 인텔리전스 환경에서 각 데이터마트(즉, 주제별 다차원 데이터베이스)들이 공통으로 사용하여야 할 차원들과 측정변수들을 정의해 놓은 것이다(〈그림 7-24〉). 이러한 공통된 차원들과 변수들을 사용함으로써 전사적인 데이터웨어하우스가 존재하지 않는 경우에도 다음의 효과를 실현하게 된다.

- 외형적으로는 각 주제별로 데이터마트들이 각각 만들어져서 사용된다.
- 내용적으로는 마치 하나의 전사적 데이터웨어하우스로부터 만들어진 것처럼 차원 테이블과 사실 테이블이 상호 비교 가능하다.

이와 같이 모든 데이터마트들이 공동으로 사용하는 차원과 변수를 공유 차원(shared dimension), 공유 변수(shared variable)라고 한다. 즉, 데이터웨어하우스 버스는 공유 차원과 공유 변수들을 정의한 것이라고 할 수 있다.

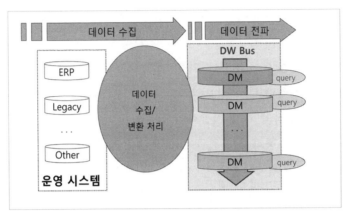

<그림 7-24> 데이터웨어하우스 버스

다차원 데이터베이스의 차원 테이블들은, 이후 마스터 데이터 관리에서 보다 자세히 이야기하겠지만, 마스터 데이터들이다. 따라서 데이터웨어하우스 버스를 통하여 공유차원을 표준화한다는 것은 다름 아닌 마스터 데이터들을 표준화하는 것을 의미한다. 역으로 설명하면 마스터 데이터 관리 없이는 차원 테이블의 공유가 어려우며, 효과적인 비즈니스 인텔리전스 시스템이 구축되기 어렵다. 그리고 마스터 데이터 관리가 잘 이루어질 경우에는, 앞에서 소개한 BI 아키텍처들 중에서 어느 것을 사용하더라도 전사적으로 동일한 정보 분석이 가능하다. 따라서 비즈니스 인텔리전스 시스템을 성공적으로 구축하기 위해서는, 앞에서 소개된 2가지 구축 방법 중에서 어느 방법을 채택하던지 간에, 마스터 데이터의 표준화가 선행되어야 한다. 이러한 점에서 최근 마스터 데이터 관리가 정보시스템의 중요 이슈로 등장하고 있는 것은 비즈니스 인텔리전스 시스템의 확산과 무관하지 않다.

7.5. BI 시스템의 성공요인

비즈니스 인텔리전스 시스템의 구축은 거래 시스템 구축과 여러 면에서 다르다. 물론 모든 정보시스템이 이를 구축하고 사용자들이 효과적으로 사용할 수 있도록 하는 것이 쉬운 일이 아니다. 그러나 비즈니스 인텔리전스 시스템의 경우는 더욱 어렵다.

기업정보의 흐름에서 살펴본 바와 같이, 전사적으로 데이터의 활용 영역은 크게 거래 처리 영역과 분석 정보영역으로 구분된다. 이 중에서 거래 처리 영역은 말 그대로, 조직의 가장 기본적인 업무인 거래를 처리하는 영역이다. 따라서 이들 영역을 자동화하기 위하여 개발된 온라인 거래 처리(OLTP) 시스템은 기업 업무처리를 위해서는 없어서는 안 될 핵심 정보시스템이다. 이러한 점에서 온라인 거래 처리 시스템에 무슨 기능을 포함시켜야 하는지 파악하기가 쉬우며 업무 수행절차 등을 표준화하기도 쉽다. 그리고 조직의 구성원들은 온라인거래 처리 시스템이 사용하기 불편하고 성능이 기대수준에 미치지 못하여도 적응하여 사용하지 않을 수 없다.

그러나 분석 정보영역은 의사결정을 위한 분석 정보를 제공하는 영역이다. 그리고 기업 활동에서 의사결정은 다양한 정보를 수집하여 다양한 형태로 이루어진다. 따라서 무슨 정보를 어떻게 사용하는지 파악하기가 어려우며 분석 정보들의 표준화도 쉽지 않다. 그리고 만약 온라인 분석 정보시스템이 사용자들이 느끼기에 사용하기 불편하고, 성능이 기대수준에 미치지 못한다면, 사용자들은 다른 형태로 분석 정보를 수집하거나 다른 방법을 사용하여 의사결정을 수행하게 된다. 이러한 점에서 비즈니스 인텔리전스 시스템은 무슨 기능들을 포함시킬지 파악하는 것도 쉽지 않으며, 이의 수용 또한 온라인 거래 처리 시스템과 달리 예측하기가 쉽지 않다. 그리고 사용자들에게 시스템 사용을 강제하기도 쉽지 않다. 이러한 점에서 비즈니스 인텔리전스 시스템을 성공적으로 정착시키기 위해서는 OLTP 시스템과는 다른 특별한 고려가 필요하다.

7.5.1. BI 시스템의 사용 환경

일반적으로 비즈니스 인텔리전스 시스템의 주 사용자는 조직의 계층 구조에서 관리자 이상의 계층이다. 〈그림 7-3〉에 예시되었던 바와 같이, 분석 정보들은 주로 경영 관리 이상의 업무에서 사용되며, 따라서 거래 처리보다는 경영 관리, 전략적 의사결정 등의 업무에 주로 활용된다. 최근에 이르러 Operational BI 등의 확산되고 있는 추세이나 아직은 경영관리가 중요한 영역을 차지한다.

경영관리 및 전략적 의사결정 업무들은 거래 처리 업무와 비교하여 업무 자체가 정형화되어 있지 않다. 따라서 처리 방법과 사용하는 데이터들 또한 일률적이지 않다. 이러한 점에서 BI 시스템의 사용 환경은 OLTP 시스템의 사용 환경과 다른 특성을 가지며, 이에 따라 사용자들이 나타내는 태도나 사용 패턴들 또한 OLTP 시스템의 사용자와는 다르다.

가. 적용 업무의 비정형화

BI의 적용 업무는 경영 관리 및 전략적 의사결정 분야이다. 이들 분야는 거래 처리시스템의 적용 업무인 거래 처리 업무와 비교해 볼 때 업무의 정형화 수준이 낮으며, 업무 담당자별로 처리 방법들이 서로 다를 수도 있다. 이러한 점에서 볼 때, BI 시스템은 OLTP 시스템과 비교해 볼 때, 구체적으로 어떤 업무에서 무엇을 하기 위하여 사용될 것인가를 사전에 예측하기가 쉽지 않다. 동시에, BI 시스템이 구축되고 난 이후에도, 새로운 정보 요구가 지속적으로 발생할 수 있으며, 사용자들이 BI 시스템의 새로운 활용방안을 지속적으로 찾아낼 수도 있다.

BI 시스템의 가장 큰 성공요인은 일반 사용자들이 일상적인 경영관리업무에 BI 시스템을 적용하는 것이다. 그런데, OLTP 시스템과 달리, BI 시스템은 모든 사용자들이 동시에 사용하는 시스템이 아니다.

- OLTP 시스템의 경우, 특정 업무를 수행하기 위해서는 개발된 시스템을 반드시 사용하여야 한다. 예를 들면, 신규계좌개설을 위해서 모든 업무 담당자들은 신규계좌개설프로그램을 사용해야 한다.

- BI 시스템의 경우는 특정 업무를 수행하기 위해서 모든 업무 담당자들이 반드시 개발된 시스템을 사용해야 하는 것은 아니다. 예를 들면, 고객별 수익성 분석을 위해서 BI 시스템인 고객별 총 여신액, 총 대부액 분석 프로그램을 사용할 수도 있으며, 또는 담당자가 자체적으로 개발한 엑셀 프로그램을 사용할 수도 있다. 그리고 고객별 총 여신액, 총 대부액 분석 프로그램을 사용하여 고객별 수익성 분석을 하는 담당자들도 개인별로 수익성 분석 방법이 서로 다를 수 있다.

이상에서 살펴본 바와 같이 BI 시스템은 요구 사항을 사전에 완전하게 예측하는 것이 쉽지 않으며, 사용자들의 능력과 이해도에 따라 사용방법이 서로 다르며 이에 따라 사용 효과 또한 달라진다.

나. 부서별 정보 공유

정보 공유의 효과가 가장 잘 나타나는 영역이 거래 처리 영역이다. 거래 처리 영역의 경우 업무들이 정형화되어 있기 때문에 해당 업무를 처리하기 위하여 필요한 정보들은 구조적으로 공유되지 않을 수 없는 환경이다. 물론 거래 처리 영역의 경우에도, 예를 들면 재고관리와 같은 경우 창고별로 재고 현황이 서로 공유되지 않아서 전사적으로 보면 충분한 재고가 있는 부품들도 다른 창고에서는 부족한 것으로 판단하여 구매주문을 냄으로써 잘못된 업무처리가 이루어지기도 한다. 그러나 이러한 문제들은 전사적 자원 관리 시스템(ERP)과 같은 통합된 거래 처리시스템 구축과 전사적 업무프로세스 개선(Business Process Reengineering)을 통하여 해결되고 있다. 그리고 많은 조직들이 거래 처리 영역에서의 정보 공유를 위해서 많은 노력과 자원을 투입함으로써 그 효과를 실현하고 있다.

분석 정보영역의 경우는 업무 담당자별로 업무를 처리하는 형태가 다양할 수 있다. 이 결과 동일한 업무를 유사한 정보를 사용하여 처리하는 경우에도, 담당자에 따라서 사용하는 정보의 종류와 형태가 조금씩 다른 것이 일반적이다. 그리고 이러한 분석 정보들은 다른 부서들에서 무슨 정보를 무슨 업무에 사용하고 있는지를 잘 모르는 경우가 많다. 이러한 점에서 분석 정보의 공유가 운영 데이터의 공유보다 어렵고 힘들다. 분석 정보의 공유를 위해서는 전사적으로 데이터웨어하우스를 설계하고 구축하거나 또는 표준화된 데이터웨어하우스 버스를 구축함으로써 공통적으로 사용하는 차원들과 측정변수들을 표준화하고 이를 기반으로 부서별 데이터마트들이 개발되도록 해야 한다. 그러나 이를 위해서는 서로 처리하는 업무나 사용하는 데이터를 파악하고 표준화하는 것에서 나아가서 서로의 상황을 공유하고 이해하는 과정이 필요하다.

분석 정보의 공유를 위해서는 〈그림 7-25〉에 예시된 바와 같이 서로 같이 사용하는 데이터들뿐만이 아니라 부서들 사이의 의사소통 현황에 대한 분석이 같이 필요하다.[4] 그리고 같은 데이터들을 사용하는 부서들이 상대방의 상황을 충분히 이해할 수 있도록 효과적인 커뮤니케이션 채널을 구축하는 것이 분석 정보를 공유하기 위한 전제라고 할 수 있다. 부서들 사이에 커뮤니케이션 채널이 구축되지 않고 동일한 운영 데이터에서 생성된 분석 정보들을 사용하는 부서들이 서로 대화하지 않는 경우에는 부서들이 같은 차원 데이터들과 측정변수들을 사용하도록 표준화하는 것이 거의 불가능하다.

---

4) Biere, Mike, *The New Era of Enterprise Business Intelligence*, IBM Press, 2011.

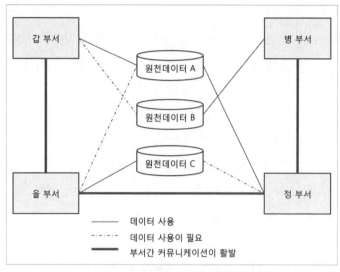

<그림 7-25> 부서별 상호 영향 지도

다. 솔루션의 표준화

분석 정보영역에 포함되는 경영관리나 전략적 의사결정 업무에서는 업무부
서별로 정보 분석 요구가 다르며, 이에 따라 선호하는 도구들이 다를 수 있다.
그리고 동일한 업무를 수행하는 경우에도 개인별로 수행방법이 다를 수 있다.
이 결과 유사한 기능을 수행하는 다양한 솔루션들이 도입될 수 있으며, 여러
종류의 BI 솔루션들이 통제되지 않고 공존할 수 있다.

사용자들의 다양하고 차별화된 요구를 충족시키기 위해서는 다양한 기능을
제공하는 여러 가지 솔루션이 필요할 수 있다. 그러나 각 개별 솔루션을 학습
하고 관리하기 위해서는 많은 시간과 자원이 필요하다. 그리고 사용자들이 개
인적으로 발견한 솔루션의 활용 방안과 이를 이용한 정보 분석 방법들은 저절
로 확산되고 공유되는 것이 아니다. 이들 지식을 전사적으로 공유하기 위해서
는 체계적인 지식 공유 환경이 구축되어야 하고, 많은 시간과 노력이 필요하

다. 따라서 효과적인 BI 시스템을 구축하기 위해서는 BI 솔루션과 구축 인프라를 표준화하는 것 또한 필요하다.

7.5.2. BI 시스템의 생산성

가. 수용률과 사용 빈도

BI 솔루션의 활용도는 솔루션 구축에 참여한 담당자들이 예상하는 수준보다 매우 낮다. 즉, 업무 담당자들이 실제로 업무에 BI 솔루션을 사용하여 비율은 매우 낮은 것으로 나타나고 있다. 정보시스템과 같은 새로운 기술을 도입할 때 전체적인 수용률은 보통 20/80법칙으로 설명된다. 즉, 대상 범위에 포함된 사람들 중에서 20%만이 실제로 새로운 기술을 수용하며, 나머지 80%는 기술 수용에 소극적일 것이라는 예상이다.

BI 솔루션의 수용률은 이러한 20/80법칙보다도 낮은 것으로 나타나고 있다. 2009년 TDWI 기고문에서 Stephen Swoyer는 이 비율이 20%보다 훨씬 낮은 8% 수준에 머무르고 있다고 이야기하고 있다.[5] 이는 대부분의 개인용 컴퓨터에 사용되는 소프트웨어들의 경우와 다르지 않다. 그러나 이들 소프트웨어와 비교하여도 BI 솔루션의 수용률은 더 낮다. BI 솔루션의 낮은 수용률은 시스템 개발 시 예상하였던 업무개선 효과를 저하시키고 라이선스 비용의 과다 책정 등으로 BI 시스템의 생산성을 저하시키는 요인으로 지목되고 있다. 실제로 BI 시스템의 기대 수익률(ROI)은 매우 낮은 것으로 나타나고 있다.

BI 솔루션 라이선스 비용을 절감하고 실제 사용자 수에 적합한 비용을 지불하기 위해서는 클라우드 컴퓨팅 등을 통하여 사용자들 사이의 솔루션 공유가 권고되고 있다. 그러나 이러한 BI 솔루션의 공유를 위해서는 표준화와 같은 BI

---

5) 위의 책.

아키텍처의 구축이 선행되어야 효과를 볼 수 있다. 만약 부서들이 독자적인 정보 분석을 고집하고 이에 따라 서로 다른 솔루션들을 채택하여 사용할 경우에는 클라우드 컴퓨팅 같은 새로운 정보자원 공유 아키텍처도 실제로 도움이 되지 않는다.

나. 교육/훈련을 위한 소요 시간

BI 솔루션의 기본 기능은, 앞에서 소개된 바와 같이, 데이터베이스의 스냅샷과 계산표(spreadsheet)이다. 따라서 많은 경우, 다차원 데이터베이스가 구축된 경우, OLAP솔루션은 사용자들이 간단한 교육을 통하여 쉽게 사용할 수 있으리라고 가정한다. 왜냐하면 OLAP솔루션의 기초를 이루는 것이 스프레드시트이며, 대부분의 사용자들은 스프레드시트를 큰 어려움 없이 사용하고 있기 때문이다.

정보 분석 업무들은 앞에서도 언급한 바와 같이 비정형 업무가 대부분이다. 따라서 솔루션 교육을 통하여 습득한 정보 분석기법을 실제 업무에 적용하고자 할 경우, 실무에서 마주치는 업무들이 교육에서 학습한 예제들과 같은 경우가 거의 없다. 또한 솔루션의 사업 방법을 습득하여 실무에 적용한 이후에도, 다음에 마주치는 문제는 또 다른 분석 방법을 필요로 하는 새로운 업무일 가능성이 많다. 이는 OLTP시스템과 매우 다른 점이다. OLTP시스템은 동일한 업무에 반복적으로 사용되며, 사용 방법이 동일하다. 따라서 사용 시간이 늘어남에 따라 시스템에 대한 숙련도도 비례하여 증가하는 경향을 나타낸다. 그러나 BI 솔루션의 경우, 특히 솔루션을 매일 사용하지 않는 일반 사용자의 경우는 사용 시간에 따라 숙련도가 증가한다고 단언하기가 쉽지 않다. 따라서 해당 솔루션에 대하여 전문적인 지식을 가지고 있는 솔루션 전문가를 양성하는 것이 조직 전체적으로 BI 기술 수준을 향상시키는데 있어 무엇보다도 중요하다. 이들 전문가들은 일반 사용자들의 문제를 해결하고 지원하는 전문가 집단의 역할을

수행한다. 사용자 그룹별 BI 솔루션 교육소요시간을 예측한 것을 살펴보면 〈표 7- 2〉와 같다.6)

<표 7-2> BI 역할별 교육 소요시간

역할	요구되는 기술수준*	교육 소요시간**
IT 시스템 지원	8	128
IT 데이터베이스 지원	6	96
IT BI 도구 전문가	10	160
경영 분석가	8	128
부서별 전문가	6	96
일반 사용자 (내부)	1	16
임원	2	16
외부 사용자	0.5	8
기초 사용자(내장형 BI 솔루션)	0.5	8

* 기술수준: 10 = 높음, 1 = 낮음
** 교육 소요시간 = 기술수준×16시간

다. BI 기술 지원 센터(BICC: BI Competency Center)

조직 전체적으로 BI 기술수준을 향상시키기 위해서 무엇보다도 필요한 것이 BI 솔루션별로 전문가들을 양성하는 것이다. 만약 이러한 전문가 집단을 내부에 보유하고 있지 못한 경우, 내부 사용자들은 정보 분석을 위한 해답을 외부에서 찾아야 하는 경우들이 발생한다. 이러한 경우 소요 비용은 내부에서 찾는 경우와 비교하여 기하급수적으로 증가하는 것이 일반적이다.

내부에 해당 솔루션의 전문가가 없을 경우, 업무 담당자들은 본인이 알고 있는 지식 범위 안에서 다양한 방법을 시도함으로써 시행착오(trial and error)를 통

---

6) 위의 책.

하여 문제해결 방법을 찾게 된다. 이 경우 시간만 낭비하고 문제해결 방법을 찾지 못하거나, 찾은 경우에도 최적의 방법이 아닌 경우들이 많다. 그리고 이렇게 찾은 방법도 담당자 개인만이 알고 있음으로써 다른 사용자들이 동일한 방법을 찾는 데 중복적인 시간과 노력을 낭비하곤 한다. 이와 같이 BI 사용기술은 유사한 분석을 필요로 하는 다른 사용자들에게 쉽게 전파되고 공유되지 않음으로써, 조직 전체적으로 BI 기술수준이 향상하지 못하는 것이 일반적인 현상이다.

조직 전체적으로 BI 기술수준을 향상시키고 일반 사용자들이 BI 솔루션을 업무에 쉽게 적용할 수 있기 위해서 반드시 갖추어야 할 것이 BI 지원센터 (BICC)이다. BICC는 BI 도구 전문가들로 구성된 전사적으로 모든 사용자들을 지원하는 기술 지원센터이다. BI 기술센터는 다음과 같이 조직 내에서 BI와 관련된 모든 정보와 기술과 인적 물적 자원의 집합소이다. 따라서 사용자들은 BI 솔루션을 업무에 사용하고자 할 경우, BICC의 기술 지원을 받으며, 이를 통하여 발견한 지식들은 모두 BICC에 축적된다.

- BICC 는 BI 도구 전문가들로 구성된다. 따라서 BICC는 조직 내에서 BI 관련 인적 자원의 공유공간이다.
- BI 솔루션을 업무에 적용하기 위한 방법들은 모두 문서화되어서 BICC 내의 데이터베이스에 저장된다. 그리고 모든 사용자들은 이들 데이터베이스들을 쉽게 접근하여 활용할 수 있다. 이러한 점에서 BICC는 조직 내에서 BI 관련 지식 자원의 공유공간이다.
- 외부 전문가에 대한 기술 요청들은 모두 BICC를 통하여 이루어진다. 그리고 외부 전문가로부터 습득한 지식도 BICC 내의 데이터베이스를 통하여 전사적으로 공유된다.

7.6. BI 시스템의 새로운 추세

거업정보흐름에서 BI 시스템의 적용범위인 정보 분석 영역은 거래 처리 영역의 다음 단계로서 거래 처리 영역의 후속 업무로 인식되고 있다. 이에 따라 BI 시스템에서 사용하는 데이터들 또한 운영 데이터들을 변환한 분석 정보들이며, 이들 분석 정보들은 운영 데이터베이스에 저장된 데이터들을 사후적으로 통합 저장한 것이다. 이러한 점에서 BI 시스템의 원래 기능은 거래 처리 이후 후속적인 분석업무이다. 그러나 최근에는 거래 처리를 위한 실시간 정보 분석 기능들이 주요 이슈로 대두하고 있다. 예를 들면 항공사에서 이미 100% 예약이 접수된 경우, 고객이 추가로 항공 예약을 할 경우 이를 접수할 것인지 (보통 항공기 출발일 이전에 취소하는 사람이 있으므로 일정 비율은 초과하여 접수하는 것이 효율적인 것으로 알려져 있다) 또는 이미 매진되었으므로 거절할 것인지의 결정 등은 거래 처리 데이터베이스에 저장된 데이터들을 직접 사용하여 이루어지는 분석 기능이다. 그리고 금융기관에서 고객에게 상품을 판매할 때, 전주 또는 전월 또는 더 나아가 전년도의 신용 상태 등을 분석하여 상품판매조건을 결정하는 것이 아니라 바로 오늘의 신용상태를 분석하여 상품판매 조건을 결정한다면 보다 큰 고객만족을 줄 수 있다. 이와 같이 실시간으로 운영 데이터베이스에 저장된 데이터들을 분석하여 분석 정보를 산출하는 것을 운영 데이터 BI(Operational BI)라고 이야기한다.

또한 이러한 분석 과정에서 전통적으로 사용하는 관계형 데이터베이스에 저장된 정형화된 데이터들뿐만이 아니라 이메일, 문자메시지, 채팅 문자 등과 같은 소셜 데이터, 문서 등과 같은 비정형 데이터들 또한 정보 분석의 대상에 포함시킴으로써 정형화된 데이터들로부터 얻을 수 없는 새로운 정보들을 산출할 수 있다. 이러한 텍스트 분석, Operational BI 등은 이전에는 쉽지 않았던 데이터들을 처리할 수 있는 능력을 보유하게 됨에 따라 가능하게 되었는데, 이러한 확장된 BI 영역은 빅 데이터와 연관하여 별도의 장에서 보다 자세히 설명한다.

제8장

마스터 데이터 관리

마스터 데이터는 기업이나 조직 활동의 근간을 이루는 주요 데이터들이다. 조직 활동의 근간을 이루는 데이터들을 보통 대장(臺帳)이나 장부(帳簿)라고 하는데, 고객 대장이나 품목 대장, 시설 대장, 거래 장부 등과 같은 것들이 이에 포함된다. 그러면 이들이 모든 마스터 데이터들인가? 그리고 만약 이들이 모두 마스터 데이터이면 종래의 운영 데이터베이스(Operational Database 또는 거래처리 데이터베이스)와는 어떻게 다른가 등의 의문이 생길 수 있다.

결론부터 이야기하면 거래장부에 기록된 데이터는 거래 데이터이다. 그리고 마스터 데이터는, 거래 장부에 기록된 거래가 적합하게 이루어졌는가를 확인하기 위하여 참조하는, 고객대장, 품목대장, 시설대장 등에 기록된 데이터들이다.

예를 들어 홍길동이 2009년 11월 4일 20kg 포장 설탕 200개를 공급업체 갑으로부터 구매하였다고 하자. 여기서 이 거래가 적합하게 이루어졌는가를 확인하기 위하여서는 다음의 항목들에 대한 검증이 필요하다. 이와 같이 조직 활동이나 거래를 처리함에 있어 확인 또는 검증을 하기 위해 사용되는 데이터들을 마스터 데이터라고 한다.

- 홍길동이가 현재 구매 부서에서 근무하고 있는 적법한 구입담당자인가를 확인,
- 20kg 포장 설탕이 물품구입 목록에 등재되어 있는 물품인가를 확인,
- 공급업체 갑이 공급업체로 등록된 적법한 업체인가를 확인

8.1. 데이터의 분류

기업이나 조직에서 발생하는 데이터들은 크게 거래 데이터들과 마스터 데이터로 구분된다. 전자는 거래 사실을 나타내며, 후자는 거래에 참여하는 인적 물적 구성물들을 나타낸다. 마스터 데이터들을 보다 구체적으로 살펴보면, 〈그림 8-1〉에 표시된 바와 같이, 기업이나 조직 활동에 참여하는 내부 및 외부의 구성물(개체, entity)들이 이에 포함됨을 알 수 있다.[1] 이러한 마스터 데이터들을 기업 활동의 6화(話)원칙과 연관하여 살펴보면, 누가, 어디서, 무엇을, 어떻게에 관한 데이터가 마스터 데이터임을 알 수 있다.

- 누가 (Who): 기업이나 조직 내부 및 외부의 모든 인적 자원에 대한 데이터로서 사원, 고객, 협력사 등에 대한 데이터들을 포함한다.
- 어디서 (Where): 기업이나 조직의 활동이 발생하거나 구성원들이 위치하는 장소에 대한

---

1) 이춘열·김인재, 『데이터베이스관리론』, 박영사, 2011, 361쪽.

지리적 특성이나 속성을 나타내는 데이터로서, 최근에는 모바일 환경의 확산으로 지리정보에 대한 관심이 증대하고 있다.

- 무엇 (What): 기업이나 조직이 취급하는 상품이나 서비스와 같은 유형 및 무형의 물적 자원에 대한 데이터로서 상품, 품목, 서비스 등에 대한 데이터들을 포함한다.

- 어떻게 (How): 기업 활동의 근거가 되는 (주로 무형의) 개체들에 대한 데이터로서 사업, 계정, 계약 등에 대한 데이터들을 포함한다.

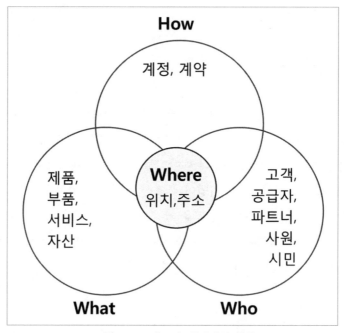

<그림 8-1> 마스터 데이터의 종류

이와 같이 마스터 데이터는 기업이나 조직을 구성하는 유형 및 무형의 개체 (entity)들에 대한 데이터이다.

기업이나 조직을 구성하는 주요 개체들에 대한 데이터들을 마스터 데이터라고 하였다. 그러면 이들 주요 개체에 대한 모든 데이터가 마스터 데이터인가 하는 질문을 할 수 있다. 예를 들면 기업이나 조직을 구성하는 가장 대표적인 개체로서 고객이나 상품이 있다. 그러면 고객이나 상품에 대한 모든 정보가 마스터 데이터인가? 즉, 고객의 이름, 아이디, 주소, 나이, 전화번호, 구매내역, 신용등급 등이 모두 마스터 데이터이며, 상품에 대해서도 상품의 이름, 식별번호, 무게, 크기, 형상, 저장되어 있는 창고번호, 현재 보유량, 구매 이력, 판매이력 등이 모두 마스터 데이터인가 하는 것이다. 이들 질문에 대한 해답은 일부는 마스터 데이터이고 일부는 마스터 데이터가 아니다. 앞에서 우리는 거래 데이터(transaction data)에 관하여 간략히 언급하였다. 거래 데이터는 기업이나 조직의 활동, 즉 거래(transaction) 사실에 대한 데이터이다. 따라서 고객이나 상품에 대한 데이터라고 하여도 거래 이력이나 거래 사실에 대한 데이터는 마스터 데이터가 아니고 거래 데이터이다.

> • 거래데이터: 기업에서 이루어지는 거래에 대한 데이터, 즉 마스터 데이터들 사이에 발생하는 활동 내역에 대한 데이터를 거래데이터라고 한다. 따라서 고객이나 상품에 대한 데이터라도 구매내역이나 구매이력, 판매이력들은 모두 거래 데이터들이다.

그리고 거래 사실이 아니라 개체를 설명하는 데이터도, 예를 들면, 고객이라는 개체들 중에서 특정 개체[2](예를 들면 홍길동이라는 고객)를 설명하는 데이터, 즉 고객의 이름, 아이디, 주소, 나이, 전화번호, 신용등급 등과 같은 데이터들도 이를 다음과 같이 마스터 데이터, 참조 데이터, 상태 데이터로 구분한다.

---

2) 이를 보통 인스턴스(instance) 또는 개별 개체라고 한다.

- 마스터 데이터(Master data): 마스터 데이터는 개체의 집합 안에서 개별 개체(즉, 고객이라는 개체들 중에서 홍길동이라는 개별 고객)를 식별하고 다른 개별 개체들과 구분하기 위한 데이터이다. 즉, 고객의 이름, 아이디, 주소, 나이, 전화번호, 키, 눈동자나 머리카락의 색, 지문, 몸무게, 출신 학교명 등이 이에 포함된다.

- 상태 데이터(inventory data): 제품의 평균 재고량, 고객의 신용등급, 총 잔고액 등과 같이 대상 개체의 상태에 대한 데이터를 상태 데이터라고 한다. 이들 상태 데이터와 마스터 데이터를 구분하는 가장 큰 차이는 변동 가능성이다. 마스터 데이터는 일반적으로 자주 변하지 않는 데이터인 것에 반하여 상태 데이터는 그 값이 수시로 변화하는 데이터이다.

- 참조데이터(reference data): 거래 데이터, 마스터 데이터나 상태 데이터를 표현하기 위하여 사용되는 코드, 번호체계 등을 모두 참조데이터라고 한다. 예를 들면 주소를 나타내는 데 사용되는 우편번호, 국가를 나타내는 국가코드, 도시를 나타내는 도시코드 등이 모두 참조 데이터에 포함된다. 참조 데이터는 마스터 데이터의 일부로 분류하거나 마스터/참조 데이터라고 하여 마스터 데이터와 같이 분류하기도 한다.

이들 마스터 데이터와 상태 데이터, 참조 데이터들의 특성을 나열하면 다음 〈표 8-1〉과 같다. 여기서 상태 데이터나 참조 데이터는 보통 마스터 데이터로 같이 분류하기도 한다.

<표 8-1> 데이터의 구분

구분	마스터 데이터	거래 데이터	상태 데이터	참조 데이터
데이터 량	많음	적음	적음	적음
변동가능성	낮음	낮음	높음	낮음
발생 빈도	높음	낮음	중간	낮음

이상에서 살펴본 바와 같이 마스터 데이터로 분류되는 것과 아닌 것의 차이는 대상물의 차이가 아니다. 즉, '고객에 대한 것은 마스터 데이터이고, 매출에 대한 것은 마스터 데이터가 아니다'라고 구분할 수 없다. 개체관계모형에서 살펴본 바와 같이 모든 데이터는 개체에 대한 데이터와 개체들 사이의 관계에 대한 데이터로 모델링될 수 있다. 여기서 본질적으로 개체로 모델링될 수밖에 없는 것은 마스터 데이터의 대상이 될 수 있다. 그러나 동일한 대상물에 대한 데이터(또는 대상물을 설명하는 데이터)라도 데이터의 성격에 따라 다음과 같이 마스터 데이터, 거래 데이터, 상태 데이터, 참조 데이터로 구분된다.

- 대상물에 대한 데이터들 중에서 대상물 자체에 대한 데이터는 마스터 데이터이다.
- 대상물의 활동과 관련된 데이터들은 거래 데이터이다.
- 대상물의 변동하는 상태에 대한 데이터는 상태 데이터이다.
- 코드나 분류체계 등을 나타내는 데이터는 참조 데이터이다.

<표 8-2> 데이터 구분의 예

대상물	고객	상품
마스터 데이터	신상정보, 주소, 취미, …	무게, 중량, 보안등급, …
거래 데이터	고객주문, 고객전입, …	입고전표, 출하전표, 판매주문, …
상태 데이터	자산추정액, 신용잔고, …	재고량, 누적판매량, "
참조 데이터	고객번호, 우편번호, …	상품분류번호, 상품코드

8.2. 마스터 데이터 모델링

마스터 데이터들은 전사적으로 공용의 데이터베이스에 저장하여 관리하는 것이 효과적이다. 이들을 효과적으로 저장하고 관리하기 위해서는 무슨 데이터 항목들을 어떤 형식으로 저장할 것인가를 결정해야 하는데, 이를 마스터 데이터 모델링이라고 한다.

마스터 데이터는 한 종류의 마스터 데이터에 대한 모델링에 국한되어서는 안 되며, 이들 마스터 데이터들 사이의 관계도 같이 모델링한다. 예를 들면, 고객 마스터 데이터는, 〈그림 8-2〉에 예시된 바와 같이, 고객인 개인 또는 조직들에 대한 정보, 이들의 유형, 이들 사이의 관계, 계정에 대한 정보들을 포함한다. 즉, 계정이나 계약은 고객과는 다른 마스터 데이터라고 할 수 있으나 이들 사이의 연계성을 같이 모델링해야 이들 마스터 데이터들을 전사적으로 통합 관리할 수 있다.

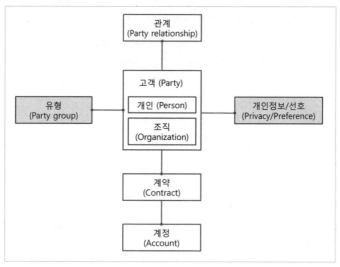

<그림 8-2> 고객 마스터 데이터에 대한 개념 모형

마스터 데이터는, 개념적으로 볼 때, 전사적으로 단일의 저장 공간인 마스터 데이터 저장소에서 통합하여 관리하는 것이 효과적이다. 마스터 데이터 저장소와 개별 데이터베이스의 차이점은 개별 데이터베이스는 거래 데이터를 중심

으로 마스터 데이터, 참조 데이터, 상태 데이터들을 모두 포함한다. 이에 반하여 마스터 데이터 저장소는 해당 조직에서 사용하는 마스터 데이터들만을 별도로 관리한다.

마스터 데이터 저장소는 거의 모든 정보시스템들이 사용한다. 따라서 마스터 데이터 저장소가 어떻게 구성되어 있으며, 데이터 항목들의 형식과 내용이 무엇이며, 이들이 무엇을 의미하는지 등을 마스터 데이터 저장소를 사용하는 정보시스템들이 잘 알고 있어야 한다. 그렇지 않으면, 마치 무슨 도서들이 어디에 비치되어 있는지를 전혀 모르는 도서관에서 책을 찾는 것처럼 마스터 데이터를 사용하는 데 어려움을 겪을 수 있다. 마스터 데이터 저장소를 잘 활용하기 위하여 필요한 정보를 메타데이터라고 하며, 이를 잘 관리하는 것을 메타데이터 관리라고 한다.[3]

마스터 데이터들은 다음에 설명되는 것처럼 전사적으로 통합하여 관리한다. 마스터 데이터의 통합과 공유가 중요한 이유는 모든 거래데이터들이 마스터 데이터를 참조하기 때문에 전사적으로 하나의 정확한 마스터 데이터 데이터베이스를 관리하는 것이 매우 중요하기 때문이다.

8.3. 마스터 데이터 관리와 데이터 통합/공유

마스터 데이터는 거래를 실행함에 있어 거래가 적합하게 이루어졌는가를 확인하기 위하여 참조하는 데이터들이다. 이를 데이터 모델링의 관점에서 이야기하면 마스터 데이터는 거래 데이터가 적합한가를 확인하기 위해 참조하는 데이터들이며, 이들은 참조무결성 법칙으로 표현된다. 운영 데이터베이스의

---

3) 마스터 데이터 저장소뿐만이 아니라 모든 데이터베이스에서 저장된 데이터들을 잘 활용하기 위하여 필요한 데이터 및 데이터베이스의 구조 등을 설명하는 데이터를 메타데이터라고 한다. 메타데이터는 제3장 표준화와 메타데이터에 자세히 설명되어 있다.

품질을 향상시키기 위해서는 참조무결성 법칙이 잘 지켜져야 하며, 참조무결성 법칙이 잘 지켜지는가를 확인하기 위해서는 마스터 데이터들이 잘 관리되어야 한다. 그런데 운영 데이터베이스에서 마스터 데이터들은 여러 테이블에 정규화되어 산재해 있기 때문에, 이들 산재한 마스터 데이터들을 표준화하고 통합적으로 관리하기 위해서는 전사적인 차원의 마스터 데이터 관리가 운영 데이터베이스 관리와 병행하여 통합적으로 이루어져야 한다.

또한 마스터 데이터는 다차원 데이터베이스에서 각 차원들로 사용된다. 바꾸어 이야기하면 다차원 데이터베이스는 거래 데이터들을 마스터 데이터들을 기준으로 하여 분석하는 데이터 모형이다. 다차원 데이터베이스에서 사실 테이블에 기록된 데이터들은 거래 사실을 나타내는 데이터들이거나 거래 사실에 대한 통계치를 나타내는 데이터들이다(이에 따라 제8장 비즈니스 인텔리전스에서 살펴본바와 같이 사실테이블은 거래 처리를 나타내는 사실테이블과 스냅샷을 나타내는 사실테이블로 나누어진다). 그리고 차원 테이블에 기록된 데이터는 마스터 데이

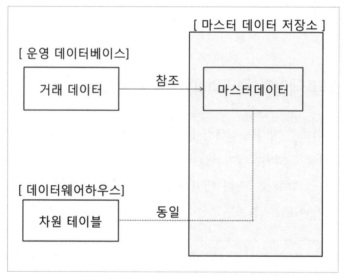

<그림 8-3> 기업정보흐름과 마스터 데이터

터 또는 참조 데이터이다. 따라서 전사적으로 분석 정보가 효과적으로 공유되기 위해서는 마스터 데이터의 표준화와 측정변수의 표준화가 이루어져야 하는데(이들을 DW버스라고 한다), 이를 위해서는 전사적으로 마스터 데이터가 통합적으로 잘 관리되어야 한다.

이상에서 살펴본 바와 같이 마스터 데이터는 거래 데이터들의 무결성을 유지하며, 다차원 정보 분석에서 분석 차원을 결정하는 데이터이다(〈그림 8-3〉). 이와 같이 마스터 데이터는 운영 데이터 관리뿐만이 아니라 분석 정보 관리를 위해서도 매우 중요한 기초 데이터이다. 따라서 전사적으로 데이터의 통합 및 공유가 이루어지기 위해서는 무엇보다도 먼저 마스터 데이터의 통합이 이루어져야 한다. 물론 이들 마스터 데이터들이 전사적으로 하나의 데이터베이스에 관리될 수도 있으며, 여러 데이터베이스에 나누어져 관리될 수도 있다. 그러나 개념적으로는 〈그림 8-4〉에 예시된 바와 같이, 모든 거래데이터나 사실 테이블들이 통합된 데이터베이스에 저장된 마스터 데이터를 참조하는 형태로 관리하는 것이 바람직하다.

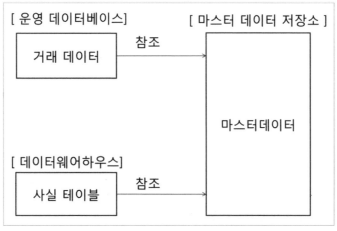

<그림 8-4> 전사적 데이터 관리와 마스터 데이터

8.4. 마스터 데이터 관리 시스템 구현 아키텍처

마스터 데이터를 통합 공유하기 위한 가장 이상적인 형태는 전사적으로 단일의 공통 데이터베이스를 구축함으로써 모든 사용자들이 이를 공통으로 사용하도록 하는 방법이다. 따라서 가장 이상적인 형태는 〈그림 8-5〉의 구현 유형에서 예시된 것처럼 통합 거래형으로 구현하는 것이다. 그러나 모든 마스터 데이터들을 통합 거래형으로 구현하는 것이 용이하지 않을 수도 있다. 통합 거래형은 전사적으로 모든 마스터 데이터들을 단일의 통합 데이터베이스에 저장하기 때문에, 모든 응용프로그램들이 마스터 데이터를 참조하기 위해서는 통합 데이터베이스를 사용해야 한다. 따라서 거래의 집중이 발생한다.

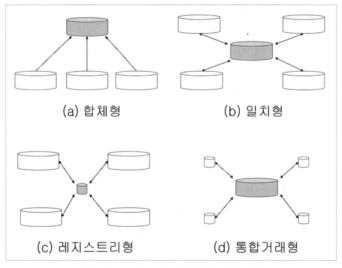

(a) 합체형   (b) 일치형

(c) 레지스트리형   (d) 통합거래형

〈그림 8-5〉 마스터 데이터의 구현 유형

특히 통합 거래형 마스터 데이터베이스를 구축하기 위하여서는 이미 개발되어 있는 응용 프로그램(레거시 시스템)들도 새로이 구축되는 마스터 데이터베이스를 사용하도록 변경해야 한다. 따라서 서비스 지향 아키텍처(SOA: Service Oriented Architecture)와 같은 신기술을 사용한 레거시 시스템과 마스터 데이터베이스와의 인터페이스를 구축해야 한다. 이와 같이 여러 사용자 집단이 단일의 통합 데이터베이스를 사용하도록 하기 위해서는 이들 사용자들의 다양한 요구를 충족시킬 수 있어야 하며, 따라서 통합 거래형 마스터 데이터 관리 시스템을 구축하기 위해서는 많은 노력과 시간이 소요된다.

- 전략적으로 경영층 및 솔루션 공급 파트너의 지원이 필요하다.
- 데이터 소유자들 사이의 정치적 갈등이 조정되어야 한다.

이러한 여러 가지 제약점으로 인하여 실제로는 〈그림 8-3〉에 예시된 바와 같이 통합 거래형뿐만이 아니라 합체형, 일체형 및 레지스트리형 등의 여러 형태의 구현 방안들이 제시되어 사용되고 있다.4)

마스터 데이터 저장소의 구현 아키텍처별로 특성과 장단점을 살펴보면 〈표 8-3〉과 같다.

---

4) Jadcliffe, J., White, A., & Newman, D., "How to Choose the Right Architectural Style for Master Data Management", Gartner(ID Number: G00142610), Sep. 28, 2006.

<표 8-3> 마스터 데이터 저장소의 구현 유형별 특성

구분	합체형 (Consolodation)	일치형 (Harmonized Coexistence)	레지스트리형 (Registry)	통합 거래형 (Transaction)
저장 형식	• 통합 마스터 데이터들을 별도로 중앙에 저장	• 통합 마스터 데이터들을 별도로 중앙에 저장	• 마스터 데이터들에 대한 링크를 저장 (가상적 통합 뷰 유지)	• 통합 마스터 데이터들을 별도로 중앙에 저장
갱신 권한	• 발생지역에서 갱신	• 발생지역에서 갱신	• 발생지역에서 갱신	• 중앙의 통합 데이터베이스에서 갱신
갱신 주기	• 지역에서 변경이 이루어지고 난 뒤 허브(중앙의 저장소) 갱신 비실시간 갱신	• 지역에서 변경이 이루어지고 난 뒤 갱신. 게시/가입(publish /subscribe)을 통하여 허브(중앙의 저장소)와 지역 간의 데이터 일치가 보장됨.	• 실제로는 중앙에서는 갱신이 이루어지지 않음	• 실시간으로 중앙의 통합 마스터 데이터베이스를 갱신
용도	• 분석 및 읽기 전용 참조 목적	• 거래 처리를 위한 통합참조목적(읽기 전용) • 가장 일반적인 마스터 데이터 관리 형태	• 거래 처리를 위한 통합참조목적(읽기 전용)	• 거래 처리를 직접 지원(일기/쓰기 지원)
적합한 경우	• 마스터 데이터 관리의 초기 형태로서 구축 • 다음 단계로의 발전을 위한 초기 단계	• 동기화를 위한 데이터 관리 구조(governance)와 데이터 책임관리(stewardship)가 잘 정착된 경우 • 워크플로우를 지원할 수 있는 미들웨어 기반 구조가 잘 정착된 경우	• 법적 정치적 제약 조건으로 마스터 데이터 허브를 구축할 수 없는 경우 • 기존 시스템들에 미치는 영향을 최소화하여야 하는 경우 • 거래처와의 마스터 데이터 일치가 필요한 경우	• 마스터 데이터가 거래 처리를 직접 지원하여야 하는 경우 • 전략적 솔루션 공급 파트너와 경영층의 지원이 있는 경우
부적합한 경우	• 법적 정치적 제약 조건으로 마스터 데이터 허브를 구축할 수 없는 경우 • 각 원천 시스템들	• 법적 정치적 제약 조건으로 마스터 데이터 허브를 구축할 수 없는 경우	• 성능 및 신뢰성 보장이 중요한 경우	• 법적 정치적 제약 조건으로 마스터 데이터 허브를 구축할 수 없는 경우 • 데이터 소유자들

	사이에서 마스터 데이터의 일관성 유지가 필요한 경우		사이의 정치적 갈등을 조정하기 어려운 경우
적용 기업 예	• BI 용 분석 시스템	• 다국적 제조업 (지역별 부품 구입 및 물류관리) • 제약업의 고객데이터허브	• 의료 정보시스템 • 정부기관 • 산업별 제품 카탈로그	• 금융기관 (은행, 보험회사) • 소비재 기업

- 합체형은 가장 초보적인 형태의 마스터 데이터 저장소이다. 즉, 각 응용시스템들에서 사용하고 있는 마스터 데이터들을 사후적으로 중앙의 저장소에 모아서 저장하고, 이를 이후 분석 및 참조 목적으로 사용하는 형태이다. 따라서 중앙의 마스터 데이터 저장소에 통합된 마스터 데이터들이 모든 응용시스템에 실시간으로 반영되는 것도 아니다. 즉, 일정 기간 동안은 각 응용시스템의 마스터 데이터들이 서로 다른 값을 가질 수도 있다.

- 일치형은 합체형 마스터 데이터 저장소의 가장 큰 단점인 중앙의 저장소에 저장된 마스터 데이터들과 각 응용시스템의 마스터 데이터들과의 불일치를 해결하기 위하여 제안된 대안이다. 합체형과는 달리, 일치형 마스터 데이터 저장소는 중앙 허브의 마스터 데이터가 갱신될 경우, 이를 각 지역 응용시스템들에 게시(publish)함으로써 지역 마스터 데이터들도 같이 갱신된다. 즉, 게시/가입(subscribe/publish)을 통하여 각 응용시스템들에 독립적으로 저장 관리되는 데이터베이스와 중앙의 마스터 데이터 저장소 사이의 동기화가 거의 실시간으로 이루어진다. 이와 같이 실시간으로 동기화되는 마스터 데이터 저장소를 구현함으로써, 각 응용시스템들이 각자의 데이터베이스를 사용하더라도 서로 동기화되어 전사적으로 동일한 마스터 데이터들을 사용하게 된다.

  그러나 일치형 마스터 데이터 저장소에서는, 새로이 변경되는 마스터 데이터들이 중앙의 허브에 직접 갱신되는 것이 아니라, 각 지역별 응용시스템들이 관리하는 데이터베이스에 갱신된다. 다만 마스터 데이터들을 참조할 때, 타 응용시스템들이 관리하는 데이터베이스들을 참조하는 것이 아니라, 중앙의 허브를 참조한다. 모든 거래들이 실시간에 가깝도록 마스터 데이터들을 참조하기 위하여 응용시스템별로 마스터 데이터들이 갱신될 경우, 이를 중앙의 허브에 반영하고, 이를 다시 다른 응용시스템들의 데이터베이스에 반영하여 동기화한다.

- 레지스트리형 마스터 데이터 저장소는 일치형 마스터 데이터 저장소와 비슷한 개념이나, 다만 중앙의 마스터 데이터 저장소가 데이터들을 저장하는 것이 아니라 이들 데이터들이 저장된 데이터베이스들을 가리키는 정보들만을 저장한다. 즉, 레지스트리는 데이터들을 저장하는 것이 아니라 데이터들이 저장된 위치를 가리키는 주소들을 저장한다. 따라서 레지스트리형 마스터 데이터 저장소는 이미 구축되어 있는 응용시스템들에 미치는 영향이 가장 적다. 따라서 마스터 데이터 통합 관리를 위한 첫 단계의 구현 아키텍처로서 적절하다. 또한 법적인 규제나 제약 조건들에 의하여 마스터 데이터들을 통합하여 단일의 데이터베이스에 저장하는 것이 불가능한 경우 사용가능한 구현 대안이다. 레지스트리형 마스터 데이터 저장소가 성능이나 안전성 등의 필요에 따라 마스터 데이터 사본을 직접 저장하게 될 경우, 일치형 마스터 데이터 저장소 형태가 된다.

8.5. 마스터 데이터 관리 시스템의 주요 기능들

마스터 데이터 또한 데이터다. 이런 점에서 마스터 데이터를 관리하기위한 관리 시스템의 필요 기능들 또한 일반 데이터베이스 관리 시스템의 기능들과 기본적으로는 크게 다르지 않다. 즉, 데이터의 기록, 갱신 및 검색이나 보안 및 통제와 같은 데이터베이스 관리를 위한 기본적인 기능들을 포함한다. 다만 마스터 데이터가 기업 활동의 중심을 이루는 주요 개체들에 대한 데이터들이며, 이들 데이터를 조직의 모든 구성원들이 공통으로 공유할 수 있도록 하기 위하여 제안된 것이 마스터 데이터 관리 시스템이기 때문에 이를 위한 기능들이 더욱 강조된다고 할 수 있다.

8.5.1. 마스터 데이터서비스

마스터 데이터 관리 시스템이 제공하는 기능들은 시스템의 구성 형태에 따라 조금씩 다를 수 있다. 그러나 무슨 형태의 마스터 데이터 관리 시스템이라고 하여도, 마스터 데이터를 관리한다는 점에서 기본적인 공통 기능들을 수행한다. 그리고 이에 추가하여 마스터 데이터 관리 고유 기능들을 수행한다.

가. 마스터 데이터 관리 기본 기능

마스터 데이터를 관리하기 위한 기본적인 기능들은 일반적인 데이터 관리기능들을 모두 포함한다. 마스터 데이터 관리의 기본 기능들을 개략적으로 제시하면 다음과 같다.

- 데이터 관리 기능: 데이터의 생성, 갱신, 검색, 보존 등을 담당한다. 이는 모든 데이터베이스에 데이터를 기록하고 갱신하기 위한 기본 기능들이다.

- 데이터 보안 통제 기능: 데이터 보안, 감사 및 인증, 접근 통제 등의 기능을 수행한다. 이는 일반적인 데이터베이스 관리 시스템의 보안 기능들과 유사하다.

- 데이터 관리 기능: 데이터 표준화, 품질 관리 및 메타데이터 관리 기능 등을 수행한다. 이는 메타데이터 관리와 데이터 품질에서 소개한 기능들로서 데이터베이스 관리 시스템이 양질의 데이터들을 저장하고 관리하기 위해서 수행되는 기능들이다.

- 데이터 통합 기능: 여러 곳에서 만들어진 데이터들을 통합하기 위한 기능들로서 데이터 모델링, 개체식별 기능, 비교 및 합체 기능 등을 포함한다. 특히 전사적으로 여러 기능분야에서 사용되는 마스터 데이터들을 개체별로 식별하여 통합 관리해야 하기 때문에 개체식별(identity management) 기능이 무엇보다도 중요하다고 하겠다. 그리고 이렇게 여러 곳에서 만들어진 데이터들을 전사적으로 효과적으로 통합하여 관리하기 위해서는 해당 개체에

대한 마스터 데이터들이 어떻게 저장되는가를 정의한 마스터 데이터 모형(master data model)이 중요하다. 이를 기준으로 여러 데이터 항목들이 결합되어 마스터 데이터 저장소에 저장된다.

- 업무 규칙 및 워크플로우 관리 기능: 마스터 데이터를 사용함에 있어 적용되는 업무 규칙과 이들 업무의 흐름을 관리한다. 이는 마스터 데이터와 관련된 이벤트가 발행할 경우 연관된 응용프로그램들이나 업무 프로세스가 적절히 수행될 수 있도록 한다. 특히 마스터 데이터 개체의 식별 등과 관련하여 충돌이 발생할 경우 이를 해결하기 위해서 사용되는 규칙들을 저장하고 관리한다.

나. 마스터 데이터 관리 고유 기능

마스터 데이터 관리를 위한 고유 기능들을 개략적으로 제시하면 다음과 같다.

- 마스터 데이터 개체 관리 기능: 마스터 데이터 관리 시스템은 고객이나 제품과 같은 마스터 데이터 개체를 분류하고 관리하는 기능을 제공한다. 이들 기능들은 마스터 데이터의 종류에 따라 다르다. 이에 따라 마스터 데이터 관리 시스템은 대상이 되는 마스터 데이터별로 발전해 오다가 최근에는 조직에서 관리하는 모든 마스터 데이터를 통합적으로 관리하는 시스템으로 바뀌고 있다. 가장 대표적인 마스터 데이터별 관리 시스템으로서는 제품 정보 관리 시스템(PIM: Product Information Management)과 고객 데이터 통합 관리 시스템(CDI: Customer Data Integration) 등이 있다. 마스터 데이터 개체 관리 기능이 필요한 이유는 마스터 데이터 종류별로 개체를 관리하는 방법이 다르기 때문이다. 예를 들면 제품의 분류 방법은 고객의 분류와 다를 수밖에 없다. 제품의 경우는 완성품, 모듈, 부품 및 원재료 등 다양한 형태의 구성품들을 포함한다. 이에 반하여 고객은 집단들에 소속되며 다른 고객들과 가족 관계 등을 통하여 연계된다.
- 업무용 애플리케이션 서비스: 마스터 데이터를 활용한 업무용 응용시스템들을 제공한다. 이들 애플리케이션들은 마스터 데이터의 종류별로 서로 다른 기능들을 수행한다. 예를 들면

고객 마스터 데이터의 경우에는 고객의 신용등급 평가, 신규 고객 승인 등을 포함할 수 있으며, 제품 마스터 데이터의 경우에는 시제품 개발, 양산 승인 등의 기능을 포함한다.

8.5.2. 마스터 데이터 관리 시스템의 구성 모듈

마스터 데이터 관리 시스템은 일반적인 데이터 관리 기능에 추가하여 마스터 데이터 개체를 관리하는 기능과 업무용 애플리케이션을 같이 제공한다. 이에 따라 마스터 데이터 관리 시스템의 구성 모듈들 또한 데이터베이스 관리 시스템의 기본적인 데이터 관리 모듈들에 추가하여 마스터 데이터 개체 관리를 위한 모듈들과 업무 프로세스들을 관리하기 모듈들을 추가로 포함한다.

마스터 데이터 관리 시스템의 구성 모듈들을 개략적으로 도시하면 〈그림 8-5〉와 같다.[5] 마스터 데이터 관리 시스템은 크게 6개의 계층으로 구성된다. 가장 기본적인 구성 모듈들을 포함하는 계층인 아키텍처와 거버넌스는 데이터 베이스 관리 시스템의 구성 모듈과 거의 동일하다.

---

5) Loshin, D., *Master Data Management*, The Morgan Kaufmann/OMG Press, 2008, pp. 43~56.

<그림 8-6> 마스터 데이터 관리 시스템의 구성 모듈

- 아키텍처: 데이터 아키텍처 및 시스템 아키텍처를 관리하는 모듈들을 포함한다.
  - 마스터 데이터 모델: 전사적으로 흩어져 있는 여러 형태의 마스터 데이터들을 통합하여 표현하기 위해서는 통합된 데이터 모형이 필요하다. 이러한 통합 데이터 모형을 정의하고 관리하는 모듈이 마스터 데이터 모델이다.
  - 마스터 데이터 관리 아키텍처: 마스터 데이터의 라이프사이클에 따라 데이터를 생성하고 갱신, 검색, 삭제하는 기능을 수행하는 모듈이다. 마스터 데이터 관리 기능들은 마스터 데이터를 관리하기 위하여 가장 기본적인 기능들인 마스터 데이터 레코드의 생성, 갱신, 삭제 및 마스터 데이터의 보존 등을 수행한다.
- 거버넌스: 전사적으로 양질의 마스터 데이터를 유지하고 관리하기 위한 데이터 표준, 메타데이터 관리 및 데이터 품질 관리를 위한 기능들을 수행하는 모듈들을 포함한다. 마스터 데이터가 조직을 구성하는 기본적인 개체들에 대한 정보이며, 이들 데이터를 통합하여 관리함으로써 모든 사용자들이 효과적으로 공유하고자 하는 것이 마스터 데이터 관리라는 점에서 마스터 데이터에 대한 표준화 및 이에 대한 메타데이터 관리는 더욱 중요하다고 할

수 있다. 이러한 점에서 마스터 데이터의 거버넌스는 전사적인 데이터 거버넌스의 핵심을 이룬다고 할 수 있다. 거버넌스는 데이터 표준, 메타데이터 관리, 데이터 품질 모듈들을 포함하는데, 이들 각 모듈들의 기능은 앞에서 여러 장에 걸쳐서 소개한 데이터 표준화, 메타데이터 관리 및 데이터 품질들과 다르지 않다. 따라서 여기서는 이들 모듈에 대한 설명은 생략한다.

- 마스터 데이터 운영: 마스터 데이터를 실제 운영하고 사용하기 위한 기본적인 기능들로써 개체를 식별하고 개체들 사이의 계층을 관리하는 기능들을 포함한다.

  - 개체 식별: 마스터 데이터베이스의 각 레코드, 즉 마스터 데이터 레코드들은 실제 현상에서의 개별 개체(개체의 인스턴스(instance))를 나타낸다. 따라서 마스터 데이터는 다음과 같은 대응관계가 항상 성립하도록 관리해야 한다.

    · 실제 현상의 한 개체에 대한 데이터들은 하나의 레코드에 기록되어야 하고, 이를 기록한 레코드는 반드시 하나만 존재해야 한다. 즉, 하나의 개체에 대한 데이터는 하나의 레코드에 관리되어야 하며, 2개 이상의 레코드에 관리되어서는 안 된다.

    · 모든 레코드들이 서로 구별되어야 하며, 이렇게 레코드들을 구별할 수 있도록 주키(식별자)가 부여되어야 한다.

    이러한 조건은 관계형 데이터 모형의 개체무결성 법칙과 동일하다. 다만 개체무결성 법칙은 데이터베이스를 구성하는 레코드들이 유일하게 식별될 수 있고, 구별될 수 있어야 함을 규정한 것에 반하여 마스터 데이터 관리에서의 개체 식별은 실제 현상에 존재하는 개체와 연관하여 이들 개체를 나타내는 레코드들이 개체와 1:1로 대응하여야 함을 규정한다.

  - 계층관리: 마스터 데이터 레코드들은 서로 연관되며, 이러한 연관관계를 통하여 계층을 이룬다. 예를 들면 사원들은 근무하는 부서에 같이 소속되며, 이들 부서들은 더 상위의 사업본부를 구성한다. 상품도 이를 구성하는 모듈들로 분해할 수 있으며, 모듈은 다시 상세 부품들과 원료 등으로 분해된다. 이와 같이 마스터 데이터는 레코드들 사이의 구성 관계에 따라 계층으로 표시되는데, 이를 더욱 복잡하게 하는 것은 동일의 마스터 데이터를 다양한 사용자들과 응용 프로그램들이 같이 공유한다는 점이다. 그리고 사용자들은 관점에 따라 동일한 마스터 데이터를 서로 다른 계층으로 표현할 수 있기를 원한다. 따라서 효과적인 마스터 데이터 관리를 위해서 다양한 계층 구조를 유지하고 관리할 수 있어야 하며, 이를 수행하는 것이 계층관리 모듈이다.

- 마스터 데이터 통합:
  - 개체 식별 통합: 마스터 데이터 관리는 다양한 정보시스템들에 흩어져서 관리되던 마스터 데이터를 통합 관리한다. 그런데 이들 마스터 데이터들은 여러 업무 시스템들에서 발생한다. 이들 데이터들을 통합하여 중앙의 마스터 데이터 데이터베이스에 저장하기 위해서는 여러 업무시스템에서 발생한 데이터들이 동일의 개체에 대한 데이터들인가를 확인하여 동일의 개체에 대한 데이터들을 모아서 마스터 데이터 레코드에 반영해야 한다. 이때 동일한 개체 여부를 판단하기 위해서는 주키값의 동일 여부와 같이 데이터 관리의 관점에서만 판단할 수 없다. 예를 들면 동일한 고객이라도 정보시스템이나 업무에 따라 사용하는 이름이나 명칭이 다를 수 있다. 이와 같은 경우, 각 시스템에서 발생하는 속성들의 값을 비교하여 동일성 여부를 판단하여야 한다. 만약 두 레코드의 전화번호가 같으면서 나이가 같을 경우 동일한 고객이라고 가정할 수 있다. 이와 같이 마스터 데이터 관리에서 개체의 식별은 여러 가지 매칭(matching) 공식과 통계적 확률을 이용하여 판단하여야 할 경우가 많다.
  - 데이터 연혁(족보) 관리: 마스터 데이터들은 여러 원천 데이터들로부터 수집된 데이터들이다. 따라서 마스터 데이터 레코드에 저장된 데이터들의 진위 여부를 파악하고자 할 경우에는 이들 데이터들이 어디서 만들어져서 어떻게 마스터 데이터 레코드에 저장되었는가의 연혁을 아는 것이 중요하다. 이러한 데이터의 연혁을 데이터의 생성 족보(lineage, provenance)라고 한다. 특히 마스터 데이터는 여러 업무 시스템에서 발생한 데이터들을 통합하여 저장한 것이기 때문에 데이터 별로 연혁이 다를 수 있다. 따라서 마스터 데이터 레코드별 또는 각 속성별 데이터 연혁은 마스터 데이터 관리를 위해서 매우 중요한 요소이다.
- 업무 프로세스 관리: 마스터 데이터를 업무에 적용함에 있어 지켜야 할 법칙과 규칙들을 관리한다.
  - 업무 규칙: 모든 업무 프로세스들은 데이터를 사용한다. 이러한 데이터들 중에서 가장 중심을 이루는 것이 마스터 데이터이다. 따라서 마스터 데이터를 업무에 적용함에 있어 가장 중요한 요소들 중의 하나가 마스터 데이터를 적용할 때 지켜야 할 규칙들이다. 이들 규칙들은 보통 응용 프로그램의 일부로 프로그램 코드 속에 포함된 경우들이 대부분이나 최근에는 응용프로그램과 분리하여 데이터 관리 시스템의 일부로 규칙화하여 관리하는 방안이 제시되고 있다. 특히 마스터 데이터는 다양한 업무에 사용된다는 점에서 규칙화

하여 관리하는 것이 효과적이다.

– 비즈니스 프로세스 통합: 마스터 데이터를 사용하는 업무 프로세스들은 서로 연관되어 수행된다. 즉, 하나의 업무가 수행되면 그 결과가 다른 업무에 활용된다. 이때 이들 업무들을 연결해 주는 것이 데이터인데, 특히 마스터 데이터는 조직의 근간을 이루는 데이터라는 점에서 여러 업무들에 공통적으로 사용된다. 이러한 점에서 마스터 데이터의 통합 관리로 인한 효과를 극대화하기 위해서는 마스터 데이터를 사용하는 프로세스들도 상호 연결하여 통합하는 것이 필요하다. 이러한 점에서 마스터 데이터 관리 시스템이 프로세스 통합을 위한 기능을 같이 제공하는 것이 필요하다. 이런 관점에서 볼 때 마스터 데이터 관리 시스템은 프로세스 통합을 위한 기반을 제공한다.

8.6. 마스터 데이터 관리 성숙도

마스터 데이터 관리 시스템 도입을 고려하고 있는 조직은 해당 조직의 현재 성숙수준을 우선 이해하고 이를 개선하기 위한 노력을 기울여야 하는데 마스터 데이터 관리(MDM)의 성숙수준을 평가하기 위하여 가장 보편적으로 사용되고 있는 것이 가트너의 성숙도 모형이다. 가트너의 MDM 성숙도 모형은 조직의 마스터 데이터 관리 수준을 〈그림 8-7〉에 예시된 바와 같이 다음의 6단계로 평가한다.[6]

- 수준 0(부재: Nonexistent) – 인식 가능한 정도의 MDM 역량이 전혀 존재하지 않는 단계로서 문제점 자체에 대한 인식이 없다.

- 수준 1(초기: Initial) – 데이터 품질이나 의미적 비일관성 등 문제점을 갖고 있다는 것은 파악하고 있으며 이를 위해 MDM을 도입할 필요를 실감하고 있지만, 이를 해결하기 위한

---

6) Gartner Consulting Group, *Gartner Master Data Management Summit*, CA, 2011.

비전을 갖고 있지 않으며 어떠한 실행 계획도 없는 단계이다.

· 수준 2(발전: Developing) – 조직 내의 여러 그룹이 MDM이 필요하다는 점은 인식하고 있으나, 전체 조직 관점에서의 비전과 투자가 없는 단계이다. 즉, 문제 해결을 위한 그룹별 대응이 개별적으로 나타나며, 계획적인 대응이 아닌 임기응변식 대응이 주를 이룬다.

· 수준 3(정의: Defined) – 우수한 MDM 역량을 갖추기 위해서 전체 조직의 관점에서 논의와 투자가 진행되는 단계이다. 이에 따라 조직 차원의 통합 비전이 출현하고, 전사적 차원의 MDM 과제 등을 통해 통합 MDM 역량이 강화되는 단계이다.

· 수준 4(관리: Managed) – 전사적 차원의 MDM이 이루어지며, MDM에 대한 투자가 규칙적인 스케줄에 따라 이루어지는 단계이다. 이 결과 MDM은 명확한 거버넌스 체계하에서 조직적으로 관리된다.

· 수준 5(최적화: Optimizing) – 마스터 데이터가 조직의 실질적 자산으로 인정되며, 모든 업무가 MDM을 기반으로 이루어지는 상태이다. MDM으로부터 수익을 창출하기 위한 최적화에 대한 투자가 지속적으로 이루어지는 상태이다.

<그림 8-7> MDM 성숙도 모형

8.7. MDM 도입 및 구축

마스터 데이터는 대부분의 정보시스템들과 연관된다는 점에서 치밀한 계획수립 후 신중하게 이의 적용을 시도해야 한다. 이러한 점에서 마스터 데이터 관리기술을 도입할 경우 고려해야 하는 대표적인 사항들을 요약하면 다음과 같다.

• 순차적 적용
  – 한꺼번에 모든 영역에 대하여 마스터 데이터 관리기술을 도입할 경우, 기존 정보시스템들이 모두 영향을 받을 수 있으며 이에 따른 많은 혼란을 초래될 수 있다.
  – 영역별로 순차적으로 마스터 데이터 관리기술을 도입하는 것이 바람직하다.

• 전사적 복합영역 마스터 데이터 관리 구축
  – 순차적으로 영역별로 마스터 데이터 관리기술을 도입하는 경우에도 궁극적으로는 모든 마스터 데이터들을 연계하여 활용할 수 있는 복합 영역 마스터 데이터 관리를 목표로 하는 것이 바람직하다. 예를 들면, 효과적인 고객 마스터 데이터 관리를 위해서는 궁극적으로는 상품 마스터 데이터와의 연계도 필요하다.

• 마스터 데이터 거버넌스 및 관리 조직 체계 구축
  – 마스터 데이터의 생성, 갱신 절차를 확립함에 있어 가장 중요한 과제는 이를 담당하는 조직 및 체계를 지정하고 임무와 권한을 부여하는 것이다.
  – 마스터 데이터의 생성 및 갱신에 대한 관리통제가 효과적으로 이루어져야 한다.
  – 데이터 표준화 및 마스터 데이터 관리 절차는 기존의 데이터 관리 조직 및 절차의 틀 안에서 운영되어야 한다.

• 마스터 데이터 보안의 강화
  – 마스터 데이터 관리 시스템이 도입되면 모든 마스터 데이터들은 직접 또는 간접적으로 허브에 통합 관리된다.
  – 마스터 데이터의 통합 관리는 서로 보안 수준이 다른 정보시스템들이 통합 허브에 동시에 연결되는 것을 의미하는 것으로, 낮은 보안 수준의 시스템이 침해될 경우, 높은 보안

수준이 요구되는 시스템의 기밀 정보가 같이 유출되는 등의 보안 문제가 발생할 가능성이 있다.

- 마스터 데이터들은 최고 수준의 보안 관리가 요구되므로, 마스터 데이터 관리 시스템의 아키텍쳐 및 프로세스 설계 시 보안 측면을 매우 신중하게 다루어야 한다.

제9장

빅 데이터

기업정보흐름에서 중심을 이루는 것은 거래 처리 영역의 운영 데이터베이스와 분석 정보 영역의 데이터웨어하우스이다. 이러한 점에서 데이터 관리의 핵심은 이들 두 종류의 데이터베이스를 효과적으로 관리하는 것이라고 할 수 있다. 그런데 이들 데이터들의 공통점은 조직 내부에서 만들어지는 데이터라는 점이다. 물론 데이터웨어하우스의 경우 외부 데이터들도 포함하나 양적인 면에서 내부 데이터와 비교하여 극히 소량이다.

초기의 정보시스템들에 있어서 정보화의 주목적은 경영합리화에 맞추어졌다. 컴퓨터를 사용하여 기존에 실행하던 생산이나 관리 활동을 보다 효율적으로 처리하고자 하는 것이 정보화의 주목적이었다. 이 결과 정보화의 주 대상이 조직의 업무 프로세스와 이들 프로세스를 통하여 만들어지는 데이터들이었다. 그러나 정보화의 발달과 더불어 차츰 정보화의 목적이 조직의 경쟁력 향상으로 이동함에 따라, 내부에서 만들어지는 데이터들보다는 조직 외부에서 만들어지는 조직을 둘러싸고 있는 외부 환경에 대한 정보가 더욱 중요하게 되었다. 외부에서 만들어지는 소셜 데이터나 웹 데이터, 위치 데이터들 기존의 관계형 데이터베이스 관리 시스템이 다루지 못했던 데이터들이 빅 데이터라는 이름으로 조직의 경쟁력 향상을 위한 원천으로 떠오르게 되었다. 그런데 기존의 관계형 데이터베이스 관리 시스템으로는 관리하기가 쉽지 않은 빅 데이터는 형태적으로는 비정형데이터의 형식을 띠는 경우가 많다.

이전까지 데이터 관리의 주 대상이었던 운영 데이터베이스와 데이터웨어하우스는 모두 정형화된 데이터들을 저장하고 관리한다는 점에서 공통점을 갖는다. 이들 데이터베이스들이 사용되는 용도가 다르고 저장되는 데이터의 종류와 형태도 다르기는 하나 데이터베이스에 저장된 데이터들은 모두 관계형 데이터베이스 관리 시스템이 처리할 수 있는 정형화된 숫자나 문자로 표시가 가능한 데이터들이다. 그러나 빅 데이터는 이러한 정형화된 형태를 띠는 경우보다는 비정형화된 형태를 띠는 경우가 더 많다.

조직 내부 데이터의 경우에도 정형화된 데이터들은 개략적으로 조직에서 발생하는 전체 데이터들 중에서 20%미만이며, 80% 이상의 대부분의 데이터들은 문서나 서류, 이미지, 동영상 등의 비정형화된 데이터들이라고 분석되고 있다. 이러한 점에서 볼 때, 일반적으로 데이터 관리에서 다루는 데이터들은 실제 조직 전체적으로 발생하는 데이터들 중에서 일부분이라고 할 수 있다. 물론 20/80 법칙에서와 같이 20%의 데이터가 조직 전체적으로 볼 대 80%만큼 중요할 수도 있다. 이러한 점에서 정형화된 데이터의 관리는 기업 데이터 관리의 핵심이라고 할 수 있다. 그러나 정형화된 데이터 관리가 정착됨에 따라 보다 차별적인 데이터 관리를 위해서 기존의 관계형 데이터베이스로 처리하기가 쉽지 않은 비정형 데이터나 대용량 데이터와 같은 빅 데이터에 대한 관심이 증대하는 것은 자연스러운 현상이다.

빅 데이터 중에서 조직 내부 데이터 관리와 연관하여 이전부터 연구되어 온

분야가 비정형 데이터 관리이다. 이러한 점에서 먼저 전통적으로 이루어져 온 비정형 데이터 관리를 살펴본 후, 최근 그 관심이 증대하고 있는 다른 형태의 빅 데이터들에 대하여 살펴본다.

9.1. 비정형 데이터 관리(Unstructured Data Management)

비정형화된 데이터들은 통상적으로 콘텐츠 관리 시스템에 의하여 관리되어 왔다. 콘텐츠 관리 시스템은 어디서 만들어지는 콘텐츠들을 관리하느냐에 따라 웹 콘텐츠 관리 시스템(Web Contents Management System)과 기업 콘텐츠 관리 시스템(Enterprise Contents Management System)으로 구분된다. 웹 콘텐츠 관리 시스템은 조직의 외부인 인터넷 공간에서 콘텐츠를 생성하고, 게시하고, 검색하고, 관리하는 기능을 수행하며, 기업 콘텐츠 관리 시스템은 조직의 내부에서 업무 처리 문서나 자료들을 생성하고, 결재하고, 전달하고, 검색하고, 관리하는 기능을 수행하는 콘텐츠 관리 시스템이다. 이들 간략한 소개에서도 알 수 있는 바와 같이, 콘텐츠 관리 시스템은 데이터의 관리뿐만이 아니라 데이터의 생성이나 유통(즉, 전달이나 게시) 등을 지원하는 기능들을 포함한다. 이는 콘텐츠가 정형화된 데이터와 비교하여 생성하는 과정이 복잡하고 시간이 오래 걸리며 노력이 많이 들기 때문이며, 사용자들은 콘텐츠의 관리뿐만이 아니라 콘텐츠를 쉽게 생성하고 유통할 수 있도록 지원하는 기능들도 같이 필요로 한다.

데이터 관리 기술이 발달함에 따라 콘텐츠들을 관리할 뿐만이 아니라 콘텐츠 속에 포함되어 있는 다양한 정보들을 분석하고 검색하는 요구가 증대하고 있는데, 이들 분야가 정보 검색, 텍스트 분석(Text Analytics) 등의 분야이다.

9.1.1. 정보 검색(Information Retrieval, Enterprise Search)

정보 검색은 문서관리, 도서관학 등에서 발달한 분야로서 검색의 대상물인 콘텐츠 중에서 검색자가 찾는 유용한 콘텐츠들을 검색하는 것을 목적으로 한다. 정보 검색이 데이터 검색과 가장 다른 점은 데이터 검색은 검색하고자하는 조건을 정확하게 충족시키는 데이터들을 검색하는 것인데 반하여, 정보 검색은 검색조건과 유사한 것으로 판단되는 콘텐츠를 검색한다. 전자를 Exact matching 이라고 하고 후자를 Fuzzy matching 이라고 한다.

- Exact matching: 검색하고자 하는 조건과 정확하게 일치하는 것들만을 검색하는 방법이다. 조금이라도 검색조건과 다른 것들은 검색되지 않는다. 예를 들면 검색조건이 주소에 '서울특별시'가 포함된 고객들을 검색하고자 하는 경우, 주소가 '서울시'나 '서울특별시' 등으로 기록된 고객들은 검색조건을 충족시키지 않는 것으로 판단되어 검색되지 않는다.

- Fuzzy matching: Probabilistic matching이라고도 하며, 검색하고자 하는 조건을 충족시키는 것으로 추정되는 대상물을 검색하는 방법이다. 예를 들면 주소가 '서울특별시'인 고객들을 검색하고자 하는 경우, 주소가 '서울시'나 '서울특별시'로 기록된 고객들도 검색조건을 충족시키는 것으로 판단하여 검색한다. 그리고 주소가 '대한민국'으로 기록된 고객도 확률은 낮으나 역시 서울특별시에 거주할 가능성이 있는 고객들로 판단하여 같이 검색한다. Fuzzy 또는 Probabilistic matching에서는 검색조건을 만족시킬 확률을 계산하여 확률이 높은 것부터 순차적으로 검색결과를 제시한다.[1]

정보 검색은 콘텐츠 자체를 검색하거나 또는 콘텐츠에 대하여 부여된 색인(즉, 키워드 등)을 검색하는 방법으로 대별할 수 있다.

---

1) 순차적으로 정보 검색결과를 제시하는 가장 대표적인 정보 검색 시스템이 구글(google)이다 (http://www.google.co.kr).

- 콘텐츠가 전자메일 등과 같이 텍스트로 구성되어 있을 경우, 콘텐츠 자체를 검색하는 것을 자연어 검색이라고 한다. 자연어 검색의 경우에는 앞의 Fuzzy matching에서 언급한 것처럼 입력된 검색어만이 아니라 동의어, 유사어, 협의어, 광의어 등과 같이 연관된 단어들을 포함하는 콘텐츠도 같이 검색한다.

- 키워드(keyword) 검색은 콘텐츠의 내용을 설명하는 키워드를 부여하고, 사용자가 입력한 검색 키워드와 콘텐츠를 설명하는 키워드를 비교하여 검색하는 방법이다. 키워드 검색을 위해서는 모든 콘텐츠에 대하여 키워드를 부여하는 색인 작업이 이루어져야 한다. 검색 키워드와 색인 키워드를 비교할 경우에도, 동의어, 유사어, 협의어, 광의어 등을 고려하여 검색하고자 하는 키워드와 유사한 키워드로 색인된 콘텐츠들도 같이 검색한다.

정보 검색에서 가장 큰 관심은 검색대상인 전체 콘텐츠들 중에서 사용자들이 찾고자 하는 유용한 콘텐츠들만을 검색하는 방법을 찾는 것이다. 〈표 9-1〉에서 보는 바와 같이, 검색된 콘텐츠들 중에는 사용자가 판단하기에 유용하지 않은 콘텐츠가 포함될 수 있다. 이를 잘못된 검색(false alarm, false positive) 또는 유형1 오류(type I error)라고 한다. 그리고 실제로는 유용한 콘텐츠가 검색되지 않을 수도 있다. 이를 잘못된 누락(missing, false negative) 또는 유형 2오류(type II error)라고 한다.[2]

<표 9-1> 정보 검색 결과의 분류

		검색 결과	
		검색됨	검색되지 않음
정보 요구에 대한 개체의 적합성	적합	올바른 검색	유형2 오류 (잘못된 제외)
	부적합	유형1 오류 (잘못된 검색)	올바른 제외

2) Probabilistic matching에서는 검색조건을 만족할 가능성이 확률로 표시된다. 따라서 유형1 오류나 유형2 오류는 일정 개수의 상위 콘텐츠들이 검색된다고 가정하여 계산한다.

9.1.2. 텍스트 분석(Text Analytics)

텍스트분석은 문서나 서류, 전자메일, 메시지 등과 같은 조직이 보유한 여러 종류의 콘텐츠 및 외부 이해관계자들의 텍스트 중에서 유용한 정보를 찾는 활동이다. 비즈니스 인텔리전스가 기업 내부 및 외부의 정형화된 데이터들로부터 분석 정보를 도출해 내는 것이라고 하면, 텍스트 분석은 비정형화된, 주로 문자로 표현된 데이터들로부터 분석 정보를 도출해 내는 것이다.

텍스트 분석이 정보 분석의 중요한 주제로 대두한 것은 최근 소셜 네트워크의 확장과 무관하지 않다. 기업의 고객이나 공공 기관의 이용자들은 서로 특정 제품이나 서비스에 대한 자신들의 경험이나 정보를 공유한다. 이러한 정보공유는 해당 제품이나 서비스의 평가 및 인지도에 큰 영향을 미친다. 따라서 이들 고객이나 이용자들이 서로 교환하는 콘텐츠들로부터 유용한 정보를 분석해 내는 것이 매우 중요하게 되었으며, 이를 텍스트 분석이라고 한다. 이러한 텍스트 분석을 통해서 고객들이 현재 가지고 있는 자사 제품에 대한 불만 사항이나 주요 이슈들을 찾아낼 수 있다. 텍스트 분석은 외부의 고객이나 이용자들에게만 국한된 것은 아니다. 내부 사원들이 서로 교환한 문자나 메일, 보고서, 문서 등에 대해서도 텍스트 분석을 함으로써, 사원들의 불만사항이나 퇴사를 생각하고 있는 사원 등을 사전에 감지할 수 있다.

텍스트 분석은 주로 문서나 서류, 웹상에서 공유되고 있는 텍스트 등과 같은 조직 내부 및 외부의 텍스트들을 대상으로 한 정보 분석 활동이다. 따라서 이는 기존의 정형화된 데이터들을 대상으로 하는 정보 분석의 범위를 확대하며, 최근 정보 분석의 중요 과제로 등장하고 있는 빅 데이터 분석의 한 영역이다.

9.2. 빅 데이터의 종류

빅 데이터는 이전의 관계형 데이터베이스가 관리하고 분석하기에는 너무 큰 데이터들을 통칭한다. 일반적으로 멀티미디어 데이터, 콘텐츠 등으로 분류되어 온 데이터들로써 정형화된 데이터 관리와는 다른 영역에서 관리되어 온 데이터들을 모두 포함한다. 빅 데이터는 현재의 관계형 데이터베이스를 사용하여 분석하기에는 쉽지 않은 데이터들을 모두 포함하는데, 구체적으로는 앞에서 소개한 비정형데이터를 포함하여, 사람 간 데이터(웹 및 쇼셜미디어 데이터), 기계 간 데이터, 대량 트랜잭션데이터 등이 있다. 이들 빅 데이터들은 정형 데이터와 비교하여 다음과 같은 특성을 가진다.

- 데이터 량(Volume): 빅 데이터는 대부분의 경우 매우 크다. 대부분의 빅 데이터들은 1조 바이트(terabytes) 이상의 크기들이다.
- 다양성(Variety) 빅 데이터는 다양한 비정형 데이터들을 포함한다. 예를 들면, 메일, 오디오, 비디오, 로그파일, 스트림 데이터 등을 포함한다.
- 속도(Velocity): 데이터의 발생 속도가 매우 빠르기 때문에 분석 속도 또한 빨라야 하는 경우가 대부분이다.

9.2.1. 비정형데이터

비정형 데이터는 앞에서 자세히 소개되었다. 이들 데이터들은 대부분 사람들이 생성한 데이터들로서 관계형 데이터베이스의 검색기능으로는 분석하기가 쉽지 않은 데이터들이다.

9.2.2. 사람 간 데이터(웹 및 소셜미디어 데이터)

최근 웹을 통한 소셜 네트워킹은 개인들 사이의 정보 교환을 활성화시킬 뿐만 아니라 기업이나 공공 기관들의 형태를 변화시키고 있다. 거의 모든 인터넷 이용자들은 거의 매일 SNS(Social Network Services) 사이트를 방문하며, 이들 사이트를 통하여 다양한 정보들을 서로 교환하고 획득한다. 대표적인 예로서 페이스북, 트위터, 카카오톡, 네이버 라인 등을 통한 정보의 교환이나 의견 제시, 경험담 등은 기업이나 조직이 제공하는 제품이나 서비스의 평을 결정하는 중요한 정보 원천이다. 이전에는 특정 업무 담당자들이 (예를 들면 기업의 마케팅 담당자, 제품 개발 담당자, 공공 기관의 대민업무 담당자 등) 추가적인 정보 판단을 위하여 이들 데이터들을 개괄하여 살펴보곤 하였다. 그러나 최근에는 이들이 제품이나 서비스의 성공에 미치는 이들의 영향이 매우 커짐에 따라 이들을 전문적으로 분석하고 보고하는 전문적인 서비스가 필요하게 되었다.

소셜미디어 데이터는 기업이나 조직이 공식적으로 획득하여 사용하는 데이터들과 비교하여 전혀 다른 데이터이며, 따라서 다음과 같은 점에서 매우 가치가 높다.

- 쇼셜미디어 데이터를 분석함으로써 개인들 사이에서 무슨 정보들이 교환되는가를 파악할 수 있을 뿐만이 아니라 유사한 관심을 갖는 고객 집단 또한 파악할 수 있다. 예를 들면, 유모차에 관심이 있는 사람들의 카페는 유모차 회사의 입장에서 보면 목표 고객 집단을 식별할 수 있는 주요한 채널이다. 이와 같이 소셜미디어 데이터를 분석함으로써 일상적인 고객관계관리(Customer Relationship Management)나 마케팅 리서치 등을 통해서는 쉽게 찾을 수 없는 관심집단을 쉽게 찾을 수 있다.
- 공식적인 정보 획득 채널을 통해서는 쉽게 획득할 수 없는 데이터들을 얻을 수 있다. 예를

들면, 고객의 취미, 애완동물의 소유 여부, 고객의 친구들 등과 같이 공식적인 설문조사나 전화 상담 등에서는 쉽게 얻을 수 없는 데이터들을 페이스북이나 미니 홈피 등을 방문함으로써 확인할 수 있다.

그러나 소셜미디어 데이터는 공식적으로 획득된 데이터들과는 달리 개인적인 데이터를 포함하기 때문에 이들 데이터를 정보 분석에 활용할 경우에는 다음과 같은 추가적인 고려가 필요하다.

- 페이스북이나 미니 홈피에 저장된 데이터, 또는 트위트, 문자메시지 등을 통하여 나눈 개인적인 의견들은 많은 경우 개인정보에 해당한다. 따라서 이들 정보를 기업이나 조직의 의사결정에 사용할 경우에는 해당 데이터들이 개인정보보호법에 저촉되지 않는지 검토가 필요하다.

- 소셜미디어 데이터는 소셜 네트워킹 사이트를 통하여 공유되는 데이터들이다. 따라서 이들은 해당 사이트를 접속하는 집단의 의견이다. 그리고 해당 집단 중에서도 의견을 주도하는 그룹(opinion leaders)의 견해가 많이 반영된 데이터들일 수 있다. 따라서 이들 데이터를 마케팅 리서치 등에 사용할 경우에는 이들 데이터가 전체 집단을 잘 반영하지 않을 수 있다는 점을 동시에 고려해야 한다. 예를 들면 특정 연령층의 고객들은 SNS를 사용하지 않을 수 있다. 그리고 특정 사이트의 사용자들은 특정 의견에 편향된 집단일 수 있다. 따라서 이들 데이터를 전체 고객들의 의견으로 일반화하기 위해서는 추가적인 분석이 필요하다.

- 소셜 데이터는 내부 데이터들과 비교하여 정확성이 매우 낮다. 예를 들면, SNS의 사용자들은 계정 등록 시 성별이나 나이 등을 표시하지 않을 수 있다. 그리고 이때 등록한 나이가 실제 나이와 다를 수 있다. 따라서 이들 데이터를 실제로 활용하기 위해서는 추가적인 검토가 필요하다.

9.2.3. 기계 간 데이터

빅 데이터의 사례로써 가장 많이 언급되는 것이 고객의 위치 정보를 활용한 광고나 분석이다. 고객의 현재 위치에 적절한 광고를 고객이 소지한 개인용 단말기(예: 핸드폰, PDA 등)로 내보내거나, 매장 안에서 고객들의 행동 동선을 활용하여 제품 진열을 변경하는 것들이다. 이러한 위치 정보의 활용은 개인이 소지한 단말기나 쇼핑 카트 등의 위치를 자동적으로 수집할 수 있게 됨으로서 가능하게 되었다.

위치 정보 데이터들은 단말기와 위치 정보를 파악하는 센서들 사이의 기계 간 통신을 통하여 수집된다. 즉, 사람의 참여 없이 기계간 통신을 통하여 데이터들이 수집되며, 이들을 분석함으로써 유용한 정보를 수집할 수 있다. 위치 정보 식별을 위하여 사용되는 기술들을 개략적으로 살펴보면 다음과 같다.

- 이동통신 기지국: 이동통신 서비스가 제공되는 전체 지역을 셀(cell) 단위로 구분하여 기지국을 설치하고, 이동통신 전화기들이 이들 기지국에 접속함으로써 전체 통신망에 접속한다. 이동통신 서비스 제공업체는 이동통신 전화기와 기지국과의 통신을 지속적으로 유지함으로써 각각의 전화기들이 현재 어느 기지국의 셀 안에 위치하는가를 파악하게 된다. 즉, 이동통신 전화기의 위치를 항상 파악할 수 있다. 이때 지역에 따라서 셀의 크기가 달라지기 때문에 위치 파악의 정확성 또한 달라진다. 즉, 사용자들이 많은 도시 지역에는 셀의 크기가 작으나 사용자들이 적은 교외 지역에는 셀이 커지기 때문에 파악된 위치의 정확성 또한 떨어진다.

- GPS(Global Positioning System): GPS 수신기를 내장한 단말기(최근의 스마트폰은 대부분 GPS 수신기가 내장되어 있음)들은 GPS 위성과 통신을 통하여 현재의 위치를 파악할 수 있다.

- WiFi: WiFi 기술은 이동통신 기술과 유사한 방법으로서 개인용 단말기(이동통신 단말기, PDA, 노트북 등)의 위치를 파악한다. 다만 기지국 대신에 WiFi 중계기(access point)와의

접속을 통하여 이동통신망에 접속한다. 따라서 WiFi 중계기의 위치를 통하여 이에 접속하는 개인용 단말기의 위치를 비교적 정확하게 파악할 수 있다.

- RFID: RFID 기술은 RFID 태그를 단말기나 사람이나 장비 등에 부착시키고, 이를 RFID 센서를 통하여 읽음으로써 태그가 부착된 사람이나 사물의 위치를 파악한다. 태그는 바코드와 유사한데, 일종의 마이크로칩이다. 마이크로칩에 다양한 정보를 내장시키고 이것을 센서를 통하여 읽는데, 태그를 부착한 대상물이 센서를 반드시 통과할 필요가 없으며, 센서가 읽을 수 있는 지역을 통과하기만 하여도 태그에 부착된 정보들을 읽을 수 있다. 따라서 사람, 단말기, 소포, 창고 보관 물건, 공장 내에서 생산 중인 제품 등의 임의의 대상물에 태그를 부착함으로써 이들의 위치를 파악할 수 있다. 그리고 위치뿐만이 아니라 태그에 저장된 데이터들도 실시간으로 수집할 수 있다.

위치 정보뿐만이 아니라 전기나 가스(gas)와 같은 경우에도 스마트 미터기를 장착함으로써 개인이 미터기를 읽지 않아도 미터기의 정보를 기계적으로 수집할 수 있으며, 이를 통하여 사용량이나 사용 속도들을 자동으로 파악할 수 있다.

이상에서 살펴본 바와 같이 이들 기계 간 데이터들은 센서들이 자동으로 데이터를 수집하기 때문에 24시간 내내 정보 수집과 정보 분석이 가능하다. 그러나 기계 간 데이터를 통하여 개인의 위치 정보를 파악할 때는 프라이버시를 침해하지 않도록 추가적인 고려가 필요하다.

- 고개의 위치 파악이 해당 고객의 프라이버시를 침해하지 않도록 관련 법규를 준수해야 한다.
- 종업원의 위치 파악은 법적으로 꼭 필요한 경우에만 이루어져야 하며, 위치 정보 파악 이외의 대안이 없는 경우에만 이루어져야 한다. 해당 종업원에 대한 모니터링은 비록 종업원 고용 조건의 하나로 동의하였다고 하여도 법적으로 불법인 경우가 대부분이다.

• 스마트 미터기를 사용할 경우에는, 이를 통하여 거주자가 실제로 거주하는 가를 파악할 수 있기 때문에 이러한 정보가 개인의 프라이버시를 침해하는 데 사용되지 않도록 해야 한다.

9.2.3. 대량 트랜잭션 데이터

트랜잭션 데이터들은 기업 정보시스템의 핵심요소로써 거래 처리 시스템을 통하여 대부분 운영 데이터베이스에 저장된다. 따라서 대부분의 트랜잭션 데이터들은 빅 데이터가 아니다. 그러나 데이터양이 너무 많아서 거래 처리 이후에는 운영 데이터베이스에 저장되지 않고 사장되는 데이터들도 있는데, 이들이 여기서 언급하는 대량 트랜잭션 데이터이다. 즉, 데이터양이 너무 많아서, 즉 트랜잭션의 수가 너무 많아서, 정보 분석에 활용되지 못했던 데이터들이다. 종래의 데이터웨어하우스가 이들을 트랜잭션 사실 데이터로 저장하여 분석하기에는 양이 너무 많아 처리하지 못했던 데이터들인데, 대표적인 예로서는 통신 내역, POS 데이터, 보험 청구 데이터 등이 있다.

가. 통신 내역 데이터(CDR: Call Detail Records)

가장 대표적인 대량 트랜잭션 데이터는 통신 내역 데이터이다. 통신 내역 데이터는 각 교환기에서 만들어지는 상세한 통신 내역에 관한 데이터로서 각각의 교환기가 자동으로 생성하는 데이터들이다. 이들 데이터들은 1초에 몇 십만 건씩 발생하는 데이터들이다. 이들 데이터들은 보통 실시간으로 검증되어 요금부과를 위하여 사용된 후, 정산된 요약 데이터들만 운영 데이터베이스에 저장된다. 그리고 이들 원천 데이터들은 별도로 보존하였다가 폐기한다.

나. POS(Point of Sale) 데이터

POS 데이터는 소매업에서 가장 기본적인 트랜잭션 데이터이다. POS는 건당 팔린 상품의 수량, 가격, 지불 방법(신용카드, 카드의 종류, 현금 등), 거래 시각, 구매자(회원일 경우) 등의 각 거래에 대한 모든 상세한 정보를 포함한다. 따라서 이들 POS 데이터는 소매 정보시스템의 핵심 데이터이며, 이후 다양한 정보 분석을 위해서 활용된다.

이들 POS 데이터들을 취합하여 제품 분석이나 개발, 고객 분석 등을 위해서 활용하고자 할 경우, 여러 가지 빅 데이터 관련 이슈들이 발생할 수 있다.

- 수집되는 데이터가 전국적이거나 전 세계적인 경우 데이터양이 너무 많을 수 있다.
- 각 소매점들이 동일한 제품을 서로 다른 제품 번호로 판매할 수 있다.
- 각 소매점에서 사용하는 데이터 항목들의 내용과 형식이 서로 일치하지 않을 수도 있다.

다. 보험 청구 데이터

의료보험, 자동차보험 등과 같은 보험 청구 데이터들은 다양한 데이터들을 포함한다. 가입자가 작성한 청구서뿐만이 아니라 첨부된 진단서, 확인서 등의 다양한 부속서류들을 포함한다. 이들 부속서류들은 대부분이 문서나, 이미지, 사진 등과 같은 비정형 데이터들이다. 그리고 사건이나 사고와 관련된 기사나 목격자 등과 같은 제3의 정보가 필요할 수도 있다. 그리고 최근에는 소셜미디어를 통하여 공개되는 피보험자나 사건 관련인에 대한 정보들도 보험 청구 데이터 분석에 도움이 될 수 있다.

9.3. 빅 데이터 처리 기술

빅 데이터가 데이터 관리의 관심 대상으로 등장하게 된 것은 이에 대한 처리 기술의 발달과 무관하지 않다. 기존의 관계형 데이터베이스에서 처리할 수 없 었던 대량 트랜잭션 데이터, 기계 간 데이터 및 소셜미디어 데이터 등을 처리 할 수 있게 됨으로써 비로소 빅 데이터가 업무 담당자들의 관심을 얻게 되었 다. 처리할 수 없는 데이터는 아무리 가치가 있어도 그 가치를 활용할 수 없다.

빅 데이터분석은 기본적으로 분산처리를 기본으로 한다. 즉, 엄청나게 많은 대량의 데이터를 거의 실시간으로 처리해야 하기 때문에 하나의 서버가 모든 처리를 담당하기에는 불가능한 경우가 대부분이다. 여기서 가장 중요한 점이 데이터 처리를 거의 실시간으로 처리한다는 것이다. 종래의 비즈니스 인텔리 전스 프로그램들도 데이터웨어하우스에 저장된 대량의 데이터를 처리하여 의 미 있는 결과를 도출하여 사용자들에게 제시한다. 그러나 데이터웨어하우스에 저장된 데이터들은 대부분 가공 처리되어 적재된 데이터들이며, 바로 발생한 데이터들이 아니다. 따라서 이들 데이터의 처리 또한 계획된 스케줄에 따라 단 일의 서버에서 처리하는 것이 가능하였다. 그러나 실시간으로 발생하는 다양 한 형식을 가진 대용량의 빅 데이터들을 거의 실시간으로 처리하여 의미 있는 결과를 도출하여 저장하고 사용하기 위해서는 계획된 스케줄에 따라 하나의 서버에서 모든 작업을 처리하는 것이 거의 불가능하다. 따라서 여러 개의 서버 들을 연결하여 분산처리하는 기술들을 채택한다. 이러한 점에서 볼 때 빅 데이 터 처리 기술의 특성을 요약하면 다음과 같다.

- 확장성: 데이터를 처리하는 서버의 수를 수십에서 수백, 수천으로 확장할 수 있어야 하며, 데이터를 발생시키는 서버나 기계들의 수들 또한 수천, 수만으로 확장할 수 있어야 한다.

- 안전성: 데이터의 유실 없이 안전하게 처리해야 한다.

- 실시간성: 수집된 데이터를 실시간으로 반영하여 처리해야 한다.

- 유연성: 다양한 형식의 데이터를 모두 처리할 수 있어야 한다.

이하에서는 대표적인 빅 데이터 처리 기술들을 개략적으로 소개한다.

9.3.1. 하둡(Hardoop)

하둡은 가장 대표적인 분산파일 시스템이다. 아파치(Apache) 재단의 공개 소프트웨어인 하둡은 대부분 저비용의 범용 서버를 사용하며, 데이터들을 고정 크기의 블록으로 나누어서 저장한다. 따라서 대량 데이터들을 분산하여 처리하는 대표적인 공개 소프트웨어로 활용되고 있다. 하둡을 포함한 거의 모든 분산 저장시스템들은 다음과 같이 불규칙적인 현상이 발생하는 상황에서 실시간으로 대용량 데이터 처리를 위하여 개발된 소프트웨어이다.[3]

- 하드웨어 오동작: 하드웨어 수가 많아지면 그 중에 일부 하드웨어의 오동작은 항상 발생할 수 있다. 따라서 이런 상황에서 빨리 자동으로 복구하는 것이 HDFS의 중요한 목표다.

- 스트리밍 자료 접근: 실시간 발생하는 스트리밍 데이터들을 항상 효과적으로 처리할 수 있도록 시간당 처리량에 최적화되어 있다.

- 큰 자료 집합: 기가바이트나 테라바이트 정도의 큰 파일을 처리할 수 있도록 설계되었다. 자료 대역폭 총량이 높고, 하나의 클러스터에 수백 개의 노드를 둘 수 있다. 하나의 인스턴스에서 수천여 개의 파일을 지원한다.

---

3) http://ko.wikipedia.org/wiki/하둡

- 간단한 결합 모델: 한 번 쓰고 여러 번 읽는 모델에 적합한 구조이다. 파일이 한 번 작성되면 바뀔 필요가 없는 경우에 효과적이다. 이렇게 함으로써 처리량을 극대화할 수 있다.

- 자료를 옮기는 것보다 계산 작업을 옮기는 것이 비용이 적게 든다: 자료를 많이 옮기면 대역폭이 많이 들기 때문에 네트워크 혼잡으로 인하여 전체 처리량이 감소한다. 가까운 곳에 있는 자료를 처리하게 계산 작업을 옮기면 전체적인 처리량이 더 높아진다.

- 다른 종류의 하드웨어와 소프트웨어 플랫폼과의 호환성: 서로 다른 하드웨어와 소프트웨어 플랫폼들을 묶어놓아도 잘 동작한다.

하둡은 다음 그림에 예시된 바와 같이, 분산파일 시스템인 HDFS(Hadoop Distributed File System)과 이들 데이터들을 처리하는 MapReduce 프로그래밍 모형 및 관련 구성요소들로 이루어진다.[4]

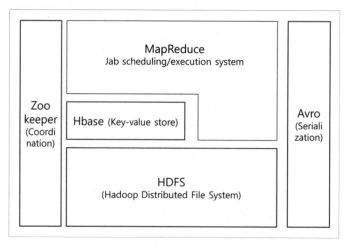

<그림 9-1> 하둡의 핵심 구성요소들

---

4) Krishnan, K., *Data Warehousing in the Age of Big Data*, Morgan Kaufmann, 2013, p. 54.

9.3.2. HDFS (Hardoop Distributed File System)

하둡 프레임워크에서 데이터들은 여러 개의 파일에 분산되어 처리되는데 이들 파일들의 분산처리구조가 HDFS 파일 시스템이다. HDFS 파일 시스템은 대용량 데이터 처리를 목적으로 한다.

- 대용량 데이터 처리를 목적으로 한다.
- 데이터를 읽어 들이면서 바로 처리하는 스트리밍 데이터 처리(streaming data processing)를 목적으로 한다.
- 범용의 분산 컴퓨터에서 특수한 장비의 제한 없이 처리될 수 있도록 한다.

빅 데이터를 여러 개의 파일로 분할한 후 이를 분산하여 병렬로 처리하기 위해서 HDFS는 분산된 개별 파일들을 처리하는 여러 개의 (보통 수천 개의) 하위 컴퓨터들로 구성되는데, 이들 하위 컴퓨터들은 전체 파일의 일부분인 데이터들을 저장하고 처리한다.

9.3.3. MapReduce

대용량의 데이터를 효과적으로 처리하기 위해서는 분산 데이터 처리가 필요하다고 하였다. 이와 같이 1개의 데이터 파일을 여러 개로 분할하여 병렬처리하기 위해서는 데이터를 분할하고 처리된 결과를 다시 합치는 방식으로 처리해야 하는데, 이를 위해서 고안된 병렬처리 프로그램이 MapReduce이다. MapReduce의 데이터 처리 아키텍처를 개략적으로 살펴보면 〈그림 9-2〉에 예시된 바와 같이, 입력 데이터들이 여러 개의 파일로 맵핑(mapping)되어 처리되며, 처리 결과를 다시 결합하여 전체적인 분석 정보를 산출한다. MapReduce는 구글에서 고안하여 사용하는 프로그램 모델인데 하둡 파일들을 여러 개의 작은 파일들로 분할한 후 (Map() 함수) 이들 파일들을 처리한 결과를 취합하는 방법으로 (Reduce() 함수) 다량의 데이터를 효과적으로 처리한다.

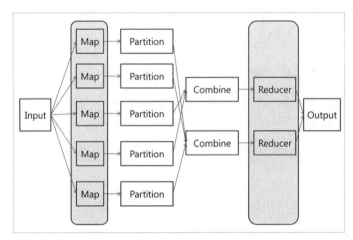

<그림 9-2> MapReduce

9.3.4. NoSQL(Not only SQL)

NoSQL은 다양한 형태의 데이터를 빨리 처리하기 위해서 제안된 경량 오픈 소스 관계형 데이터베이스들을 총칭하는 이름이다. 즉, 관계형 데이터베이스의 기본 구조를 따르며 SQL을 사용할 수 있으나, 관계형 데이터베이스의 엄격한 무결성 법칙들은 적용되지 않는다. 따라서 NoSQL 데이터베이스는 실시간 웹 애플리케이션이나 빅 데이터와 같이 데이터의 무결성이 엄격하게 요구되지 않는 상업적 이용에 널리 쓰인다. NoSQL 계열에 포함되는 DBMS에는 hbase, cassandra, MongoDB, Cloudata 등 다양한 제품들이 있으며, 분산 병렬처리에 적합한 확장성과 고성능 I/O를 제공한다.

9.3.5. HIVE

HIVE는 MapReduce 작업을 쉽게 수행할 수 잇도록 지원해 주는 질의 엔진이다. 즉, Hive는 분할된 파일들을 사용해서 Filtering, Join, Grouping 등의 데이터 검색 기능을 효과적으로 수행할 수 있도록 하는 SQL보다 경량화된 검색엔진이다.

9.3.6. R

R은 오픈 소스 통계패키지이다. SAS나 SPSS와 같이 다양한 통계분석 및 기계 학습(machine learning) 기능을 제공하며, 오픈 소스이기 때문에 빅 데이터 분석 등에 많이 사용되고 있다. 특히 대용량 데이터 처리 및 관리, 그래픽 기능들이 우수한 것으로 평가된다.

9.4. 빅 데이터 분석의 활용 분야

빅 데이터 분석은 다양한 분야에서 적용 될 수 있다. 이들 적용 분야들 중에서 가장 대표적인 사례를 중심으로 활용 가능성을 제시한다.[5]

9.4.1. 의료/건강

빅 데이터의 큰 활용 분야는 의료 분야이다. 현재도 병원에서 발생하는 데이

---

5) McKinsey Global Institute, *Big data: The next frontier for innovation, competition, and productivity*, 2011.

터들은 거의 모두 디지털 데이터로 수집되고 있다. 이러한 디지털 데이터들을 모든 병원들이 서로 공유할 경우, 환자들에 대하여 매우 유용한 정보를 도출할 수 있다. 또한 환자들이 각 약국에서 구입하여 복용하고 있는 약품들도 각 약국의 데이터베이스에 저장되어 있으나 이들 데이터들은 병원 데이터와 연결되어 있지 않은 경우들이 대부분이다. 그리고 무엇보다도 수면 시간, 좋아하는 음식, 음주량, 운동 빈도 및 시간, 흡연 여부 등과 같은 개인들의 생활 패턴이나 행동 양태들은 이러한 의료 데이터들과 결합되지 않고 있다. 따라서 만약 우리가 정기건강검진 등을 통해서 수집하는 문진표나 소셜에 공개된 개인의 성격이나 행동 양태들에 대한 데이터들을 수집하여 의료데이터와 결합하여 활용할 경우, 매우 유용한 정보를 도출할 수 있다.

의료/건강 분야에서 빅 데이터 활용 분야로서 제시되고 있는 내용들을 개략적으로 예시하면 다음과 같다.

- 비교 효과성 연구(CER: Comparative Effectiveness Research): 환자와 치료 방법에 대한 모든 데이터를 분석함으로써 특정 환자들에게 어느 치료 방법이 가장 효과가 있는지를 파악할 수 있다. 환자 치료의 경우 병원별로 또는 지역이나 환자별로 치료 효과가 매우 다른 것으로 연구되고 있다. 따라서 이들 모든 데이터들을 취합하여 종합적으로 연구 분석함으로써 가장 비용 효과적인 치료 방법을 찾을 수 있으며, 과잉 치료 등을 방지할 수 있다. 그러나 이를 위해서는 각 치료 기관들이 보유하고 있는 데이터들을 결합하여 상호 연동할 수 있어야 하는데 이를 위해서는 의료 데이터들에 대한 표준화가 선행되어야 한다. 우리나라에서는 건강보험심사평가원, 국민건강보험공단 등이 비교 효과성 연구를 진행하고 있다.

- 처방 의사결정지원 시스템: 의사들의 처방을 의료 가이드라인과 비교 분석함으로써 의약품 부작용(ADR: Adverse Drug Reaction) 등을 초래할 수 있는 잠재적인 오류를 찾아내어 방지할 수 있다. 이러한 처방 의사결정지원 시스템은 이미 어느 정도의 효과를 실현하고 있는 것으로 연구되고 있다. 더 나아가서 환자의 X-ray나 CT, 의료 기록카드 등을 근거로

자동으로 연관된 의료 연구보고서들을 마이닝 기법을 통하여 추출함으로서 의사의 처방을 자동으로 도와주는 의사결정지원 시스템 등을 생각할 수 있다.

• 개인화 약품 개발: 환자의 유전적 특성, 특별한 질병에 대한 소인, 약품에 대한 반응 등을 고려하여 특정 환자에게 가장 최적화된 약품을 개발하여 투약할 수 있다. 이러한 개인화 약품들은 현재 실험실 수준에서 개발되고 있으면 상당히 효과적인 것으로 평가되고 있다. 평균적으로 개인들이 복용하는 약들 중에서 특정 개인에게는 효능이 나타나지 않는 약의 비율은 30~70%인 것으로 추정되고 있다. 따라서 만약 개인화 약품을 개발하면 현재 낭비되고 있는 30~70%의 투약비를 절감할 수 있을 것으로 예상된다.

9.4.2. 공공 서비스

정부기관 및 지방 자치단체들의 대국민서비스는 경제성장 및 사회발전과 더불어 계속 증가하고 있다. 이와 동시에 전 세계적으로 모든 국가들은 정부 예산을 절감하지 않을 수 없는 상황이다. 이와 같이 공공 서비스 증가 요구와 예산 절감을 동시에 충족시키기 위해서는 공공 서비스의 생산성을 향상시켜야 하는데 이를 위한 대안 중의 하나가 빅 데이터를 활용하는 것이다. 각 정부기관들과 지방자치단체들이 소유하고 있는 방대한 데이터를 공개하고 이를 타기관의 업무 담당자와 시민들이 접근하여 사용할 수 있도록 함으로써 자료 입력, 검증 등에 소요되는 많은 시간과 노력을 절감할 수 있으며, 공공 업무의 생산성 향상을 실현할 수 있다.

유럽연합에서의 사례 조사에 의하면, 세금 및 노동 분야에서 빅 데이터 활용은 약 15~20%의 생산성을 향상시키는 것으로 연구되고 있다. 공공 분야에서 빅 데이터 활용으로 인한 기대 효과들을 나열하면 다음과 같다.

- 공공 데이터 공개: 정부기관 및 지방자치단체들은 시민과 기업들에 대하여 많은 데이터들을 수집한다. 이들 공공 데이터(public sector databases)를 다른 공공 기관이나 일반 사용자들이나 기업들이 접근할 수 있도록 허락할 경우 굉장한 생산성 향상을 기대할 수 있다. 예를 들면, 우리나라의 연말정산간소화서비스는 각 공공 기관, 금융기관 및 연관 기관들이 보유한 연말정산에 필요한 자료들을 찾아서 자동으로 채워준다. 그러면 각 개인들은 자동으로 채워지지 않은 자료들만 추가하면 되기 때문에 연말정산 자료를 작성하는 데 많은 시간과 노력을 절감할 수 있다. 더욱 많은 공공 데이터들을 개인이나 기업들이 자유롭게 사용할 수 있도록 공개할 경우 이들 데이터들을 서로 결합하여 다양한 서비스 기회를 창출할 것으로 예상된다.

- 정보 공개: 서로 유사한 기능을 수행하는 다양한 공공 기관들의 현황 및 실적들을 공개하는 것을 정보 공개라고 한다. 대표적인 정보 공개로서 우리나라에서는 각 교육기관(대학교, 고등학교, 중학교, 초등학교)들이 학생 현황, 재정 현황 및 각종 지표들을 공개하고 있다. 이러한 지표들을 공개함으로써 각 교육기간들은 보다 나은 교육 환경을 조성하도록 압력을 받게 되며, 이는 곧 교육기관들의 생산성 향상으로 이어지고 있다. 마찬가지로 다른 공공 기관들이 제공하는 서비스나 생산성에 대해서도 정보를 공개할 경우, 이들 기관들의 생산성 향상을 기대할 수 있다. 즉, 공개적으로 비교.받게 됨으로써 공공 분야의 행정가들은 각 서비스 및 서비스 제공자들의 성과와 생산성을 비교하고 평가하지 않을 수 없는 환경에 처하게 되며, 이는 곧 생산성 향상으로 이어질 것으로 예상된다.

- 차별화된 서비스를 위한 시민 세분화: 공공 서비스의 가장 큰 특징 중의 하나가 모든 시민들에게 균질한 서비스를 제공하는 것이었다. 이는 공공 서비스가 갖는 보편성에 기인하기도 하지만, 모든 국민들의 차별적인 요구를 반영하기 어려웠기 때문이라고도 할 수 있다. 그러나 빅 데이터를 활용함으로서 전체 시민을 유사한 특징을 갖는 집단으로 세분화함으로써 이들 세부 집단별로 차별화된 서비스를 제공할 수 있게 되었다. 이러한 공공 서비스의 차별화는 공공 서비스의 생산성 향상과 시민들의 만족으로 이어진다. 즉, 좀 더 목표 집단별 특화된 서비스 제공을 통하여 시민 만족도를 향상시킬 수 있다. 이러한 특화된 서비스가 효과적인 분야로는 고용 서비스나 복지 서비스 등을 들 수 있다. 즉, 일자리를 찾는 시민별로 특화된 서비스를 제공함으로서 서로 다른 상황에 처한 구직자들의 요구를 충족시킬 수

있으며 소요 경비 또한 절감이 가능하다. 이와 같이 복지 서비스도 대상자들의 상황을
고려하여 차별된 서비스를 제공할 경우, 수혜자의 만족도를 향상시킬 수 있으며, 낭비되는
복지 자원을 절감할 수 있다.

9.4.3. 소매/유통

빅 데이터가 가장 먼저 활용되기 시작한 분야는 무엇보다도 소매 유통분야
이다. 가장 성공적인 빅 데이터의 활용 기업 또한 인터넷 유통 기업 중의 하나
인 '아마존(Amazon)'이다. 소매 유통분야에서는 고객의 소비 패턴에 대한 분석
이 항상 관심이었으며, 이러한 소매 마케팅의 갈증을 가장 잘 해결해 줄 수 있
는 것이 고객의 상세 구매이력이다.

'아마존'은 고객들의 과거 도서구매 이력으로부터 유사한 도서를 구매한 다
른 고객들이 많이 구매한 도서를 추천함으로써 고객들로부터 좋은 반응을 얻
고 있다. 아마존의 고객들이 구매한 도서들 중에서 추천 도서가 차지하는 비율
이 30%를 넘는 것으로 분석되고 있다. 또한 타깃(Target)과 같은 대형 슈퍼마켓
들은 오프라인 매장과 온라인 매장에서의 고객의 구매이력, 매장과 고객의 거
주지와의 거리, 소셜미디어에서의 활동 데이터들을 분석하여 고객의 구매요구
를 예측하는 모형을 구축하여 활용하고 있다. 이들 모형을 활용하여 고객 맞춤
형 상품 광고를 보냄으로써 고객들이 타깃을 계속 방문하도록 유도하고 있다.
특히 임신한 미혼모에게 아기용품 전단지를 발송함으로써 부모보다도 타깃이
임신 사실을 먼저 파악한 사례는 빅 데이터 분석의 성공적인 적용 예로 언급되
고 있다.

9.4.4. 제조업

생산 공장이나 플랜트의 기계들은 실시간으로 대량의 센서정보를 발생한다. 이들 센서정보를 수집하여 과거의 고장 발생 사례들과 분석할 경우, 고장과 같은 이상 징후 발생 패턴을 찾아낼 수 있다. 또한 고객들로부터 다양한 의견을 수렴하여 이를 제품개발 등에 활용 할 수도 있다. 이와 같이 제조업에서 빅 데이터는 제품 개발부터 유지보수까지 전 과정에 도움을 줄 수 있다.

- 제품개발: 웹 환경을 통하여 고객들과 자유로이 의견을 교환할 수 있게 됨으로써 일반 사용자들의 다양한 의견을 제품개발에 반영할 수 있으며, 고객들과의 공동 개발들도 가능하게 되었다. 예를 들면 피앤지(Procter & Gamle)는 Connect and Develop 공개 혁신 프로그램을 통하여 일반 사용자 및 외부의 전문가들의 의견을 제품개발에 적극 반영하고 있다. 즉, 텍스트 분석 기법을 사용하여 외부 전문가들이나 일반 사용자들이 제시하는 무수히 많은 의견들로부터 유용한 아이디어들을 추출하고 이를 제품 개발에 적극 활용하고 있다.

- 디지털 공장: 아직 연구 단계이기는 하나 사물 인터넷(internet of things)을 통하여 서로 연결된 생산 기기와 생산 부품들이 정보를 교환하면서 전체 생산 과정을 최적화하는 인더스트리 4.0이 독일인공지능연구소를 중심으로 실험되고 있다. 인더스트리 4.0에서는 각 생산 설비들이 중앙 집중화된 시스템의 통제를 받지 않는다. 그 대신 각 기기가 개별 공정에 알맞은 것을 판단해 실행한다.[6]

- 유지보수: NEC는 대규모 플랜트 설비에 설치된 센서정보를 활용하여 설비에 문제가 발생하기 이전에 이상 징후를 검출함으로써 치명적인 사고를 미연에 방지함으로써 생산성과 품질을 향상시킬 수 있었다. 또한 고장이 발생한 부품의 센서정보를 분석함으로써 고장 발생이전의 징후를 파악할 수 있었다. 이러한 징후를 활용함으로써 다른 기계에 포함된 부품들 중에서도 유사한 정보를 발생시키는 부품들을 찾아냄으로써 고장 발생 전에 예방적으로 교체함으로써 고장 시간을 줄일 수 있었다.

---

6) 「제조업 '인더스트리 4.0' 시대」, ≪한국경제≫, 2014.01.02.

9.4.5. 교통 및 위치 정보

GPS를 활용함으로써 GPS가 장착된 모바일 기기를 사용하는 개인이나 차량들의 위치를 실시간으로 파악할 수 있다. 이러한 위치 정보를 활용함으로써 현재 각 도로에서의 주행속도를 실시간으로 파악할 수 있으며, 이를 통하여 가장 빠른 길을 내비게이션을 통하여 제공할 수 있다. 예를 들면 우리나라의 무선통신 서비스 제공사들은 SKT의 T-map을 시작으로 하여 모두 실시간 교통정보를 활용한 길찾기 기능을 제공하고 있다. 이러한 실시간 길찾기 기능은 CO_2 배출을 감소시키며, 환경 개선에 이바지하고 있다.

대표적인 위치기반 서비스들을 살펴보면 다음과 같다.

- 길안내: 모바일 서비스의 확산으로 거의 모든 내비게이션 시스템들이 실시간 정보를 반영한 길안내 서비스를 제공하게 되었다.
- 모바일 위치기반 서비스: 무선통신 단말기의 위치 정보를 활용하여 우리나라의 이동통신 서비스 제공자들은 가족이나 어린이들에 대한 안심 서비스를 보호자들에게 제공하고 있다. 또한 현재 위치 주변의 업체들에 대한 정보를 제공하는 등의 다양한 서비스들을 제공한다.
- 도시 계획 및 교통 서비스 설계: 사용자들의 위치 정보 및 이동 정보를 활용함으로서 가장 효과적인 교통 서비스를 제공할 수 있으며, 도시 계획을 수립할 수 있다. 서울시는 심야 이동객들의 분포를 조사하여 심야버스의 운행 노선 결정에 활용하고 있다.

9.5. 빅 데이터 관리의 성공요인

9.5.1. 빅 데이터 식별과 마스터 데이터 관리

빅 데이터의 종류에서 살펴본 바와 같이 빅 데이터는 소셜미디어 데이터, 대량 트랜잭션 데이터들을 포함한다. 그런데 이들 데이터에서 사용하는 식별 번호나 이름은 기업이나 조직의 내부 데이터베이스에서 사용하는 식별 번호나 이름과 같지 않은 경우가 대부분이다. 예를 들면, 전자메일이나 인터넷 카페, 페이스북 등에서 사용하는 이름은 보통 본명이 아닌 경우가 대부분이다. 그리고 문자 내용에서 언급하는 제품 이름이나 회사명들 또한 약어이거나 은어들인 경우가 많다. 따라서 이들 빅 데이터들을 분석할 때 해당 제품이나 회사, 고객이 누구인가를 바로 식별하는 것이 매우 중요하다. 또한 POS 데이터와 같은 대량 트랜잭션 데이터들을 여러 출처로부터 수집하여 함께 처리할 경우, 출처별로 사용하는 데이터 형식이나 식별 번호들이 다를 수도 있다.

이상에서 살펴본 바와 같이 빅 데이터들은 외부에서 생성된 데이터들이 많다. 따라서 이들 데이터들을 기업 정보시스템의 일부로서 분석 처리하기 위해서는 다음에 소개되는 빅 데이터 통합 활용 플랫폼이 잘 구축되어야 한다. 즉, 빅 데이터가 기업 정보시스템의 일부로서 이미 구축되어 있는 내부 데이터들과 효과적으로 통합될 수 있어야 한다.

외부에서 만들어진 빅 데이터를 내부 데이터와 통합할 경우 가장 어려운 점들 중의 하나가 위에서 언급한 식별 정보의 통합이다. 즉, 내부에서 사용하는 식별번호나 이름이 외부에서 만들어진 데이터의 식별 번호나 이름과 동일하지 않은 경우가 대부분이다. 따라서 빅 데이터에 포함된 식별 번호나 이름을 내부에서 사용하는 식별번호나 이름과 연계시켜야 하는데, 이를 위해서는 무엇보다도 먼저 내부에서 식별번호나 이름이 잘 관리되어야 하는데, 이를 위해서는 마스터 데이터 관리 시스템이 잘 구축되어 있어야 한다. 만약 내부의 마스터 데이터 관리 시스템이 잘 구축되어 있지 않아서 내부 데이터베이스에서도 식별 번호나 이름들이 서로 다르게 사용되거나 일치하지 않을 경우, 빅 데이터에 포함된 식별 번호나 이름을 제대로 파악하는 것은 거의 불가능하다. 부연하면 빅 데이터에 포함된 식별번호나 이름의 연계는 빅 데이터분석의 가장 중요한 출발점이라고 할 수 있으며, 이를 위한 가장 기초가 마스터 데이터 관리라고 할 수 있다.

9.5.2. 빅 데이터 통합 활용 플랫폼

빅 데이터 분석은 빅 데이터만 따로 분석하는 게 아니라 빅 데이터와 다른 데이터들(즉, 이미 운영 데이터베이스나 데이터웨어하우스에 저장되어 활용되고 있는 정형 데이터들)과 연계하여 분석하는 것이 효과적이다. 이에 따라 빅 데이터 아키텍처는 빅 데이터만을 위한 아키텍처가 아니라 기업의 데이터 아키텍처의 일부로 연계 통합되고 있다.

오라클과 IBM, SAP 등의 빅 데이터 플랫폼을 살펴보면 다음과 같은 특징이 있다.[7]

- 내부 데이터베이스들과 빅 데이터를 연결하는 통합 모듈을 포함한다.
- 통합된 데이터들의 분석은 데이터웨어하우스나 데이터마트, 다차원 정보 분석 등의 비즈니스 인텔리전스 솔루션을 통합한다.
- 텍스트 분석과 스트리밍 분석 등과 같은 보다 효과적인 빅 데이터 분석을 위한 도구들을 포함한다.

---

[7] Soares, Sunil, *Big data Governance*, MC Press Online, LLC, 2012 에서 재인용.

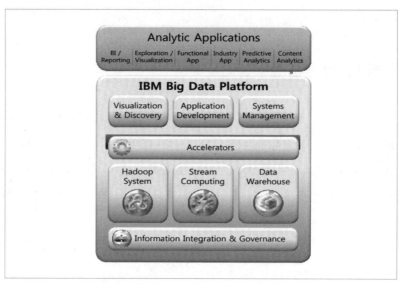

<그림 9-3> IBM의 빅 데이터 플랫폼(예시)

9.5.3. 개인정보보호 및 법률적 적절성

빅 데이터와 업무용 데이터와의 가장 큰 차이는 데이터들의 상세한 정도이다. 종래의 업무용 데이터들은 조직의 거래 처리에 필요한 데이터만을 포함한다. 즉, 고객의 주소라든지, 고객의 주문 내역이라든지, 상품의 입고 및 출고내역, 생산 내역 등이 모두 이에 포함된다. 이에 반하여 빅 데이터는 조직과연관하여 발생하는 모든 상세데이터들을 포함한다. 즉, 고객의 사이트 방문 내역, 매장에서의 이동 경로, 매장에서 구매한 모든 품목의 목록, 생산 공정을 구성하는 각 기계들의 상태를 나타내는 계측치들과 각 공정에서 생산된 부품의번호와 생산 시각 등이 모두 빅 데이터로 수집되어 활용된다. 따라서 이러한빅 데이터를 그대로 처리하여 분석할 경우에는 특정 개인의 행동 형태와 같은것을 실시간으로 추적할 수 있으며, 이는 결국 개인의 사생활 감시로 이어질수 있다.

우리나라의 경우도 개인정보보호법이 발효된 이후 개인의 사생활을 침해할 수 있는 정보 활용이 극히 제한되고 있다. 따라서 빅 데이터 분석을 위한 기업 경영활동에 활용하고자 할 경우에는 분석 대상 개인의 익명성이 보장되어야 하며, 개인에 대한 데이터들의 수집과 분석이 필요한 경우에는 개인정보가 노출되지 않도록 주의해야 한다.

9.6. 빅 데이터와 네트워크형 기업

빅 데이터들은 보통 대상 개체의 상태나 활동을 직접 기록한 원천 데이터들이다. 즉, 이들 상태나 활동을 요약하거나 정리한 데이터가 아니라 그대로 기록한 데이터들이다. 예를 들면 우리 매장을 방문한 고객들이 구매한 상품들만이 아니라, 우리매장이 위치한 거리를 어떤 사람들이 얼마만큼 지나다니고, 이들 중에서 어떤 사람들이 우리매장을 방문하고, 이들 중에서 무슨 고객이 무슨 상품들을 구매하였는가를 모두 기록한 것이 빅 데이터이다. 그리고 우리 상품의 고객들 중에서 콜 센터에 전화를 걸거나 매장을 방문하거나 하여 상품에 대한 불평이나 사후 서비스를 요청한 내역들만 포함하는 것이 아니라 이들이 전자메일이나 블로그, 또는 메신저 등을 통해서 이야기하고 나눈 의견들을 모두 포함한다. 더불어 생산현장에서 각 기계들의 상태와 각 공정에서 생산된 부품의 번호와 생산 시각 등이 모두 빅 데이터로 수집되어 활용된다.

빅 데이터를 기업 경영활동과 연관하여 살펴보면 다음과 같은 특징을 갖는다.

- 종래의 기업 데이터들은 대부분 특정 사건이나 상태를 기록하는 거래 데이터로서 전체적인 시간 흐름 중에서 특정 시점의 상태를 나타내는 단편적인 정보들이다. 이에 반하여 빅 데이터는 모든 참여자들의 상태나 사건들을 모든 시간대에 걸쳐 연속적으로 기록한 데이터들이다. 따라서 전체 시점의 모든 정보를 그대로 나타낸다.

- 종래의 기업 데이터는 대부분 내부 활동들에 대한 데이터들이다. 그리고 고객이나 공급업자들과 같이 기업이라는 테두리 밖에 존재하는 개체들에 대해서도 그들이 기업과 연관성을 가질 때에만 그들의 거래내역을 기록한다. 즉, 고객 주문이나 고객의 애프터서비스 접수, 공급업체의 납품들에 대한 데이터들만을 기록한다. 그러나 빅 데이터는 기업 외부 환경에 대한 데이터들을 모두 포함한다. 즉, 고객들이 서로 나누는 의견이나 우리 기업이나 상품에 대한 평가 등을 포함한다. 그리고 경쟁업체에 대한 의견이나 평가들도 포함한다. 그리고 일상 시민들의 행동 양태나 이동 공간들에 대한 정보들도 같이 포함한다.

이러한 차이를 기업경영과 연관하여 살펴보면 종래의 기업 데이터들은 기업 내부 활동을 중심으로 거래내역들을 파악하기 위한 데이터들이다. 이는 계획-실행-통제(Plan-Do-See)라는 전통적인 경영관리사이클 안에서 실행된 거래결과를 통제하기 위한 데이터들이다. 즉, 현재의 상황을 파악하여 계획을 세우고, 계획을 바탕으로 실행한 후, 실행 결과를 계획과 비교하여 통제 관리하는 사이클이다. 전통적인 경영관리사이클은 환경 변화와 예측을 통하여 장기 및 단기 계획을 수립할 수 있음을 가정한다. 그리고 이러한 계획을 조직 체계에 따라 하위조직으로 하달하고, 하위조직들은 지시받은 계획에 따라 실행한 후, 실행 결과를 보고한다. 그러면 상위조직은 계획과 실적을 비교하고, 변화된 환경을 반영하여 하위조직을 통제하고 계획을 다시 수립하여 지시한다.

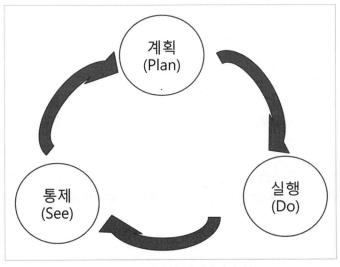
<그림 9-4> 전통적 경영관리사이클

그러나 근자에 들어 외부 환경의 변화가 빨라지면서 전통적인 경영관리사이클로는 이러한 환경변화에 효과적으로 대응할 수 없게 되었다. 이 결과 경영관리사이클을 단축하고 계획과 통제 활동을 거의 실시간으로 실행하고자 하는 노력들이 이루어지고 있는데 이것이 데이터웨어하우스 등을 활용한 비즈니스 인텔리전스이다. 비즈니스 인텔리전스는 앞에서도 설명한 바와 같이, 실행 결과를 거의 실시간으로 알고 평가할 수 있도록 지원하는 온라인 정보 분석 시스템이다.

빅 데이터는 이러한 전통적인 전사적 통합 데이터웨어하우스를 기반으로 하는 정보 분석 기능에 추가하여 개별 실행 조직별 정보 분석 기능을 추가로 제공한다. 개별 단위조직들이 정보 분석기능을 가질 경우, 단위조직들은 스스로 데이터를 수집하고 이를 분석하여 최적의 대안을 찾아 행동하는 자율형 조직으로서의 능력을 갖추게 된다. 이와 같이 될 경우, 조직을 구성하는 단위조직들은 실행 결과나 환경에 대한 데이터들을 상위조직으로 보고하지 않고 스스로 분석하여 행동을 수정하는 자율적 조직으로 행동하게 된다. 이와 같이 자율적 단위조직들의 행동 방식을 감지반응사이클이라고 한다. 이를 기존의 전통적 경영관리사이클과 비교하면 다음과 같다.

• 전통적 경영관리사이클:
  계획(상위조직) - 지시 → 실행(하위조직) - 보고 → 통제(상위조직)

• 자율적 감지반응사이클:
  실행결과 및 환경에 대한 데이터 수집(하위조직) → 분석(하위조직) → 실행(하위조직)

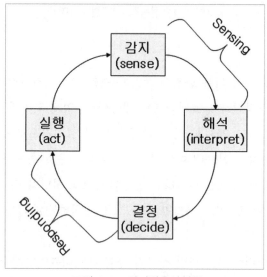

<그림 9-5> 감지반응사이클

자율적 감지반응사이클에 따라서 행동하는 단위조직들로 구성된 조직을 네트워크형 조직이라고 한다.[8] 네트워크형 조직으로 가장 먼저 거론되는 것이 미국에 본사를 둔 대형 슈퍼마켓 체인인 '월마트'이다. '월마트'는 네트워크형

소매업을 가장 먼저 실행한 기업으로서 정보 기술을 활용함으로써 다른 슈퍼마켓들보다 높은 수익률을 실현하고 있다. '월마트'는 각 매장의 재고량을 납품회사의 정보시스템과 연결함으로써 매장의 재고량이 변화되는 상황을 납품 회사들이 수시로 파악할 수 있게 함으로써 적기에 제품이 납품되도록 하고 있다. 예를 들면, '월마트'의 매장에서 GE에서 공급하는 전구가 판매되면, GE 공장으로 이 정보가 직접 전달되어 판매된 전구를 위한 새로운 전구가 생산된다. 또한 각 매장은 자체 재고량뿐만이 아니라 배송 중인 주문량, 인접 매장의 재고량을 모두 공유하며, 이를 의사결정에 활용한다. 즉, 각 매장은 자체 정보만을 사용하여 재고관리를 하는 것이 아니라 다른 매장들과 '월마트' 전체의 상황을 고려하여 재고 보충이나 할인 행사들을 실행한다. 이 결과 '월마트'는 제품이나 부품의 재고 비용을 3%이하로 유지할 수 있게 되었으며, 이는 업계 평균인 4.5~5%보다 낮은 수준이다. 이러한 월마트의 영업 기술은 이제 보편화되어 우리나라의 '이마트'와 '롯데마트' 등에서도 매장의 매너저들이 그날의 재고, 판매 현황 등을 파악하여 수시로 판매가격을 조정하고 특판 행사들을 하고 있다. 이는 본사의 가격 정책이나 판촉 계획의 큰 범위 안에서 이루어지는 것이나 구체적인 가격 설정이나 할인 시간대, 할인율 등은 각 매장별로 독자적으로 이루어진다. 이와 같은 '월마트'의 영업 방법은 전체 조직을 구성하는 각 매장이 자주적인 의사결정을 하는 대표적인 네트워크형 기업의 한 형태라고 할 수 있다.

네트워크형 기업의 또 다른 성공 사례로서 뉴욕 경찰의 치안 성공 사례를 들 수 있다. 뉴욕시의 신임 경찰서장인 브래턴(Bratton)은 1994년 뉴욕시의 치안 향상을 위하여 종래의 중범죄 위주의 경찰 수사를 완전히 바꾸어 거리 치안 위주의 경찰 활동을 시작하였다. 이를 위하여 관내 78개 관할구역의 파출소장들에게 파출소의 조직이나 운영 방법을 자체적으로 결정할 수 있는 권한을 부여하는 동시에 치안 결과에 대하여서도 책임을 지도록 하였다. 동시에 자체 관

---

8) 이춘열, 『네트워크형 기업과 미래 경영 전선』, SERI 연구 에세이 74, 삼성경제연구소, 2007.

할 구역뿐만이 아니라 인접 파출소나 타 파출소의 관할 구역에서의 사건이나 사고들에 대한 정보들도 모두 공유할 수 있도록 하였다. 이 결과 인접 구역에서 무슨 사건들이 발생하고 있는가를 보다 잘 알게 되었으며, 도시 전체의 치안 상황에 대한 인식이 제고되었다. 전체적인 치안 상황에 대한 인식 제고와 관할 구역에 대한 자치 권한의 향상으로 각 파출소는 전반적으로 어떠한 사건들이 많이 발생하고 있으며 많이 발생할 것인가를 예측할 수 있게 되었으며, 이에 대한 필요한 조치를 즉각적으로 시행할 수 있게 됨으로써 실제 사건이 발생하기 이전에 이들을 예방할 수 있게 되었다. 이러한 시내 치안에 대한 권한 강화로 사소한 경범죄들이 확연히 줄어들었으며, 경범죄 단속을 통하여 또한 많은 중범죄인들을 체포할 수 있게 되었다. 이 결과 1993년부터 1996년까지 살인 발생률이 50% 감소하였으며, 강도는 43%, 차량 절도는 47%, 성범죄는 26% 감소하였다.

또한 앞에서 빅 데이터 분석의 활용 분야에서 소개한 바와 같이, 사물 인터넷(internet of things)을 통하여 서로 연결된 생산기기와 생산부품들이 서로 정보를 교환하면서 전체 생산 과정을 최적화하는 인더스트리 4.0이 독일인공지능연구소를 중심으로 실험되고 있다. 인더스트리 4.0에서는 각 생산설비들이 중앙 집중화된 시스템의 통제를 받지 않는다. 그 대신 각 기기가 개별 공정에 알맞은 것을 판단해 실행한다.

감지반응사이클에 의해서 자율적으로 판단해 행동하기 위해서는 각 개체들이 스스로 데이터를 수집하고 처리할 수 있는 능력을 갖추어야 하며, 이러한 각 기기들이 수집하고 처리하는 데이터들이 바로 빅 데이터이다. 이러한 점에서 빅 데이터는 종래의 경영 활동을 보다 효율적이며 효과적으로 수행하도록 도와주는 보완적인 기능뿐만이 아니라 전혀 새로운 형태의 기업 경영이 가능하도록 한다.

제10장

데이터 가치 평가

데이터가 기업이나 조직의 자산으로서 주요한 가치를 가진다는 것은 이론의 여지가 없다. 정보화 시대의 모든 경영자들이나 종사자들은 모두 데이터의 가치를 이구동성으로 이야기한다. 그러나 좋은 데이터 관리 시스템을 구축함으로써 실제로 얻게 되는 이익은 얼마이며, 높은 품질의 데이터를 생성함으로써 해당 기업이나 조직은 데이터 관리 및 생성에 투입된 추가비용 보다 높은 이익을 보장받는가 하는 등의 질문에는 명확한 답을 얻지 못하는 경우가 많다.

데이터 가치에 가장 일반적인 답을 찾아보면 "양질의 정보를 제공함으로써 조직 활동에 도움이 되며, 더 나은 의사결정을 하는데 도움을 줄 수 있다"는 것 등이다. 그러나 이와 같이 정의된 데이터의 가치는 너무 포괄적이고, 너무 추상적이라서 경영자들이 정보화나 데이터베이스 시스템 구축에 대한 의사결정을 하는 데 도움이 되지 못하는 경우가 대부분이다. 물론 양질의 데이터를 보유하면 그렇지 않은 경우보다 기업 활동이 개선될 것이며, 고객의 만족도도 향상될 것이고, 제공하는 제품이나 서비스의 질도 향상될 것이다. 그러나 과연 얼마만큼 향상시킬 것이며, 이러한 개선이 조직에 가져다주는 가치에 대한 객관적인 고려가 필요하다.

데이터의 가치에 대한 객관적인 평가가 필요한 이유는 데이터 관리 시스템을 구축하는 데 많은 시간과 자원이 소요되기 때문이다. 즉, 데이터 관리 프로젝트 또한 자원이 필요한 투자 사업이기 때문에 다른 투자 프로젝트와 동일한 기준에서 비교되고 평가되어야 한다. 즉, 좋은 것이 좋은 것이 아니라 좋게 만드는 데 투입되는 자원만큼 좋아진 결과가 나타나야 하며, 투자한 만큼 가치가 있는가에 대한 평가가 이루어져야 한다. 데이터 관리 시스템의 투자가치는 해당 시스템으로 얻게 되는 가치와 더불어 해당 시스템을 구축하고 운용하는 데 소요되는 비용에 대한 분석이 같이 이루어져야 한다.

10.1. 데이터 관리 시스템의 구축 비용

데이터 관리 시스템의 구축비용은 단순히 개발비에 국한되지 않는다. 이들 시스템을 운용하는 데 지속적으로 비용이 소요되며, 사용자들을 교육하는 데도 시간과 노력이 투입된다. 그래서 최근에는 특정 정보시스템에 대한 비용 효과분석을 행함에 있어 개발비나 장비 구매비 등과 같은 1회성 비용의 관점이 아니라 해당 시스템을 사용하는 전체 기간 동안 소비되는 총소유비용(total cost of ownership)의 관점에서 필요한 비용을 분석한다.

10.1.1. 총소유비용(Total Cost of Ownership)

총소유비용은 하나의 자산을 획득하려할 때 주어진 기간 동안의 모든 연관

비용을 고려하는 개념이다. 따라서 총소유비용은 구입비만을 고려하는 것이 아니라 사용을 위한 유지비용들을 모두 포함한다. 이러한 점에서 총소유비용은 기업전체에 걸쳐서 총 사용기간에 걸쳐서 발생하는 모든 비용을 총체적인 관점에서 파악한다. 따라서 훈련 및 개발비, 기술지원비 등의 제반 비용을 포함하는 개념이다. 총소유비용의 개념을 보다 쉽게 파악하기 위해서 총소유비용의 개념을 분해해서 살펴보면 다음과 같다.[1]

- 첫째, 총(Total)은 평가 영역 내에 포함되는 것은 어느 것도 배제되어서는 안 되며, 동시에 이중 혹은 중복 산정되어서도 안 됨을 내포한다. 따라서 총소유비용은 모든 비용항목들을 모두 포함하여야 하며, 이를 위하여 비용항목들이 누락되지 않도록 해야 한다.

- 둘째, 소유(Owner)는 자산을 소유함을 의미한다. 따라서 총소유비용에서 모든 비용은 데이터 관리 시스템을 구성하는 모든 IT 자산에 대한 비용들로서 IT 자산과 이를 이용하는 사람들에 대한 비용으로 구성된다.

- 셋째, 비용(Costs)은 하드웨어 및 소프트웨어 자산의 취득, 인건비, 수수료, 고장이나 서비스 결여 등에 대한 비용을 화폐가치로 환산한 비용을 말한다. 여기서의 비용은 직접비용과 간접비용으로 다시 구분할 수 있는데, 직접비용은 구입비, 인건비 등을 포함하며, 간접비용은 동료지원비용 등을 포함한다. 가령 부서 내 직원이 다른 부서 직원에게 IT 기술을 지원하고 있다면 이때 IT 문제를 진단하고 해결하는 직원의 비용은 총소유비용 계정에서 동료를 지원하는 항목으로 포함된다.

- 넷째, 총체적인 관점(Holistic View)은 IT 예산으로 편성되지 않을 수도 있는 비용도 포함할 수 있음을 의미한다. 즉, 다른 부서의 예산이나 다른 계정의 예산으로 편성된 것도 총소유비용에 포함되어야 하는 것들이 있다.

---

1) 총소유비용에 대한 내용은 공개소프트웨어/상용소프트웨어 총소유비용 비교 연구에 게재된 내용을 요약하여 정리한 것임(정보통신산업진흥원, 『공개소프트웨어/상용소프트웨어 통소유비용 비교 연구』, 2012.11).

- 다섯째, 기업영역(Enterprise Boundaries)은 비용항목들을 IT 비용 항목들뿐만이 아니라 기업 전체의 범위로 파악해야 함을 의미한다. 일반적으로 IT 비용은 기업 전반적인 비용으로 발생할 경우 실제로 크게 증가하는 경향이 있다. 또한 IT 비용은 공급 사슬(supply chain), 고객의 요구, 정부의 규제, 경제 환경 등과 같은 외부적인 요소에 의해 영향을 받기 때문에 항상 기업 전체적인 개념으로 파악하여야 한다.

- 여섯째, 시간에 걸쳐서(Over Time)는 비용은 시간에 걸쳐서 발생하고 변하기 때문에 전 라이프사이클에 걸쳐 파악해야 함을 의미한다. 즉, 초기 구입비용이나 관련 비용뿐만이 아니라 이후의 업그레이드 비용, 대체비용들도 포함시켜야 한다. 이에 따라 총소유비용은 다년간의 투자비용과 한해의 비용으로 나누어 이들을 사용기간 동안의 평균비용으로 표현한다.

10.1.2. 총소유비용 구성항목

총소유비용은 초기 도입비용과 이후 유지관리비로 구성된다. 유지관리비는 총소유기간 동안 (보통 3년 또는 5년 등으로 설정) 총 유지관리비의 평균비용으로 산정한다. 도입비용과 유지관리비의 구성 항목들을 나열하면 다음과 같다.

가. 초기도입비용

초기도입비용은 데이터 관리 시스템을 구축하기 위한 비용들을 모두 포함한다.

- 도입비: 도입비는 하드웨어 및 소프트웨어의 구매비, 라이선스비, 설치비 등을 포함한다. 즉, 정보시스템을 구축하기 위하여 도입하는 모든 하드웨어 및 소프트웨어 비용들을 포함한다.
- 데이터베이스 개발비: 데이터베이스 또는 데이터웨어하우스 등의 개발비 및 초기 데이터

입력 비용 등을 포함한다. 이는 데이터베이스 설계비용, 업무 프로세스 분석 및 개선비용, 데이터 표준화 비용, 초기 데이터 입력비용 등을 모두 포함한다.

- 데이터 관리 소프트웨어 개발비: 데이터 관리를 위한 응용프로그램 개발비 및 도입한 소프트웨어의 커스터마이징 비용들을 포함한다.

나. 유지관리비용

사용기간 동안 (보통 5년을 가정할 경우, 초기 개발 년도를 제외한 이후 4년간 비용을 계산하여 평균한다) 데이터 관리 시스템을 사용하고 데이터베이스를 유지 관리하는 데 들어가는 비용들을 포함한다.

- 소프트웨어 사용료: 데이터 관리 소프트웨어의 라이선스 비용 등을 포함하여 모든 소프트웨어를 사용하기 위한 비용을 포함한다.

- 하드웨어사용료: 최근에는 클라우딩 서비스 등이 발달함에 따라 서버 등을 포함하여 하드웨어나 네트워크 장비들도 구입하기 보다는 연간 사용료를 지불하는 방식으로 발전하고 있다. 이러한 경우 서버나 네트워크를 사용하기 위한 모든 비용을 포함한다.

- 기술지원비: 연간 기술지원을 받기 위하여 지불하는 비용들을 포함하는데, 실제 발생비용을 예측하여 평균값을 계산한다.

- 하드웨어 및 소프트웨어의 업그레이드(upgrade) 비용: 사용자수가 늘어남에 따른 추가 라이선스 비용, 하드웨어 및 소프트웨어를 상위 사양으로 업그레이드하기 위한 비용들을 포함한다.

- 교육 훈련비: 데이터 관리 시스템을 사용하는 데 있어 가장 소홀히 하기 쉬운 부분이 내부 사용자 및 데이터 관리 시스템 관리자들에 대한 교육 훈련비이다. 일반 사용자들은 데이터 관리 시스템에 대한 사용법이나 지식이 부족하며 이러한 지식들이 서로 공유되는 수준도 낮다. 따라서 사용자들에 대한 교육 훈련비와 더불어 BI 기술 지원 센터와 같이 데이터

관리에 대한 지식을 공유하기 위한 물리적이거나 가상적인 공간을 유지하고 운영하는 것 또한 필요한데 이에 대한 비용들은 모두 교육 훈련비에 포함된다.

- 유지관리비: 데이터 관리 시스템을 운영하고 관리하기 위한 소모품비 등을 포함하여 전기료, 건물 임대료 등과 같이 데이터 관리 시스템을 정상적으로 운영하기 하기 위한 제 비용들을 포함한다.

- 인건비: 데이터 관리를 위한 인건비는 유지관리비용 중에서도 가장 핵심을 이루는 비용 항목이다. 여기서의 인건비는 내부 인력의 인건비를 포함한다. 외부 컨설턴트나 용역 인력의 인건비는 인건비에 같이 계상되거나 또는 기술지원비의 일부로 계상될 수 있다.

10.2. 운영 데이터의 가치 평가

기업 정보 흐름에서 정보시스템을 거래 처리 영역과 분석 정보 영역으로 구분할 때, 거래 처리 영역에서 사용되는 운영 데이터의 가치 평가는 상대적으로 용이하다. 운영 데이터들은 거래를 처리하기 위하여 사용되거나 거래 처리 결과 만들어지는 데이터들이다. 이러한 점에서 운영 데이터의 가치 평가는 거래 처리시스템 평가의 일부로 이루어진다.

거래 처리시스템의 가치 평가는 해당 시스템이 목표로 하는 거래의 처리능력에 의하여 결정된다. 이러한 능력은 보통 기업의 경영 목표와 연관되도록 설정된다.

- 온라인 고객 주문 처리는 전체주문의 99% 이상이 2초 이내에 종료되도록 한다.

- 1일 주문처리 능력은 최대 1만 건이며, 평균 4,000건의 거래를 처리한다.

- 고객의 거래내역과 같은 정보의 조회는 콜센터 담당자가 고객과의 대화중 10초 이내에 검색하여 확인할 수 있도록 한다. 검색이 늦어지는 경우도 전체 검색건수의 90%는 20초를 넘지 않는다.

- 품목데이터베이스의 코드를 표준화하고 이들 데이터베이스를 연동함으로써 매장별 재고현황파악뿐만이 아니라 품목별로 전사적 재고량과 개별 매장 재고량이 동시에 모든 매장에서 파악할 수 있도록 한다. 그리고 이들 재고량은 실시간으로 갱신됨으로써 실제 재고량과의 차이가 없도록 한다.

이들 예시에서 살펴본 바와 같이 운영 데이터의 가치 평가는 해당 업무의 기준에서 평가된다. 즉, 데이터들이 거래 처리를 위하여 사용되고, 이들 거래 처리 업무들은 조직의 임무를 실현하기 위해서 반드시 처리되어야 하는 것들이다. 이러한 점에서 운영 데이터는 조직성과향상이라는 관점에서 평가된다.

조직의 성과향상에는 재무적인 성과, 즉 수익 증대나 비용 감소뿐만이 아니라 고객 만족과 같은 다양한 요소들이 고려될 수 있다. 재무적으로 측정 가능한 이익들뿐만이 아니라 재무적으로 측정할 수 없는 이익도 같이 포함하기 위해서 사용하는 조직 성과측정 모형이 균형성과표(Balanced Score Card)이다. 균형성과표는 재무 성과측정치를 그대로 포함함은 물론, 현재는 재무성과로 측정되지 않으나 미래 재무성과를 창출하는 원동력이라고 할 수 있는 요인들을 찾아내어 비재무적 성과측정치로 추가한 것이다. 비재무적 성과측정치는 학습능력/성장능력, 고객만족/고객관계개선, 업무프로세스를 포함하는데 재무 성과측정치에 이들을 보충한 것이 균형성과표의 4가지 성과측정치이다.[2]

---

2) Kaplan, Robert S., "Conceptual Foundations of the Balanced Scorecard", *Working Paper* 10-074,

비재무적 성과측정치는 학습능력/성장능력, 고객만족/고객관계개선, 업무프로세스를 포함하는데 이들은 보충한 것이 균형성과표의 4가지 성과측정치이다.

종래의 재무적 성과측정치에 추가하여 비재무적 성과측정치가 필요하게 된 것은 정보화에 따라 기술의 발달 등으로 유형자산에 기초한 기업 가치에 추가하여 지식이나 정보와 같은 무형자산에 기초한 기업 가치 부분이 증가하게 되었기 때문이라고 할 수 있다. 즉, 기업의 핵심적 가치창출 원동력이 유형자산의 운영에서 지식 기반 무형자산의 축적으로 변화하였음을 의미하며, 기업의 가치창출전략 역시 유형자산에서 무형자산으로 전환해야 함을 뜻한다.

무형자산이란 고객관계, 고품질의 신속한 업무프로세스, 종업원의 숙련도와 지식, 종업원·고객·공급업체의 긴밀한 연계관계 등을 모두 포함하며, 이러한 무형자산의 기초는 인적자원과 무형의 정보자산이다. 이에 따라 카플란은 인적자원, 정보자원 및 조직의 무형적 자원들이 업무프로세스 및 고객관계를 거쳐서 조직의 경영성과에 미치는 인과적 관계를 〈그림 10-1〉과 같이 제시하고 있다. 이들 중에서 정보자산이 기업 가치에 미치는 영향을 살펴보면 업무 프로세스를 통하여 더 나은 제품/서비스의 제공이나 고객과의 더 나은 관계 유지를 통하여 궁극적으로 다음과 같이 경영 성과에 공헌한다.

- 비용 및 원가 절감
- 자원 활용도 향상
- 수익 증대
- 고객 가치 창출

Harvard Business School, 2010.

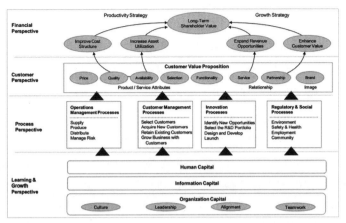

<그림 10-1> 무형 자산들과 기업 가치 및 재무적 성과와의 연관 관계도

운영 데이터의 가치는 무엇보다도 핵심 업무기능들을 보다 효율적으로 수행할 수 있도록 함에 있다. 이러한 점에서 운영 데이터의 기업 가치에의 공헌도는 재무적 공헌과 비재무적 공헌에서 다양하게 찾아볼 수 있다.

• 재무적 성과 – 원가 절감
예를 들면, 고객의 거래내역에 대한 데이터베이스를 전사적으로 공유함으로써 모든 사용자들이 3초 이내에 고객의 거래내역들을 모두 조회할 수 있는 정보시스템을 구축하였다고 하자. 이 경우, 콜센터 담당자가 고객과의 대화 중 고객의 주문 내용을 3초 이내에 확인하여 보다 나은 고객 고충 처리를 할 수 있게 되는데 이로부터 다음과 같은 원가절감을 통하여 기업 가치 향상에 공헌하게 된다.
– 만약 종래의 고객거래 데이터베이스가 고객정보 데이터베이스와 직접 연계되지 않아서 해당 주문을 발주한 고객의 현주소나 전화번호 등을 조회하는데 몇 분이 걸렸다고 할 경우, 이를 3초 이내에 해결함으로써 콜센터 문의전화의 증가로 콜 센터 직원을 20% 증원하여야 하던 것을 현재의 직원들이 모두 담당하게 됨으로써 인건비 상승요인을 절감하게 된다.

- 재무적 성과 - 수익 증대

  현재 1일 주문처리 능력이 최대 4,000건인 온라인 판매시스템의 용량을 전사적 자원 관리 시스템 구축과 데이터 표준화 등을 통하여 1일 최대 1만 건으로 거의 2배 확장함으로써 50%의 매출액 증가를 실현할 수 있게 되었다

- 재무적 성과 - 자원 활용도 향상

  전국에 2개 이상의 매장과 물류창고를 운영할 경우, 각 매장의 품목 재고 데이터베이스를 표준화하고 이들 데이터베이스를 연동함으로써 매장별 재고현황파악뿐만이 아니라 품목별로 전사적 재고량과 개별 매장 재고량을 동시에 모든 매장에서 파악할 수 있도록 할 경우, 개별 매장별 재고현황만 파악할 수 있는 경우와 대비하여 재고 품목들을 효율적으로 판매할 수 있다. 즉, 특정매장의 95사이즈 티셔츠가 품절일 경우, 재고가 충분한 인근 매장의 티셔츠를 공유함으로써 재고관리비용을 줄일 수 있다. 실제로 '월마트'는 이와 같이 품목 재고 데이터베이스를 통합함으로서 재고관리비용을 업계평균인 4.5%보다 낮은 3%로 유지할 수 있었다.

- 고객 관계 개선

  고객의 거래내역에 대한 데이터베이스를 전사적으로 공유함으로써 모든 사용자들이 10초 이내에 고객의 거래내역들을 모두 조회할 수 있는 경우 시스템을 구축한 경우, 콜센터 담당자는 고객과의 대화 중 고객의 주문 내용을 확인하여 보다 나은 고객 고충 처리를 할 수 있게 된다. 이로부터 충분한 데이터에 근거한 충실한 고객서비스와 보다 즉각적이고 빠른 서비스를 통하여 고객만족도를 향상시키게 되며, 이를 통하여 충성심이 높은 고객들을 확보할 수 있게 된다.

- 구성원의 학습능력 및 지식수준 향상

  운영 데이터베이스 구축을 통하여 데이터를 표준화하고 모든 구성원들이 데이터를 공유할 경우, 모든 구성원들은 조직을 구성하는 개체를 동일한 데이터를 통하여 인식하고 이들에 대한 지식을 공유하게 된다. 이는 해당 개체에 대한 구성원들의 지식수준을 향상시키게 되며, 이를 통하여 보다 효과적인 업무 수행이 가능하다. 예를 들어 특정 품목의 물리적 형태나 사양, 고객이 발주한 주문들, 반품 내역, 애프터서비스 요청 내역, 불만제기 사항들을 모두 추적 관리할 수 있게 될 경우, 해당 품목에 대한 구성원들의 지식수준은 매우 높아지게

될 것이며, 이는 곧 해당 품목을 관리하는 데 보다 나은 재고관리 방법을 모색할 수 있게 될 것이며, 또한 판매 시에도 양질의 정보 제공으로 이어질 수 있다. 이러한 양질의 정보제공은 곧 바로 고객만족과 매출확대로 이어질 수 있다. 이와 같이 운영 데이터의 공유와 표준화, 전사적 통합 관리는 구성원들의 해당 개체에 대한 지식수준 향상으로 이어지며, 이는 필연적으로 업무 프로세스 개선과 재무적 성과 개선으로 이어지게 된다.

- 업무프로세스 개선

    운영 데이터베이스 구축을 통하여 데이터를 표준화하고 모든 구성원들이 데이터를 공유할 경우, 모든 구성원들은 조직을 구성하는 개체를 동일한 데이터를 통하여 인식하고 이는 곧 업무프로세스 개선으로 이어진다. 예를 들어 특정 품목의 물리적 형태나 사양, 고객이 발주한 주문들, 반품 내역, 애프터서비스 요청 내역, 불만제기 사항들을 모두 추적 관리할 수 있게 될 경우, 해당 품목에 대한 구성원들의 데이터 공유는 해당 품목을 관리하기 위한 보다 나은 재고관리 방법으로 이어질 수 있다. 그리고 현 재고량뿐만이 아니라 이미 발주하였으나 아직 입고되지 않은 주문량들도 통합 데이터베이스를 통하여 같이 확인할 수 있으며, 입고량 또한 입고와 동시에 실시간으로 파악할 수 있을 경우, 현재 재고량뿐만이 아니라 이미 발주된 재고량도 고려하여 주문을 발주하며 이를 통하여 보다 효과적인 주문 프로세스를 설계할 수 있다.

10.3. 분석 정보의 가치 평가

분석 정보들은 기업의 경영관리나 의사결정에 도움을 주는 정보들이다. 즉, 트랜잭션처리를 위해서 바로 사용되는 데이터들은 아니다. 이결과 분석 정보시스템을 구축함으로써 얻게 되는 효과에 대해서 보다 나은 정보의 제공, 보다 나은 의사결정 등과 같은 포괄적인 효과들이 제시되곤 하였다. 그러나 분석 정보시스템의 목표 또한 기업 목표와 연계하여 제시될 수 있어야 하며, 이러한 목표 달성의 관점에서 분석 정보의 가치가 평가되어야 한다.

분석 정보시스템의 목표들을 예시하면 다음과 같다.

- 현재 지점별 매출액 분석보고서의 파악시점을 거래일 후 3일(72시간)에서 거래일 후 12시간으로 줄이며, 이를 통하여 판매 활동성과를 다음날 12시까지 파악할 수 있도록 한다.

- 고객정보를 콜센터 응답직원들에게 적시에 제공할 수 있는 고객 데이터웨어하우스를 구축함으로써 40%인 현재의 콜센터 고객의 만족도를 70%수준으로 향상시킨다.

- 온라인 정보 분석을 통하여 실시간 제품의 불량률을 생산관리에 적용하는 업무 담당자의 비율을 현재의 0%에서 80%로 확대시킴으로써 대부분의 생산업무 담당자들이 불량률을 고려하여 업무를 수행하도록 한다.

이들 예시에서 살펴본 바와 같이 분석 정보의 가치 평가 또한 해당 업무의 기준에서 평가되어야 한다. 즉, 데이터들이 조직성과향상을 위해서 공헌하여야 하며 데이터 가치 또한 이러한 관점에서 평가되어야 한다. 분석 정보는 기업의 경영관리나 의사결정에 도움을 주는 정보들이라는 점에서 분석 정보의 가치는 해당 정보가 기업 경영의사결정에 도움을 주는 정도로 판단할 수 있다.

- 재무적 성과 - 원가 절감
분석 정보의 가장 큰 공헌도는 업무 담당자들이나 관리자들의 의사결정을 위한 소요 시간을 단축시키는 것이다. 일반적으로 화이트칼라들은 전체 시간의 20%만을 분석이나 의사결정에 소비하고 있는 것으로 보고되고 있다. 나머지 80%시간의 대부분을 관련 데이터를 수집하고 정리하는 데 소비한다. 그러나 분석 대상에 대한 데이터웨어하우스가 구축되어 다차원 분석을 자유로이 할 수 있게 될 경우, 담당자들은 80%의 시간을 낭비하지 않아도 되며, 보다 많은 시간을 분석과 의사결정에 할애할 수 있다. 만약 현재 업무분석과 의사결정에 투자되는 20%시간 비율을 40%로 높일 수 있어도 화이트칼라의 업무 생산성을 2배로 향상시킬 수 있으며, 이에 따라 추가적인 분석가들을 더 고용하지 않아도 됨에 따라 화이트칼라 인건비를 절감할 수 있다. 이러한 분석업무 인건비 절감을 보다 구체적으로 예측하기 위해서는 분석 정보시스템의 구축 이전과 이후의 분석실행건수들을 비교하는 것이 바람직하다.

• 재무적 성과 – 수익 증대

고객 데이터웨어하우스를 통한 고객 분석이나 마케팅 활동을 통하여 자사 제품의 시장점유율이나 고객별 매출액을 향상시킬 수 있다. 종래의 마케팅 활동은 마케팅 현안별로 마케팅 리서치를 통하여 필요한 데이터를 수집하고 분석하여 마케팅 전략을 수립한다. 그러나 고객 데이터웨어하우스와 같은 분석 정보 데이터베이스가 구축될 경우, 마케팅 담당자들은 실시간으로 마케팅 현안에 대한 대안들을 모색하고 분석함으로써 보다 나은 마케팅 계획을 수립하게 되며, 이는 기업 매출의 증가로 나타나게 된다.

• 재무적 성과 – 자원 활용도 향상

각 매장의 품목재고 데이터베이스를 표준화하고 이들 데이터베이스를 연동함으로써 매장별 재고현황파악뿐만이 아니라 품목별로 전사적 재고량과 개별 매장 재고량을 동시에 모든 매장에서 파악할 수 있게 될 경우, 개별 매장별 재고현황만 파악할 수 있는 경우와 대비하여 재고 품목들을 효율적으로 관리할 수 있다. 더불어 판매 데이터웨어하우스를 활용하여 보다 정확한 판매량을 예측함으로써 최적의 구매량과 구매 시기를 결정함으로써 재고유지비용을 최소화할 수 있다. 또한 공급자들로부터의 배송 소요시간을 보다 정확하게 산정하고 각 품목의 공급사슬(supply chain)을 효과적으로 운영함으로써 공급업체별 구입량을 최적화하고 이에 따라 품목 구매 및 재고관리에 소요되는 비용을 최적화할 수 있다.

• 고객 관계 개선

고객에 대한 보다 많은 이해는 결국 고객만족으로 이어진다. 영업사원이 고객의 인적정보 및 과거의 구매이력, 반품 내역, 애프터서비스 요청 내역, 불만제기 사항들을 파악할 수 있을 때 고객을 감동시킬 수 있는 서비스가 가능하며, 이를 통하여 높은 수준의 고객관계관리가 이루어진다. 또한 고객 식별을 통하여 고객뿐 아니라 고객의 배우자나 가족, 또는 고객이 소속한 직장이나 단체들을 같이 파악할 수 있을 경우, 이들 관련인이나 조직들을 연계한 보다 나은 서비스 개발이나 제공이 가능하다.

• 구성원의 학습능력 및 지식수준 향상

분석 정보 데이터베이스의 가장 큰 장점은 구성원들의 지식수준과 학습능력을 배양하는 데 크게 기여한다는 점이다. 거래 처리시스템을 사용하는 업무 담당자들은 정해진 업무 절차에 따라 거래를 수행한다. 즉, 은행 창구 직원들의 경우 계좌 개설이나 입금, 계좌이체와 같은 방문한 고객의 요청내용을 정해진 절차에 따라 수행한다. 그러나 은행의 또 다른 수익은 보험이나 연금과 같은 또 다른 연계 상품의 판매이며, 이들 상품을 성공적으로 팔기위한 업무절차는 정해진 것이 없다. 즉, 해당 상품을 고객에게 소개하는 표준적인 절차나 방법은 준비할 수 있으나 개별 고객들에게 성공적으로 상품을 팔기위한 절차는 각 고객의 상황이나 생각이 다르기 때문에 표준화할 수 없다. 그러나 만약 고객 데이터웨어하우스가 제공되며, 보험이나 연금 상품별로 이를 구매한 고객들에 대한 분석이 가능할 경우, 창구 직원들은 나름대로 가장 효과적인 고객별 판매 상품이나 판매 방법을 시도할 수 있다. 즉, 분석 정보의 가장 큰 장점은 사용자들이 개별적으로 분석 정보의 활용 방안을 시도하며, 이를 통하여 스스로 학습하는 환경이 조성된다는 점이다. 이 결과 일정 기간이 지난 후 분석 정보 데이터베이스를 보유한 조직은 그렇지 않은 조직에 대비하여 매우 높은 수준의 업무지식을 보유하게 될 것이며, 구성원들의 학습능력 또한 매우 높은 것으로 평가된다.

· 업무프로세스 개선
분석 정보 데이터베이스는 조직 내부의 업무 성과에 대한 분석 정보들을 포함한다. 즉, 각 구성원들의 생산성이나 거래 처리건수 등에 대한 분석 정보를 제공한다. 이러한 분석 정보를 업무 담당자나, 시간, 대상 고객, 업무의 종류 등 여러 차원들을 기준으로 분석함으로써 현 업무프로세스의 개선방향이나 문제점, 생산성 향상방안들을 도출할 수 있다. 예를 들면 고객 신용카드 사용액에 대한 연체나 지불 불능이 발생할 경우, 각 지불불능 건별로 소유자의 인적 정보, 사용 장소, 구매 품목 등을 분석하여 승인한도 설정 기준 등을 조정함으로서 지불 불능 발생 확률을 감소시킬 수 있다. 또한 의료보험이나 자동차보험의 불법청구내역에 대한 분석 정보 데이터베이스를 구축하고 활용함으로써 의료보험이나 자동차보험의 청구 심사 프로세스를 개선할 수 있으며 이를 통하여 불법청구를 감소시킬 수 있다.

10.4. 빅 데이터의 가치 평가

빅 데이터는 종래의 데이터 관리 및 분석 도구들로서는 효과적인 활용이 불가능한 대용량, 다매체 데이터들이다. 이들은 현재의 경영 활동을 보다 효율적이며 효과적으로 수행하도록 도와주는 보완적인 데이터가 아니라 전혀 새로운 형태의 기업 경영이 가능하도록 하는 새로운 영역의 데이터들이다. 빅 데이터 처리를 통하여 다양한 개체들이나 기기들이 발생하는 데이터들을 수집하여 분석할 수 있는 능력을 갖춤으로써 해당 조직은 스스로 분석하고 행동할 수 있는 자율적 조직으로서의 기능을 발휘할 수 있게 된다.

환경에 대한 조직의 반응 속도와 반응 능력은 정보 기술의 발달로 크게 향상되어 왔다. 환경의 변화를 감지하는 첫 작업은 먼저 데이터를 감지한 후, 의미 없는 신호(noise)들을 제거하고, 의미 있는 신호(signal)들만을 추출하는 것이다. 그런데 여기서 종래에는 정보처리의 범위 밖에 있던 빅 데이터들을 이제는 처리할 수 있게 됨으로써 획기적인 변화를 경험하고 있다.

환경의 변화로부터 의미 있는 신호를 포착하기 위하여서는 무엇보다도 먼저 이를 의미 없는 것들과 구별할 수 있어야 한다. 그러나 새로운 변화가 발생할 경우 이것이 의미 있는 것인지 또는 의미 없는 것인가를 구분하는 것은 쉽지 않다. 변화의 감지(sensing) 과정을 살펴보면 다음과 같은 2단계로 구분된다.

- 먼저 다양한 환경의 변화를 데이터로 수집한다.
- 이렇게 저장된 데이터들로부터 의미 있는 신호(signal)를 검색한다.

여기서 알 수 있는 바와 같이, 변화를 감지하는 첫 번째 작업은 일단 외부 및 내부의 환경 변화를 데이터로 변환하여 수집하는 것이다. 두 번째 작업은 의미 있는 변화를 찾아내는 것인데, 이 또한 직감적으로 찾을 수 있는 경우는 매우 한정되어 있으며, 여러 가지의 탐색 법칙이나 모형들을 이용하게 된다. 이와 같이 기업 내 외부의 여러 가지 변화로부터 의미 있는 것들을 추출하기 위하여서는 방대한 양의 데이터들을 처리하여야 한다. 따라서 컴퓨터의 자료 처리능력을 활용하는 것이 필수적이다.

조직 내부 및 외부 환경을 구성하는 다양한 개체들이 발생시키는 다양한 데이터들을 거의 실시간으로 수집하여 처리할 수 있는 능력을 제공하는 것이 빅 데이터 분석이다. 이를 통하여 조직을 구성하는 각 개인이나 단위조직들은 내부 및 외부 환경의 변화에 자율적으로 대응할 수 있는 능력을 갖게 된다.

빅 데이터 분석 시스템이 목표로 하는 측정 가능한 지표들을 예시하면 다음과 같다.

- 현재는 매장별로 다음달 2일이 되어야 전력 소비량을 파악할 수 있으나, 각 구역별로 설치된 계측기를 통해서 구역별로 실시간으로 전력 소비량 파악이 가능하도록 한다. 이와 같이 각 단위 구역을 담당하는 근무자들이 스스로 전력 소비량을 통제하도록 함으로써 전사적인 전력 소비량을 30%이상 절감한다.
- 현재 도로위에서 달리고 있는 차량들에 탑재되어 있는 GPS 단말기를 통하여 각 차량들의 위치변화를 실시간으로 측정함으로써 목적지까지 도착할 수 있는 가장 빠른 길을 안내해줌으로써 CO_2 발생량을 10%이상 절감한다.
- 팀별로 매출액과 같은 실적과 경비, 소요시간들을 실시간으로 파악할 수 있도록 함으로써 각 팀별로 목표 달성의지를 제고하고 자발적으로 효율을 극대화하고 타 부문의 일을 지원하는 경영환경을 구축함으로써 이익률을 20% 향상한다.

이들 지표들이 가지는 가치는 빅 데이터분석 또한 조직성과향상을 위해서 공헌하여야 하며 이러한 관점에서 평가되어야 한다는 점이다. 그러나 빅 데이터의 가치는 이전의 전혀 예상치 못한 기대효과를 실현할 수 있다는 점에서 사전적으로 평가하기가 쉽지 않다. 즉, 운영 데이터나 분석 정보들은 우리가 무슨 데이터나 정보가 필요한가를 아는 상태에서 해당 데이터들을 수집하고 분석하는 경우이다. 물론 사후적으로 실제 결과가 예측치와는 다를 수 있으나 사전적으로 해당 데이터나 정보의 가치를 예측할 수는 있다. 그러나 빅 데이터는 먼저 발생한 데이터들을 처리함으로써 새로운 정보나 사실을 발견하는 형태이다. 따라서 사전적으로 무슨 빅 데이터가 얼마만큼 가치가 있을 것이라고 예측하기가 쉽지 않다. 이러한 차이점을 엘레스테어 크롤은 '기지(旣知)의 미지(未知)'와 '미지(未知)의 미지(未知)'로 구분하고 있다.[3]

> • 기존의 분석 정보 데이터베이스나 BI 도구들은 다음과 같은 특징을 갖는다.
> - 우리가 모른다고 알고 있는 것(기지(旣知)의 미지(未知))에 집중한다.
> - 무엇을 수집할지 결정한 뒤 데이터를 수집한다.
>
> • 빅 데이터나 빅 데이터 분석 도구들은 다음과 같은 특징을 갖는다.
> - 우리가 무엇을 모르는지 모르는 것(미지(未知)의 미지(未知))에 집중한다.
> - 일단 데이터를 수집한 뒤에 질문을 던진다. 이를 무스키마 쿼리(Schema-less query)라고 한다.

따라서 빅 데이터의 가치를 사전에 평가하는 것은 매우 어렵다. 그러나 다음에 예시된 것과 같이 기계 간 데이터나 대용량 트랜잭션 데이터와 같이 기존의 비즈니스 인텔리전스와 유사한 경우들에 대해서는 빅 데이터의 가치 평가가 비교적 용이하다. 그리고 유사한 다른 사례나 이미 성공한 빅 데이터 선행 사례들로부터 빅 데이터의 가치를 유추할 수 있다.

---

3) 오라일리 미디어 엮음, 배장열 옮김, 『오라일리 심층보고서: 빅 데이터 어떻게 활용할 것인가(*Big Data Now: 2012 Edition*)』, 2013.07.

• 재무적 성과 – 원가 절감

현재는 매장별로 다음달 2일이 되어야 전력 소비량을 파악이 가능하나, 각 구역별로 설치된 계측기를 통해서 구역별로 실시간으로 전력 소비량 파악이 가능하도록 함으로써 각 단위 구역을 담당하는 근무자들이 스스로 전력 소비량을 통제하도록 함으로써 전사적으로 전력 소비량을 절감하게 된다. 실시간 측정 및 평가의 장점은 실시간으로 평가된다는 사실만으로 담당자들이 효율적인 전기 절약을 위하여 노력한다는 점이며 이를 통하여 원가절감을 도모할 수 있다.

• 재무적 성과 – 수익 증대

텍스트 분석 기법을 사용하여 외부 전문가들이나 일반 사용자들이 제시하는 무수히 많은 의견들로부터 유용한 아이디어들을 추출하고 이를 제품 개발에 적극 활용함으로서 신제품의 고객 만족도를 향상시킨다.

• 재무적 성과 – 자원 활용도 향상

고객들의 위치 정보 및 이동 정보를 활용함으로서 가장 효과적인 서비스를 제공할 수 있다. 예를 들면 서울시는 심야 이동객들의 분포를 조사하여 심야버스의 운행 노선 결정에 활용함으로써 자원 활용도를 향상시켰다.

• 고객관계개선

고객들의 의견이나 제품에 대하여 느끼는 평가를 기능 개선에 반영함으로써 고객 관계를 개선하고 고객들의 만족도를 향상시킨다.

• 구성원의 학습능력 및 지식수준 향상

빅 데이터 의 가장 큰 장점은 구성원들의 지식수준과 학습능력을 배양하는 데 크게 기여한다는 점이다. 예를 들면 매장에서 고객의 이동 경로를 분석할 수 있을 경우, 각 매장 직원들은 나름대로 이를 활용해서 최적의 상품 배치방법을 생각할 수 있으며 이를 업무에 시도할 수 있다. 이러한 훈련을 통하여 매장 직원들의 상품 진열 및 배치 능력은 이러한 훈련을 해보지 못한 매장의 직원들 보다 매우 높을 것이다. 그리고 이러한 직원들의 우수한 능력은 장기적으로 매장의 매출 향상으로 나타나게 된다.

• 업무프로세스 개선

의료치료의 경우 환자별로 치료 효과가 매우 다른 것으로 연구되고 있다. 따라서 환자와 치료 방법에 대한 모든 데이터를 수집하여 분석함으로써 특정 환자들에게 어느 치료 방법이 가장 효과가 있는지를 파악할 수 있으면 이에 따라 환자별로 가장 비용 효과적인 치료 방법을 찾을 수 있으며, 과잉 치료 등을 방지할 수 있다.

제11장

공공 데이터 개방의 필요성

기업의 데이터를 기업의 중요한 자산으로 인식하면서 좀 더 풍부하고 정확한 데이터를 요구받게 되었다. 하지만 현실세계로부터 처음으로 데이터를 생산하는 비용은 재가공이나 연계된 데이터를 통한 획득비용보다 엄청나게 많이 소요되기 때문에 업무에 반드시 필요한 데이터 외에는 생산하기가 쉽지 않다. 이러한 이유로 공공 분야에서 업무 수행을 위해 생산된 데이터를 공공 업무뿐만 아니라 민간에서도 사용할 수 있도록 개방하는 것이 공공 데이터 개방이다. 공공 기관에서 업무를 위해 생산된 데이터는 공적인 목적을 기반으로 하기 때문에 공공재(Public Goods)로써 가치가 있어 데이터를 공유하는 것이 가치가 있다는 판단이다.

본 장에서는 공공 데이터의 공공성을 증대시키고 공유 자산화를 위해 추진하고 있는 공공 데이터 개방의 개념, 출현 배경 그리고 필요성을 설명한다.

11.1. 공공 데이터 개방의 배경

기업이 새로운 사업 영역이나 시장으로 진출하고자 할 때, 도로와 철도, 항만시설, 수도, 전기와 같은 산업의 기초 인프라를 공공 자산을 활용하지 않고 사업자 스스로가 구축해야 한다면 어떤 일이 벌어질까? 물론 산업의 기초 단계에서는 비즈니스를 추진하기 위한 제반 인프라를 비즈니스 주체가 모두 갖추는 일이 흔하게 일어났다. 하지만 근래와 같이 산업이 고도로 발전되어 치열한 경쟁과 짧은 수명주기를 갖는 제품(또는 서비스)들이 주를 이루는 시기에는 인프라의 지원 없이 비즈니스의 경쟁력을 갖추는 것은 사실상 불가능하다. 따라서 최근의 비즈니스 환경은 비즈니스 주체가 자신의 특화된 분야에 집중할 수 있도록 제반 인프라가 반드시 지원되어야 한다.

최근 비즈니스가 경쟁력 확보를 위해 정보기술을 이용하는 것은 필수적이고, 데이터는 의사결정과 업무처리의 기본적인 요구사항이다. 또한 근래의 정보서비스는 풍부한 데이터를 기반으로 점차 실생활에 밀착되는 경향을 보이고 있고 수요자 중심 서비스를 위해서는 다양한 데이터를 종합적으로 확보할 필요가 있다. 하지만, 신규 사업자가 스스로 데이터를 한꺼번에 모두 마련하는 것은 거의 불가능하다. 앞서 설명한 산업 기반체계를 한 기업이 갖춰야 하는 것과 동일한 것이다. 이러한 문제점을 해결하고자 공공에서 이미 보유하고 있거나 제공할 필요성이 있는 데이터를 생산한 후 누구나 쓸 수 있도록 공개하는 것이 바로 공공 데이터의 개방이다.

공공 데이터의 개방은 두 단계로 나눠질 수 있다. 첫 번째는 순수한 개방 단계로 현재 공공 업무를 수행하는 과정에서 생겨난 데이터를 민간에게 제공하는 일방적인 데이터 제공 단계이다. 두 번째는 공통적으로 발생되는 요구에 근거하여 데이터를 공공 기관이 생산하는 방식으로 양방향의 데이터 교류와 소요제기자의 적극적인 참여를 기반으로 한다. 데이터를 공공 분야에서 생산하는 것이 민간보다 효율적인 경우는 다음과 같다.

- 첫째, 데이터를 수집·통합하는 과정에서 법적인 제약이 존재하거나 국민의 불편을 초래할 수 있는 경우이다. 주거환경, 세대, 인구 등을 조사하기 위해서는 상당부분 국민 개개인이 불편함을 감수해야 하며 위험도 동반된다. 또한 민간기업의 조사에 대해서는 국민의 거부권 행사 비율이 높아 정확한 데이터의 수집 자체가 불가능한 경우도 있다. 이러한 경우 정부 또는 공공 기관의 공신력과 조직을 통해 정기적 또는 공개적으로 수집하는 것이 필요하다.

- 둘째, 데이터의 생산 과정에서 너무 많은 비용이 발생하기 때문에 서비스 개발자(개인이나 기업)가 초기비용을 감당할 수 없거나 생산비용이 서비스의 이득을 상회해서 경제성이 떨어지는 경우이다. 공공 분야에서는 단순히 경제성 외에 공익성이나 국민의 삶의 질 등을 추가적으로 고려하기 때문에 데이터의 생산이 가능하다. 버스 도착시간 알림 서비스의 경우, 사업자는 앱 또는 서비스 사용료가 데이터 생산 비용보다 높아야 하지만 공공 분야에서는 대중교통 이용에 대한 국민의 만족도 등을 추가적으로 고려하여 판단할 수 있다.

- 셋째, 다수의 사업자가 공통적으로 활용할 데이터를 중복적으로 생산해서 산업이나 국가 차원에서 볼 때, 불필요한 비용이 발생되고 산업 전체의 경쟁력을 떨어트리는 경우이다. 또한 이 경우는 사업자가 개별적으로 데이터를 생산함에 따라 데이터의 품질이 균일하지 않거나 수준이 미치지 못하는 경우가 발생한다. 공공 분야에서는 하나의 기관이 생산하기 때문에 생산 비용이 절감되고, 품질 수준이 목표에 미치지 못한다 하더라도 한 곳에서만 개선하면 모든 비즈니스 사용처가 동일하게 사용할 수 있게 되므로 효율적인 예산집행이 가능하다.

다음과 같은 서비스를 예를 들어 공공 데이터의 개방 필요성을 생각해 보자. 골목길마다 설치된 CCTV는 현재 치안이나 방범의 역할을 수행하고 있다. 공공장소에서 불특정 다수를 녹화하는 것은 정부 또는 공공 기관에서만 가능하기 때문이다. 이때 녹화된 동영상을 이용하여 이동하는 사람의 수와 평균 속도를 계산할 수 있다면 이 데이터는 소매상품선정이나 상권규모 예측에 매우 중요한 정보로 활용될 수 있을 것이다. 지역 주민이나 상인들의 입장에서는 매우 중요하게 활용될 정보이지만 정부나 공공 기관에서만 생산할 수 있는 데이터이기 때문에 공공 데이터의 개방이 필요한 경우이다(첫 번째 개방 단계). 공공 데이터는 인도를 확장한다거나 골목길을 넓히는 등 업무필요성이 있을 때만 이동 인구나 평균 속도 등의 데이터를 수집하고 개방한다. 데이터의 생산과 저장 역시 비용이 투자되기 때문에 공공 업무가 뒷받침 되지 않으면 예산을 획득할 수 없기 때문이다. 만일 해당지역에 인도나 골목길 확장 소요가 없다면 공공 데이터는 생산되지 못하고 지역 주민과 상인들은 데이터를 제공받지 못할 것이다. 이렇게 공공 업무와 무관하게 민간에서 공동으로 사용할 수 있고 비즈니스에 필요한 데이터를 생성·제공한다(두 번째 개방 단계).

공공 데이터 개방은 민간의 적극적 참여와 활용을 반드시 필요로 한다. 이러한 민간의 참여와 소통을 지원하는 정부의 역할 변화를 이끄는 프레임이 바로 정부 3.0이다.

11.2. 정부 3.0과 공공 데이터 개방

정부 3.0은 정부 중심의 기존의 국정운영에서 벗어나 시민 중심의 참여와 소통을 기반으로 한 정부 기능의 패러다임 변화를 주도하는 현 정부의 핵심 패러다임이다. 특히, 모든 개인의 다양한 요구를 모두 만족시키는 것이 아니라 개인의 요구를 스스로의 참여와 노력에 의해 성취할 수 있도록 플랫폼을 제공하는 것을 목표로 한다. 과거에는 정부가 개인이나 기업 등에 비해 우위의 정보력을 가지고 이를 일방적으로 제공했다면, 이제는 창의적인 활동을 중요시하고 공공의 인프라를 이용하여 부가가치를 창출할 수 있도록 지원하는 것이라 볼 수 있다.

정부 3.0을 행정적으로 이해하느냐 기술적으로 이해하느냐에 따른 다양한 관점과 시각이 존재하기 때문에 이를 한마디로 정의하는 것은 쉽지 않다. 다음은 기술적 관점과 행정적 관점에서 접근하는 개념적 정의에 대해 설명하도록 한다.

- 첫째, 행정적 관점에서 접근하는 정부 3.0의 개념은 정부 내에서 의사결정이 이루어지고, 일방적으로 국민에게 서비스를 제공하던 기존의 정부의 역할에서 국민과 소통하고 참여하는 개념이다. 과거의 선출직 대리인을 투표로서 선발하는 소극적 참여에서 정책적 이슈와 문제에 직접 개입하고 참여하는 적극적 참여 형태를 가진다. 즉, 정부가 국민(또는 NGO, 민간기업 등의 모든 이해관계자들)을 정책 결정의 주체로 인식하는 협치를 이뤄내는 단계로 볼 수 있다.

- 둘째, 기술적 관점에서 접근하는 정부 3.0의 개념은 기술의 발전이 사회의 발전과 진화를 유도한다는 측면에서 초기 공감대를 형성했던 관점으로 정부 3.0을 전자정부(e-Gov)를 발전시킨 차세대 모델로 해석한다. 정부 업무와 서비스에 적용되는 기술에 따라 Gov 1.0 (IT기술), 2.0(인터넷), 3.0(스마트/모바일)로 구분 가능하다. 또 다른 분류방법으로 웹의 발전과 연동하면 Gov 1.0(인터넷), 2.0(개방·공유·협업), 3.0(개인화지능화) 등으로, 서비스의 대상으로는 Gov 1.0(민원처리), 2.0(정보), 3.0(데이터)으로 구분 한다.

위와 같은 정부역할의 발전과정을 한 눈에 살펴보기 위한 정부 1.0 ~ 3.0의 비교자료는 아래 표와 같다.[1]

정부 1.0에서 3.0까지의 발전 과정

구 분		Gov 1.0	Gov 2.0	Gov 3.0
정부역할 & 소통	정부의 역할	통치	조정	협치
	국가 운영 주체	정부	정부(시민참여)	정부&국민
	정부의 주요 가치	통제/관리	대민 서비스	정책/제도 선진화
	소 통	수직적/단방향	수평적/양방향	다면적/상호 반응형

---

1) 한국정보화진흥원, 스마트정부(Gov 3.0) 오픈포럼, 「정부3.0 새로운 대한민국을 꿈꾸다」, 국가정보화진흥원, 2013.05, 29쪽.

참여		정부 내 결정	제한적 허용	능동적 참여
서비스	대상	민원	정보	데이터
	방식	방문	온라인	다채널 통합/연결
	지향가치	신속성/통일성	일관성/편의성	개인화/지능화/플랫폼화
전자 정부	IT의 역할 (지향가치)	전자화 (작은 정부)	자동화(작고 효율적인 정부)	지능화 (열린 정부)
	지향 모습	기능적 정부 (신속한 처리)	온라인 정부	네트워크 정부
	행정의 구현 가치	효율성	투명성	민주성

　　정부의 데이터를 민간에게 개방하는 것은 정부 3.0 구현을 위한 가장 빠르고 현실적인 방법이며 정부 3.0을 주도하는 기반체계이기도 하다. 정부와 공공 기관에서 보유하고 있는 데이터는 신뢰성 있는 대규모 데이터로 민간 산업의 활용에 있어 잠재적인 가치가 매우 높아 정부와 민간을 이어 주는데 가장 효과적이기 때문이다. 이를 위해서는 먼저 공공 데이터를 기관 간 정보 공유를 통해 양과 질을 풍족하게 해야 한다. 주요 선진국에서는 공공 데이터 개방은 공공 데이터 자체를 개방하는 것과 데이터 개방을 위한 플랫폼을 개발하는 두 가지 측면에서 추진되고 있으며 국내에서도 개방에 대한 법·제도 정비와 함께 개방 대상 데이터에 대한 품질 정비 사업, 지원 센터의 설립 등의 준비를 마치고 플랫폼에 대한 좀 더 구체적 시도가 진행 중이다.[2]

　　데이터를 개방하기 위한 플랫폼 제공자로서의 정부의 역할이라는 것은 정부

---

2) 한국정보화진흥원 국가정보화기획단 정보화전략연구부, 빅 데이터 전략연구센터, 「빅 데이터 시대: 효과적인 공공정보 개방을 위한 데이터 플랫폼 구축 방향」, 『IT & Future Strategy』 제9호, 한국정보화진흥원, 2012.

2.0과 3.0의 서비스 대상을 보면 명확해진다. 우선 정부 2.0은 서비스 대상이 '정보'이고 정부 3.0은 데이터이다. '정보'란 제공받는 측에서 의미 있는 형태로 이미 가공되어 있다는 것을 의미하고 이를 위해서는 정보 제공자인 정부나 공공 기관이 활용자인 국민의 니즈를 확실하게 파악할 수 있는 영역에 제한된다. 다시 말해 '무엇을 원하는지'를 명확하게 알고 있거나 조사할 수 있는 대상에 한해 정보를 제공할 수 있는 것이다. 이러한 조사는 정보시스템 구축 과정이 제한된 기간과 예산범위 안에 이루어지기 때문에 광범위하게 조사할 수 없다. 따라서 명확한 요구사항을 제시하는 몇몇 이해관계자에 제한적으로만 이루어진다. 반면 정부 3.0의 경우 공공 데이터를 제공받는 민간의 창의적인 아이디어에 의해 가치가 결정된다. 창의적이라 함은 사전에 예측할 수 없다는 의미를 포함하기 때문에 즉시 활용할 수 있는 정보형태가 아니라 '가공-활용'이 가능한 데이터 형태로 제공된다. 정부의 역할은 누구나 어떤 형태로든 데이터에 접근할 수 있고 재가공이 가능한 플랫폼과 데이터의 구조, 품질을 제공하는 것이다. 또한 앞 절에서 언급한 바와 같이 새로운 데이터가 필요하여 요청하거나 공공의 의사결정에 직접 참여할 수 있는 소통과 참여의 공간을 제공하는 것 역시 플랫폼 정부로서의 역할이다.

이처럼 정부 3.0은 '이념과 가치'를 제공하고 공공 데이터 개방은 '실현하는 도구'로서 정부의 역할 변화와 창의적이고 부가가치 높은 산업 발전을 이끌고 있다.

11.3. 공공 데이터 개방의 기회와 문제

공공 데이터 개방은 공공 목적으로 생산된 엄청난 데이터를 공공재(public goods)로 인식하는 것에서 출발한다. 이 절에서는 데이터를 공공재로 다루면서 나타나는 비즈니스 기회와 문제점에 대해 설명하기로 한다. 공공 데이터 개방은 데이터 폐쇄적이고 독립적으로 운영되던 데이터 생태계에 방대한 공공 데이터를 제공함으로써 새로운 활력을 제공하고 신규 비즈니스 모델의 출현이나 경쟁력 있는 프로세스 개선의 기회를 과학적으로 얻을 수 있을 것으로 기대된다. 또한, 개방된 공공 데이터를 활용하여 새로운 데이터 생산을 요구하거나 정부 정책에 대한 의견을 제시하는 등 적극적으로 정책의사결정에 참여할 수 있는 기회를 제공한다. 이것은 '전자정부(e-Government)'에서 '전자민주주의(e-Democracy)'로 변화하는 것이다.

다음은 공공 데이터의 경제적 효과에 대해 살펴본다. 공공 데이터 개방에 따른 직·간접적인 경제적 효과는 이미 여러 국가와 기관에서 연구되고 발표되고 있다. 선진국 중 상당수는 이미 그 효과를 누리고 있는 것으로 나타나고 있다. 우선 EU는 공공 데이터 개방에 대한 직접적 경제 효과만으로도 연간 400억 유로(한화 약 60조원)로 추정하고 있으며 직간접적 효과까지 고려할 경우 GDP의 1.7%의 규모로 예상되고 있다.[3] 국내의 경우에도 공공 데이터의 민간개방 효과는 2011년 기준 생산유발액 23조, 부가가치 기준 10조, 고용 창출은 14만 명을 상회하는 높은 경제적 파급 효과를 가진다고 예상하고 있다. 아래 표는 해외 주요 공공 데이터의 개방에 대한 경제적 효과를 정리한 것이다.[4][5]

---

3) Graham Vickery, *Review of recent studies on psi Re-use and related market developments*, Information Economics, 2011.
4) 한국과학기술원, 「공공정보 민간개방의 경제적 파급효과 분석 연구」, 한국정보화진흥원, 2012.09.
5) 진영·김을동, 「공공 데이터 민간개방 및 이용 활성화를 위한 정책 제안」, 진영·김을동 국회의원실, 2012.10.

주요 선진국이 발표한 공공 데이터 개방의 경제적 효과

해당국가	년도	대상	경제적 효과
EU	2011	전체 데이터	직접효과 : 연간 400억 유로 (약 60조원) 직간접효과 : 연간 1,400억 유로 (약 210조원)
영국	2011	전체 데이터	연간 160억 파운드 (약 29조)
덴마크	2009	에너지 관련 데이터	에너지향상 : 최소 연간 5.4억유로 (약 7,700억원) ~ 최대 27억 유로(약 3.8조원)
독일	2009	지리 데이터	연간 최소 64억달러(AUD)(약 7.4조원)~최대 126억 달러(AUD)(약 14.6조원)
네델란드	2008	지리 데이터	연간 14억 유로(약 2조원)

위와 같이 큰 경제적 효과를 거둘 수 있는 이유는 비즈니스 환경에서 점차 데이터의 중요성이 높아지고, 데이터에서 새로운 비즈니스 창출이나 기존의 비즈니스에 경쟁력을 더하는 것이 가능하다는 것을 알게 되었기 때문이다. 다시 말하면, 기업이 얼마나 데이터를 잘 생산하고 그것을 정보로 가동하느냐가 비즈니스 핵심이 된 것이다. 민간에서 데이터 생산하는 경우 높은 비용이 발생하고 기업마다 이를 중복적으로 생산해야 한다는 것이 장애 요인으로 되고 있어 이를 공공 데이터로 대체하면 신규 진입자에게 많은 기회가 제공되고 부가가치가 높은 서비스산업군에서 경쟁력을 키울 수 있는 기회가 생겨, 높은 경제적 효과를 기대할 수 있는 것이다.

기업의 경쟁 환경에서 관련 데이터를 확보하기 위해 높은 비용이 동반되거나 확보 자체가 불가능한 경우, 새로운 사업자가 창의적인 아이디어를 가졌다 하더라도 서비스를 실현하거나 아이디어를 검증할 수 있는 기회를 가질 수 없는 높은 진입장벽이 자연스럽게 생기기 마련이다. 전통적인 산업에서는 이러한 진입장벽이 비즈니스의 안정성을 확보해 주지만, 산업 전반이나 국가 차원에서 볼 때 경쟁력이 떨어지고 정체되는 문제점을 가진다. 더욱이 창의적인 아이디어일수록 기존의 산업이나 서비스의 틀을 벗어나는 경우가 많기 때문에 진입비용은 더욱 증가하게 된다. 이러한 이유로 기존 산업을 대체할 수 있는 파괴적인 힘을 지닌 창의적인 아이디어나 진보적인 사업 기회에 대한 투자가 소극적으로 진행될 수밖에 없기 때문에 산업 생태계가 정체되고 고착화된다.

풍부한 공공 데이터의 개방은 이러한 아이디어를 현실화할 수 있는 기반을 제공한다. 비록 공공 데이터가 아이디어를 위한 직접적이고 완벽한 데이터 형태로 제공되는 것은 아닐지라도 데이터의 특성인 변형이나 가공, 아이디어와의 결합을 통해 충분한 기반을 제공해 줄 수 있다고 판단하는 것이다. 이것은 기획된 아이디어가 현실적으로 가치 있는지를 검증할 수 있게 하거나 실제 비즈니스 형태로 현실화 시키는 비용을 감소시키는 장점을 제공한다. 즉, 사업 초기의 위험이나 실패비용을 획기적으로 줄임으로써 적극적이고 과감한 투자나 서비스 발굴에 대한 기회가 많아지고 산업 생태계 전반의 건전성과 경쟁력을 갖출 수 있는 것이다. 제조업과 같은 전통적인 산업 군에서 물류, 전기, 수도 등의 기반 시설이나 세금, 인력, 치안 등의 지원조건이 좋은 곳을 찾아가는 것과 같이 데이터를 중심으로 한 서비스 산업 역시 데이터의 기반여건이 산업 발전에 중요한 역할을 담당하게 될 것이다. 이미 선진국에서는 이러한 장벽을 없애는데 높은 투자를 하고 있어 국가 차원에서는 기회를 넘어서 생존의 필수 조건으로 인식되고 있다.

이러한 경제적 효과를 달성할 수 있는 또 하나의 전제조건은 바로 민간의 적극적 참여이다. 공공 데이터의 개방 초기에는 공공 분야의 업무수행을 목적으로 이미 생산되고 확보된 데이터를 개방함으로써 활용의 범위가 제한적이겠지만, 점차 민간이 필요한 데이터를 찾아 생산하는 공공재(Public Goods) 생산 산업의 형태로 발전하게 될 것이란 추측이 지배적이다. 즉, 민간 기업이나 개인이 독자적으로 생산하기 힘들거나 공동 활용의 가능성이 높은 데이터의 생산을 요청하고 이를 정부가 생산하는 방식을 택하게 된다는 것이다. 기존의 산업 인프라를 제공받는 것과 역할은 동일하지만 개방 데이터는 데이터 수요자인 민간이 직접 요청하고 참여함으로써만 발전될 수 있다.

공공 데이터 개방은 개방으로 인해 얻어지는 기회만큼이나 추진과정에서 많은 문제점과 부딪히게 된다. 공공 업무용으로 사용하던 데이터를 민간에서 활용한다는 것은 법/제도적 문제와 함께 민간의 참여를 유도하고 공동 활용이 가능하게 하는 거버넌스 문제, 공공 데이터의 품질 문제, 공공 업무를 처리하기 위해 만들어진 데이터가 민간에서 사용하기 적합한 구조를 가지는지에 대한 문제 등 매우 다양한 측면에서 접근이 필요하다.

우선 전체적인 현황을 알아보기 위해 관련 자료를 인용하여 보자. 월드와이드웹(WWW)재단과 오픈 데이터 연구소가 각국 정부의 오픈 데이터 정책현황을 '준비성', '실행력', '영향력'의 3가지 세부 지표로 종합하여 평점과 순위를 발표한 자료(ODB)에 의하면, 우리나라는 평점 54.21점으로 12위를 차지했지만 세부 지표로 보면 준비성은 77점인 반면, 실행력과 영향력이 각각 54.90과 24.56으로 정책에 비해 실효성이 떨어지는 문제점을 안고 있다. ODB에 의하면 오픈 데이터의 실질적인 수준과 능력은 실행력에 의해 좌우되고 있다고 하는데 반해 우리나라는 실행력에 문제를 가지고 있어 실질적인 효과를 거두지 못하는 상황으로 보고 있다. 다시 말해 아직 우리나라는 데이터를 온라인으로 수집하고 분류하는 작업은 활발히 하고 있지만, 이렇게 모은 데이터를 공유하고 활용하는 단계까지는 이르지 못한 것이다.[6] 국내의 경우 공공 데이터 개방과 관련된 인식 변화와 법·제도 보완 등의 정책적 노력은 높지만 개방 데이터의 실행과 활용 측면에서는 선진국 수준에 훨씬 미치지 못하는 문제점을 가지고 있다.

---

6) "The Open Data Barometer 2013 Global Report", World Wide Web Foundation and Open Data Institute, October 31, 2013.
   http://www.opendataresearch.org/dl/odb2013/Open-Data-Barometer-2013-Global-Report.pdf

순위	국가명	세부지표			ODB 평점
		준비도	실행력	영향력	
1위	영국	100	100	79.91	100
2위	미국	95.26	86.67	100	93.38
3위	스웨덴	95.20	83.14	71.95	85.75
4위	뉴질랜드	81.88	65.49	89.81	74.34
5위	노르웨이	91.88	70.98	46.15	71.86
12위	한국	77.19	54.90	24.56	54.21

우선 준비도와 관련된 사항은 관련 법/제도의 장벽, 효율적인 지원 조직, 관련 예산과 정책적 지원 등을 들 수 있다. 박근혜 정부 출범이후 우리나라는 정부 3.0을 국정의 기반체계로 인식하고 이를 적극적으로 추진해 왔다. 따라서 이 분야에 대한 정부의 추진의지와 성숙도는 매우 높다. 다음은 구체적인 성과에 관한 것이다.

• 법/제도 정비 : '공공 데이터 제공 및 이용 활성화에 대한 법률'이 공표(2013년 10월 31일)됨에 따라 정부부처(지자체 포함) 및 공공 기관은 책임관(제 12조)과 제공목록(제 19조)를 공표해야 하고 목록에 포함되지 않은 데이터는 신청(제 27조)할 수 있도록 하고 있다. 공공 데이터는 공개를 원칙으로 하고 비공개 범위를 최소화하며, 정부가 창조 경제의 진원지가 될 수 있도록 가능한 모든 원천 데이터를 민간에 개방하도록 하고 있다.

• 관련 지원 조직 : 행정·의료·특허 등에 공공 데이터 활용 지원센터를 개소하여 공공 데이터를 활용하는데 필요한 기술적/행정적 자문과 지원을 수행하고 있다. 특히, 저작권법과 공공 데이터 법과의 관계, 데이터 제공에 따르는 비용 산정, 분쟁 조정 대상의 범위, 사후 점검 방안 등을 다루는 공공 데이터 제공 분쟁 조정 위원회를 두고 있다. 분쟁조정위원회는 공공 기관, 학계, 법조계, 민간부문 등의 다양한 전문가로 구성되어 있다.

이와 같은 정부의 적극적 노력에도 불구하고 과거 전자정부 1위이며 강력한 IT 인프라를 보유한 우리나라가 실행력과 영향력에서 선진국과 현격한 차이가 나는 것은 공공 데이터 개방이 정부의 노력과 의지로만 성과를 볼 수 있는 것이 아니기 때문이다. 정부의 데이터 제공 의지와 함께 데이터를 활용하는 민간의 참여의지와 활용이 가능한 형태, 필요한 데이터를 적시에 제공하는 노력 등이 필요하다. 이것은 정부나 공공 기관 내부뿐만 아니라 민간까지 아우르는 거시적이면서도 세부적인 거버넌스가 필요하다는 것을 말한다. 이러한 거버넌스는 단지 데이터나 기술적 측면에서만 시도될 수 없고 공공-민간간의 협치를 이끌어 낼 수 있는 사회전반의 거버넌스와 결합되어야 한다. 이를 위해서는 기존의 공공 갈등을 위한 민간과의 협업-소통체계 등을 데이터 측면에서 수용할 수 있어야 한다.

데이터와 관련된 가장 기술적이고 근간이 되는 문제점은 데이터 모델링에 관한 것이다. 아직까지는 '공공 업무를 수행하기 위해 만들어진 데이터가 민간에서도 유용하게 사용될 수 있는가?'에 대한 명확한 답을 얻지 못한 상태다. '개념-논리-물리' 모델로 이어지는 데이터베이스 구축 방법은 개념영역 내에서 데이터의 사용을 보증하기 때문에 개념영역 내에서만 데이터 구조가 설명되고 활용될 수 있는 범주적 제약을 갖는다. 이것은 전사적 데이터 모델링이 적용되는 대부분의 모델링 영역에서 공통적으로 나타나는 문제점이다. 공공 데이터는 공공의 업무수행을 위해 작성되었기 때문에 다른 목적으로 사용되기 위해서는 개념적으로 확장되거나 객관화 (보편적으로 사용될 수 있는) 과정을 거쳐야 한다. 이러한 과정 없이 개방 될 경우 명확한 통계나 단순 기록 데이터와 같은 1~2개 정도의 엔티티로만 표현할 수 있는 데이터만 개방되고 활용된다. 물론 이러한 데이터 역시 중요하지만 목표로 했던 소통과 참여를 달성하기 위해 필요한 데이터의 개방과 활용에는 부족하다.

정부 3.0 환경에서는 데이터를 활용하는 민간의 창의성과 다양성이 공공 데이터 활용의 근간이 되는 동력이기 때문에 데이터의 활용목표나 목적이 구체화되지 않는다. 이것은 데이터를 구조화하거나 모델로 작성하는 데 매우 곤혹스러운 일이 된다. 지금까지 구축된 데이터 구조는 목표를 수행하기 위해 만들어졌고 사용범위를 제한시키는 역할을 하기 때문이다. 정부 3.0 환경에서 공공 데이터는 최초의 생성 목적이나 예상되는 활용 범위를 벗어났을 때 가치를 인정받게 되고 우리는 이를 창의적이라 한다. 따라서 활용 목적과 범주는 제공자가 당초 정의하는 영역보다 항상 더 넓고 다양해질 수밖에 없는 것이다. 이것은 서비스로 제공받은 데이터 또는 자신의 데이터와 결합하여 새로운 서비스를 창출하는 새로운 주체가 생겨나게 됨을 뜻한다. 데이터를 제공받는 대상이 최초의 데이터를 생산하는 환경에 영향을 미치거나 의사결정에 참여하게 되어 '되먹임'이나 '환형 구조'를 형성하는 전형적인 네트워크 형태의 구조로 이루어진다. 공공 정보시스템을 구축하면서 기관 업무만을 대상으로 데이터를 구축한 경험만으로는 이러한 다양성과 예측 불가능성에 대한 데이터 구조나 모델에 대한 대처가 미흡하다.

개방된 공공 데이터는 그 자체로서 의미 있는 것이 아니라 다른 공공 데이터, 민간의 데이터와 결합될 경우 매우 강한 효과를 발휘할 수 있다. 따라서 다양한 환경에서도 활용될 수 있는 데이터 구조로 변환하여 효과를 높여야 한다. 공공 데이터의 개방을 통한 이러한 이해관계자들의 역할 변화는 신규 서비스 창출이나 고객과 시장에 대한 좀 더 명확한 이해, 국가 자산의 공동 활용, 정책 흐름과 동반하거나 새로운 정책 수립에 참여 하는 등 민간에 수많은 기회를 제공하지만 동시에 이제까지 경험하지 못한 복잡한 데이터 이용 환경과 이해관계 구조에 대한 개념적 변화를 요구한다. 이와 같은 정부 3.0의 이상적인

정보 흐름을 그림으로 표시하면 아래와 같다.[7]

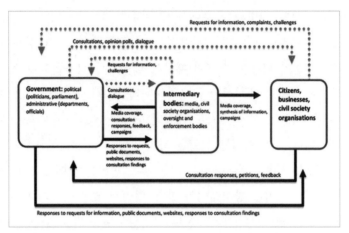

<그림 11-1 information flows in an ideal open government system>

---

7) '정부 3.0'에서 이상적인 정보 흐름도는 환형 구조를 포함해야 한다(Karin Gavelin, Simon Burall and Richard Wilson, *Open Government: Beyond static measures, OECD*, July 12, 2009. (http://www.oecd.org/gov/46560184.pdf)

제12장

개방된 공공 데이터의 활용 방법

이 장에서는 민간에게 개방된 공공 데이터를 비즈니스를 처리하는 업무나 서비스, 의사결정 과정에 활용하는 방안과 여러 시나리오를 제시한다.

12.1. 개방된 공공 데이터의 활용 유형

개방 데이터의 활용 유형을 제시하기 위해 개방된 공공 데이터와 민간 데이터를 상호 결합하는 유형을 기준으로 우선 아래와 같은 분석틀을 제시하였다. CASE 1은 개방된 공공 데이터만을 사용하여 비즈니스에 적용하는 것이고, CASE 2는 2개 이상 다수의 개방 데이터를 상호 결합하여 새로운 데이터를 생성한 후 비즈니스에 활용하는 방안이다. CASE 3은 CASE 1과 자신이 생성한 민간 비즈니스 데이터를 결합하여 사용하는 것이고, CASE 4는 CASE 2와 둘 이상의 민간 비즈니스 데이터를 결합한 복합적인 데이터를 활용하는 것이다.

이러한 분석을 수행하는 이유는 각 CASE별로 개방 데이터가 갖추어야 하는 요건이 차이나기 때문이다. 가장 간단한 예로 CASE 1과 CASE 2는 둘 이상의 기관이나 데이터 주제가 완전히 하나의 데이터 세트로 결합될 수 있어야 한다. 이것은 '데이터 값에 대한 표준화'뿐만 아니라 데이터 모델 측면에서도 통합될 수 있는 방법(Schema Integration)을 제시해야 한다. 즉, 모든 개방 데이터는 하나의 보편적인 단일 표준을 만족해야 한다.

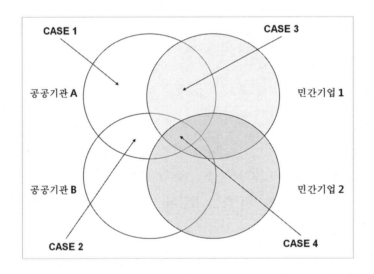

• CASE 1: 특정 공공 데이터만을 기반으로 한 비즈니스 정보를 발굴하는 것이다. 공공 데이터는 그 자체로서 이미 유의미한 자료로 활용될 수 있다는 것을 전제로 한다. 공공 기관이 업무를 수행하거나 데이터를 생산할 때에는 생각지 못했던 서비스를 발굴하는 것으로 국내에 공공 데이터의 개방 필요성과 최초 서비스가 시도된 '서울 버스 도착 알림 서비스'

가 이 경우에 해당한다. 하나의 데이터 세트만 이용하기 때문에 창의성이나 파급효과는 떨어지지만 도출되는 서비스가 직관적이고 데이터 재가공이나 제공 데이터 간 공유의 문제점을 고민하지 않기 때문에 개방 데이터를 활용한 초기 서비스 모델로는 적합하다.

• CASE 2: 개방되는 공공 데이터를 상호 결합하여 비즈니스 정보를 발굴하는 것이다. 앞서 '서울 버스 도착 알림 서비스'의 경우 기상 또는 교통 데이터와 결합하여 연계 교통수단과 도착 예정시간 등을 서비스 하거나, 기상과 지리, 환경과 소상공인 등의 정보를 결합함으로써 새로운 서비스를 발굴하는 것이다. 아직까지 국내에 두 개 이상의 개방 데이터를 활용한 사례는 쉽게 찾아보기 힘들다. 하지만 공공 기관 내부에서도 전자정부 사업과 같은 부처 간 데이터 연계 및 통합을 통한 서비스 발굴이 지속되어온 만큼 향후 민간에 의한 서비스 개발이 기대되는 영역이다. 다만 공공에 의해 데이터가 결합되어 제공되길 기대하는 것이 아니라 민간 스스로 데이터를 결합할 수 있도록, 개방 데이터 세트가 서로 통합이 가능하여야 하고 데이터의 일관성이 유지되어야 한다. 제공되는 데이터가 단순하지 않고 데이터 모델이 필요한 경우(데이터 모델로 구조적으로 제공되는 것이 창의적인 아이디어 적용 가능성이 높다), 둘 이상의 데이터 모델은 하나의 데이터 모델로 통합(schema integration)할 수 있어야 한다.

• CASE 3: 개방되는 공공 데이터와 민간 데이터를 결합하여 서비스를 발굴하는 것이다. 민간 데이터는 자신이 보유한 데이터일 수도 있고 또 다른 민간 기업의 개방(오픈) 데이터일수도 있다. 하지만 다른 기업의 개방 데이터를 활용하는 경우는 민간 기업이 데이터를 개방하는 것은 드문 경우인데다 강제할 수 없다. 이렇게 다른 민간기업의 데이터를 활용하는 것은 자칫 데이터 제공이 중단되거나 품질 문제가 발생되었을 때 책임 소재가 불분명한 문제점이 있다. 이동통신이나 각종 판매량 등의 데이터를 정부(공공 기관)가 일괄 구매하여 개방하는 방법이 대안이 될 수 있다. 공공 데이터와 민간 데이터의 결합은 서로 다른 목적을 가지고 작성된 데이터 구조가 하나의 모델로 통합되어 운영할 수 있어야 한다. 이것은 앞서 제시한 CASE 2와 같은 종류이지만 더 심각한 문제가 될 수 있다. 데이터 모델이 산업군 별로 특화되어 있기 때문이다.

• CASE 4: 다수의 공공 개방 데이터와 다수의 민간 데이터를 결합하여 서비스를 발굴하는 것이다. 아이디어의 창의성과 시장에 미치는 영향이 가장 크지만 앞 서 제시한 CASE-2와

CASE 1에서 4까지는 데이터 구조의 복잡도가 지속적으로 증가한다. CASE 2와 3은 경우에 따라 반대의 결과로 도출될 수 있지만 데이터 모델의 복잡 도를 활용과 준비의 용이성의 기준으로 볼 때 점차 감소하는 추세가 된다. 동일한 현실세계를 담은 데이터라 할지라도 서로 다른 관점에서 접근한다면 데이터 모델은 상이하게 표현되고 이를 통합하기 위해서는 별도의 통합 과정 (schema integration)이 필요하다. 이러한 별도의 절차와 복잡성은 데이터를 제공하기위해 준비하는 측면과 데이터를 비즈니스에 적용하는 측면 모두 활용성을 떨어트린다. 반대로 창의성과 기존 시장에 대한 파괴력은 다양한 데이터의 조합에서 도출될 가능성이 높아 점차 증가하게 된다. 기존의 산업이 어떤 정점에 이르게 되면 융·복합을 통해 고도화를 이끌어 내듯이 데이터 역시 다른 관점으로 바라볼 때 창의적인 아이디에 도달하게 되는 것이다. 이와 같은 현상을 도표로 표현하면 다음의 그림과 같다.

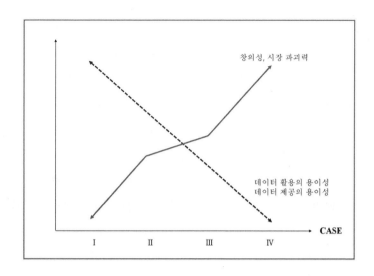

이를 극복하는 방법으로는 CASE 1에서부터 단계적으로 4까지 개방 데이터의 제공과 활용을 유도하는 방법을 들 수 있다. 다만 이러한 방법을 활용할 때에는 개방과 활용에 드는 엄청난 비용과 노력을 감안하여 CASE 1 상태의 데이터를 개방할 때에도 4에서 활용 가능한 형태의 데이터 구축 및 제공 전략을 활용해야 한다. 매우 넓은 보편성과 객관성을 보유한 데이터 모델과 이를 해석하는 방법론이 필요하다. 만약 각 CASE마다 제공 데이터 형태나 구조가 다르다면 이를 활용하는 산업 전반에 걸쳐져 있는 정보 서비스의 변경이 불가피하기 때문에 미리 피할 수 있는 방법에 대한 준비가 필요하다.

12.2. 개방된 공공 데이터의 활용 방안

민간(기업/개인/예비창업자/NGO 등)은 공공 데이터 개방의 활용자이면서 개방을 성공적으로 추진하기 위한 중요한 이해관계자 중 하나다. 민간이 순수하게 개방 데이터 활용자의 역할만 수행한다면 데이터 흐름은 한 방향으로만 흐르게 되어 제공자와 활용자의 간격이 벌어진다. 열린 데이터 환경의 특성은 요구사항을 정의하기위한 대표 단체나 개인이 불분명하고 요구사항을 확정한 이후에도 많은 다양한 의견이 지속적으로 발생하여 개방 데이터 환경 자체를 혼란스럽게 할 수 있다. 다음은 민간이 공공 데이터 개방에 참여하는 활용자로서 역할과 개방 데이터 환경의 구성원으로서의 오픈 데이터를 생성하는 주체로서의 역할 등을 설명하였다.

데이터의 가치는 그 데이터가 현실세계에 미치는 영향을 기준으로 산정되듯이 개방 데이터의 가치는 민간에서 어떻게 활용하느냐에 따라 결정된다. 공공 분야 데이터가 지속적으로 개방될 수 있는 원동력은 '민간에서 개방 데이터를 지속적으로 활용하고 이를 부가가치로 어느 정도 연결하는가?'에 의해 결정된다고 하더라도 과언이 아니다. 공공 데이터 개방에 대한 민간의 역할은 이처럼 중요하지만 공공 데이터에 대한 우리나라의 실행력과 영향력은 크지 않다.(ODB의 자료 참조) 다음은 개방 데이터를 활용하는 것에 부정적이거나 소극적인 이유로 드는 몇 가지 주요 문제점과 이를 극복하는 민간차원의 대응방법에 대해 설명한다.

12.2.1. 공공 데이터의 품질 문제

문제점	공공 데이터는 품질수준이 낮아 데이터를 그대로 활용하는 것 보다는 신규(독자적) 수집·생성하는 것이 오히려 비즈니스 위험도를 줄일 수 있다.
대응방안	민간 데이터에 비해 공공 데이터가 품질 수준이 낮은 것은 수동 또는 의사결정/합의에 의해 업무가 처리되는 부분이 아직까지 많고 불필요한 데이터까지 쉽게 폐기처분하지 못하는 특성이 반영된 것이다. 국세, 연금분야 등과 같은 금융 분야나 전산화가 완료되어진 업무처리 분야에 대한 현행자료는 데이터 품질이 민간에 비해 떨어진다고 할 수 없다. 만일 비즈니스를 위한 특정 공공 업무에 대한 데이터 품질 수준이 떨어지는 경우 민간이 적극적으로 개선 요청을 하여야 한다. 기업 내부와 같은 실시간의 대응은 힘들다 하더라도 지원센터 등을 통해 개선이 이루어질 것으로 기대된다. 개선은 한 번에 이루어지지만 개선된 데이터의 제공은 지속적으로 이루어지므로 적극적으로 요구하여야 한다. 또한, 이 과정은 기업 내부의 데이터 관리관(전사 또는 업무 영역별, DR/BR)들에 의해 분야별로

이루어져야 한다. 정보시스템 부서 혼자만으로는 데이터 품질을 모두 해결할 수 없기 때문이다.

향후 데이터 생산은 노동 집약적이며 불가능할 수 있다. 그러므로 공공 데이터의 활용은 선택이 아닌 생존의 필수조건이며, 공유 자원에 대한 개선 요구는 당연한 권리로 인식해야 한다. 단일 기업으로 개선이 힘들 경우, 동종 산업이나 제품 별로 협회 등을 구성하여 상시 조직화 하는 방안도 생각해 볼 수 있다.

현재 데이터 품질에 대한 의구심이 드는 경우 먼저 시장조사, 여론 및 동향 조사와 같은 빅 데이터의 영역부터 순차적으로 적용하는 것이 좋은 선택이 될 수 있다.

12.2.2. 데이터 제공의 영속성 문제

문제점	정권이나 법령(예: 정부조직법)이 변경되어 해당 기관이 데이터 제공을 중단하게 되면 비즈니스의 영속적으로 운영할 수 있는지에 대한 문제가 발생된다. 이것은 비즈니스의 기본적인 안정성을 해치는 문제점이다.
대응방안	현재 법령에 의해 모든 공공 데이터는 개방이 원칙이며 개인정보, 기밀에 대해 예외적인 규칙을 두고 있다. 따라서 한 번 개방된 데이터가 중단되는 것은 해당 업무가 공공 업무 완전히 배제된 경우가 아니고서는 중단이 불가능하다. 단, 공공 업무가 민간에게 이양되는 경우(민영화)가 예외적으로 생각해 볼 수 있으나 민영화시 공적 영역에 대한 업무 이관에 대한 논의를 마무리 짓도록 민간이 적극적으로 요구해야 한다. 이런 변화는 실제 비즈니스 환경이 급변하는 경우이므로 개방 데이터를 이용한다 해서 비즈니스 위험도가 더 높아지는 것은 아니다.

12.2.3. 최적화된 정보 제공 불가

문제점	개방 데이터에는 우리가 원하는 정보가 모두 구비되어있지 않다. 우리의 요구만 절대적으로 맞춰주는 것도 아닌데 부족한 정보로 비즈니스를 수행할 수 없지 않은가? 실험정신이 강하고 아직 산업기반이 없는 중소규모 이하의 벤처기업에나 어울리는 이야기이다.
대응방안	정부 3.0과 개방 데이터는 특정 기업이나 개인을 위해 존재하는 것이 아니며 정보가 아닌 데이터, 서비스가 아닌 플랫폼을 제공하는 목표로 하고 있다. 따라서 어떤 상태나 요구에 최적화된 정보를 제공할 수 없을지도 모른다. 하지만 최적화된 정보를 생성할 수 있는 기반 데이터를 제공한다는 의미로 해석해야 한다. 이러한 최적 정보나 창의적인 아이디어를 생산하는 것은 해당기업이나 개인이 수행해야 할 몫이고 이를 통해 부가가치가 생성되고 소유할 수 있는 권리가 된다. 특정 상황이나 관점에 맞춰진 데이터라면 현재 우리 기업이나 내가 발휘할 수 있는 창의성 역시 제한된다.

12.2.4. 개방 데이터의 활용성

문제점	개방 데이터와 우리 기업의 데이터가 서로 통합 운영될 수 있는지, 그러한 표준이 마련되어 있는가?
대응방안	개방된 공공 데이터와 민간분야 데이터 간의 상호 운영성과 통합 가능성은 여전히 풀어야 할 문제이다. 이와 관련된 학계의 여러 연구나 정부의 노력이 진행 중이다. 선진국의 경우, 이러한 문제를 푼 사례가 존재하고 우리나라 역시 전자정부를 통해 축적한 경험이 이 문제를 자연스럽게 풀어 나가리라 판단된다. 다만, 상호운영은 어느 한 주체의 일방적 정의와 표준 제정에 의해 완성되는 것이 아니라 참여 구성원 모두의 합의에 의해 유지될 수 있는 것이기 때문에 민간의 참여는 필수적이다.

12.2.5. 공공 데이터 활용의 시기상조

문제점	앞서 모든 준비가 된 다음 활용에 참여해도 되지 않는가?
대응방안	앞서 제기된 바와 같이 정부 3.0과 공공 데이터 개방 환경은 특정 주체가 일방적으로 추진할 수 있는 사안이 아니다. 따라서 어떤 구성원이 참여하지 못하면 전체 환경이 변경되거나 추진이 되지 않을 수도 있다. 또한 모든 준비가 되기까지 제기된 의견이 반영되도록 하는 과정, 그때까지 축적된 노하우/데이터는 (공공과 기업의 결합된 데이터) 공유되지 못하므로 후발주자가 된다.

오랫동안 독자적으로 정보시스템과 데이터를 구축하고 폐쇄적으로 비즈니스를 지원해왔던 민간 분야의 정보시스템 환경이 공개된 데이터를 사용하는 것과 데이터를 공개하는 것에 대한 거부감이 많다. 이를 극복하기 위해서는 신규 사업이나 독립 사업 등의 비즈니스 영역부터 활용하거나 빅 데이터 분석등과 같은 영역에서 점차 확산시켜 나가는 것도 좋은 방법이다. 위에서 제시된 문제점보다 적극적으로 개방 데이터를 활용하는 것이 중요한 이유 중 하나는 개방 데이터는 모든 이해관계자에게 공유된 자산이지만 이를 가공하거나 다른 데이터와 결합한 데이터는 독자적인 기업의 자산이기 때문이다. 이러한 데이터 자산의 축적과 개방 데이터에 대한 주도적 위치는 데이터 활용정도에 의해

결정된다.

정부 3.0은 국민(민간)이 정부 활동을 결정하는 주체가 되는 열린 정부를 의미한다. 따라서 데이터의 활용 주체인 민간이 주도적으로 공공 데이터의 개방이나 생성을 적극적으로 요구하지 않으면 개방 데이터의 질적, 양적 개선은 이루어지지 않는다. 도로를 이용하는 운전자가 도로의 문제점이나 새로운 도로의 필요성을 제기하지 않는다면 그 도로의 개선은 이루어지지 않는다는 것과 같다. 공공 데이터 개방은 '우리' 또는 '나'를 위한 데이터라는 관점에서부터 출발한다. 공공 데이터 개방과정에서 민간이 참여 가능한 구성원은 다음과 같이 세 가지 역할로 나눌 수 있다. 개방 데이터를 비즈니스에 활용하기 위해 데이터를 직접 활용하는 역할, 많은 공공 데이터 가운데 어떤 데이터를 먼저 개방할 것인지 또는 새로운 데이터를 생산할 것인지에 대한 우선순위를 결정하는 역할, 공공 데이터의 개방에 대한 데이터의 표준과 서비스 형태를 결정하는 역할 등에 참여할 수 있다. 이 가운데 공공 데이터 가운데 개방 우선순위를 결정하는 것과 서비스 형태를 결정하는 것은 전통적으로 정부와 공공의 영역으로 인식되어 왔지만 개방 데이터 환경에서는 개방 데이터를 활용하는 이해관계자가 직접 관여함으로써 개방 데이터를 함께 결정하는 것이 가장 효과적이다. 민간과 함께 우선순위를 결정하기 위해서는 먼저 공공 데이터에 대한 목록화와 개방이 필요하고 민간에서는 참여에 대한 준비가 필요하다. 관련 이해관계자가 전자투표나 설문조사 등에 모두 직접 참여하는 방법, 협회나 단체 등의 대리인을 통해 간접적으로 참여하는 방법 등을 고려할 수 있다.

민간이 공공 데이터 개방에 참여할 수 있는 또 다른 역할은 개방주체이다. 개방 데이터는 공유를 통해 산업 전반의 부가가치의 증대를 목표로 하고 있다. 따라서 기업이나 개인, 시민단체 등은 자신이 가진 데이터를 개방하는 데 참여할 수 있다. 가장 우선순위가 높은 산업은 통신, 철도 등과 같은 기간산업들이다. 그 분야는 공기업이거나 과거 공기업이 민영화된 경우, 민간이 독자적으로 높은 경쟁력과 조사능력을 이미 보유하고 있는 부분도 있다. 공기업의 경우 개방에 참여할 수 있는 근거가 많지만 민간의 경우 강제할 수 있는 법적 제도적 보완과 해당 산업군과의 협의가 필요하다. 공공성이 높은 사업 영역에 대해서는 강제 개방의무를 부여하는 법률이나, 정부가 데이터를 일괄 구매하여 개방하는 등 다양한 방법이 시도 되어야 한다. 시민단체의 경우 보유중인 데이터를 개방하는 절차를 제공하는 것과 정부 또는 공공의 데이터 생산을 위탁하여 공동 개방하는 방법이 있을 수 있다. 최근 개방 데이터에 대해서 활용자에게 데이터 제공에 대한 일정의 비용을 청구할 수 있는 법적 근거가 마련됨에 따라 정부가 민간의 데이터를 대행하거나 구매 후 제공하는 현실적인 방법 등이 점차 늘어나고 있다.

제13장

공공 데이터 개방 환경의 거버넌스

거버넌스는 흔히 '지배구조'로 가장 많이 번역되지만 이 경우에는 기존의 '거버먼트'와는 완전히 구분된 (어떤 측면에서는 대립된) 특징을 가진다. 더욱이 공공 데이터 개방 환경에서는 구성원들이 단순한 참여자가 아니라 문제해결의 주체로 나서는 특성으로 인해 각자 자율성을 가지고 그 세계나 사회에 대한 지배구조에 참여하는 거버넌스의 고유한 특성이 가장 두드러지게 나타난다. 이 장에서는 공공 데이터 개방 환경의 거버넌스 특징과 대응 방법에 대해 제시한다.

13.1. 공공 데이터 개방 환경의 거버넌스 특징

13.1.1. 데이터 거버넌스의 정의

OECD의 보고서에 의하면 '수립된 조직목표가 달성되도록 조직목표 수립과 성과 모니터링의 구조를 제공하는 것'으로 정의되고 '우수한 기업 지배구조의 유일한 모델은 존재하지 않는다'라고 주장한다.[1] 그만큼 거버넌스는 다양한 접근 방법과 해결 방법이 논의될 수 있는 장이 될 수 있다. 거버넌스는 기업 거버넌스(Corporative Governance), 행정 거버넌스(Administration Governance), 글로벌 거버넌스(Global Governance) 등의 다양한 분야에서 활용되고 있으며 정보기술 분야에서는 IT 거버넌스와 데이터 거버넌스의 용어가 주로 사용된다. 각 분야별로 고유한 용어를 써서 거버넌스를 설명하고 있지만 이장에서는 공공 데이터 개방과 관련한 행정, IT, 데이터 거버넌스의 개념적 정의에 대해 좀 더 구체적으로 알아본다.

행정 거버넌스는 '국가경영' 또는 '공공경영'이라고도 번역되며, 최근에는 행정 그 자체를 '거버넌스'의 개념으로 보는 견해가 확산되어 가고 있다. 거버넌스의 개념은 신 공공관리론에서 중요시되는 개념으로서 국가·정부의 통치기구 등의 조직체를 가리키는 '거버먼트'와 구별된다. 즉, '거버넌스'는 지역사회에서부터 국제사회에 이르기까지 여러 공공조직에 의한 행정서비스 공급체계의 복합적 기능에 중점을 두는 포괄적인 개념으로 파악될 수 있으며, 통치·지배라는 의미보다는 경영의 뉘앙스가 강하다. 거버넌스는 정부·준 정부를 비롯하여 반관반민·비영리·자원봉사 등의 조직이 수행하는 공공활동, 즉 공공서비스의 공급체계를 구성하는 다원적 조직체계 내지 조직 네트워크의 상호작용

---

1) *Principles for Corporate Governance*, OECD, 1999.
   http://www.oecd.org/corporate/oecdprinciplesofcorporategovernance.htm

패턴으로서 인간의 집단적 활동으로 파악할 수 있다.[2] IT 거버넌스는 정보기술 거버넌스(Information technology governance, 간단히 IT 거버넌스)는 이사회와 최고 경영진의 책임이며, 엔터프라이즈 거버넌스의 통합된 한 부분이다. IT 거버넌스는 조직의 정보기술이 조직의 전략과 목표를 유지하고 확대하는 것을 보장하는 리더 쉽, 조직구조 그리고 프로세스로 구성되어 있다.[3] IT 거버넌스는 행정(기업) 거버넌스의 일부분으로 보는 시각과 정보기술 자체에 대한 거버넌스를 위한 두 가지 측면으로 접근할 수 있다. 최근 정보기술의 문제가 조직(정부 혹은 기업)의 생존을 결정짓는 경우가 많기 때문에 전자로 해석되거나 두 거버넌스의 상호-협력형 모델로 인식되는 경우가 많다. 데이터 거버넌스(Data Governance)는 기업에서 사용하는 데이터의 가용성, 유용성, 통합성, 보안성을 관리하기 위한 정책과 프로세스를 다루며 프라이버시, 보안성, 데이터품질, 관리규정 준수를 강조한다.[4]

정의를 살펴본 바와 같이 지배구조란 본질적으로 우선 소수가 다수를 통제하거나 통치함으로써 특정 목적을 달성하기 위한 것이기 때문에 소수는 주체가 되고 다수는 대상이 되는 구조에서 어떻게 효율적으로 지배할 것인지에 대해 접근하게 되었다. 국내의 거버넌스 역시 지배구조의 효율성 측면에서 접근해 왔다. 하지만 공공 데이터의 개방 환경은 다수의 이해관계자가 모두 주체가 되고 소수의 제공자는 이를 지원하는 역할로 변화하는 것을 전제로 한다. 이것은 다수가 쏟아내는 창발적인 아이디어를 소수의 전문가가 따라갈 수 없고 의사결정과정에서 소외된 집단이 어떤 정책적 결정이 내려지든지 간에 (어떤 데이터가 어떤 형태로 제공되든지 간에) 소극적(수동적)으로 참여하거나 반대의사를

---

2) 김규정, 『행정학원론』, 법문사, 1999, 11~12쪽.
3) *IT Governance*, Wikipedia, Acecessed, May 9, 2014, http://en.wikipedia.org/wiki/IT_Governance.
4) *Data Governance*, Wikipedia, Acecessed, May 9, 2014. http://en.wikipedia.org/wiki/Data_Governance

표시함으로써 각종 개방 정책이 결국 참여의 부진으로 실패되기 때문이다. 이러한 의사결정 환경변화는 단순히 의사결정자의 수가 증가하는 것과는 본질적으로 차이가 있으며 과거 공공 기관 내부에서는 예측 가능한 상황들이 개방 환경에서는 불가능해지는 경우가 자주 발생된다.

13.1.2. 개방 데이터 환경의 구조 복잡성

공공 데이터 개방 환경은 데이터를 공공 업무에만 국한지어 활용하는 것 보다 매우 복잡한 이해관계자의 네트워크 구성을 가진다. 이것은 공공갈등이 가지는 근본적인 문제점에 기인하고 있다. 따라서 개방 환경의 구조를 명확히 하기 전 개방 데이터 환경에서 발생되는 근본적인 공공갈등을 먼저 살펴본다.

- 복잡한 이해관계
  : 공공갈등에는 다수의(흔히 많은) 당사자들이 관여한다. 이들 당사자는 개인이 아니라 집단이나 단체다. 협상장에 앉은 대표들은 그러므로 자신만이 아니라 다른 사람들에 대한 책임을 지며 때로 다양하고 경쟁적인 이해를 대변한다.

- 새로운 당사자의 등장
  : 종종 논의 중에 핵심사항으로 여겨지지 않았던 문제가 발견되고 중요한 현안으로 판정되기도 한다. 한 예로 물 관리와 관련된 갈등에서 수개월 동안 협상이 진행된 후 주요 관심사항이 저지대의 농업용수 문제에서 고지대의 수자원 이용으로 옮겨졌다.

- 전문지식 수준의 차이
  : 공공갈등은 흔히 복잡한 재정문제, 규제과정, 세부적인 기술적 데이터를 포함한다. 협상에 참여한 개인들의 기술적 정보에 대한 이해는 현저하게 다를 수 있다.

- 다양한 힘의 형태
  : 힘은 다양한 형태를 띠며 재정적 능력, 법적 권한, 지식과 기술, 사람 수, 정책결정자와의

관계, 개인적 존경, 친분 등에서 나온다. 공공 기관은 정책, 규제, 지침을 제정할 수 있는 능력을 가지고 있으며, 민간 활용자는 정보수집 기술적 전문지식 획득, 정치적/대중적 홍보 작업을 벌일 물질적 자원을 보유하고 있다. 한편 시민단체는 개방 데이터나 갈등 요소에 대한 정치적 압력과 소송 능력을 보유하고 있다.

• 지속적 관계의 부족
: 많은 공공갈등에서 당사자들은 서로 잘 알지 못하며 문제가 해결된 후에도 관계를 지속시킬 의지를 가지고 있지 않다. 당사자들은 적대적인 다른 당사자 집단들의 역사, 문제, 특정 사안에 대한 민감성을 이해하지 못해 그들의 동기에 대해 잘못된 가정을 할 가능성이 더 크고 무의식적으로 해결을 한층 어렵게 만드는 도발적 발언을 할 수 있다.

• 결정 절차의 차이
: 반목하는 집단들의 조직 구조는 현저하게 다르기 때문에 다른 결정 절차를 거친다. 느슨하게 조직된 단체들의 대표들은 조직의 구성원들과 상의하고 동의를 얻기 위해 더 많은 시간을 필요로 하고 그들의 결정이 구성원들의 동의를 얻지 못할 수도 있다.

• 책임의 차이
: 책임은 조직의 형태에 따라 다르다. 정부조직, 기업, 시민단체는 법과 대중적 이미지, 여론 등에 대한 책임의 차이가 난다.

　공공 데이터가 공공 업무에만 활용되고 공공 업무 종사자간에만 공유되던 시기에는 나타나지 않던 위와 같은 문제점은 개방 주체에게 매우 큰 난관으로 작용한다. 뚜렷한 기술적 해결책이나 한 번의 조치로 해결될 수 있는 문제가 아니기 때문이다. 또한 앞서의 공공갈등 특성은 공공 데이터 개방 환경에서 이해관계자의 네트워크를 구성하는 노드의 수적 증가가 아니라 네트워크의 형질 자체를 변화시켜 버린다.

• 첫 번째 차이점은 변(edge)의 수이다. 두 그림에서 노드의 수는 7개로 서로 동일하지만, 노드를 연결하는 변(edge)의 수는 공공 내부의 경우 6개이며 개방 환경의 경우 720개로 매우 많은 차이를 보인다. 수식으로 나타낼 경우, 그림 1의 거버먼트 경우에는 (n-1)개이고, 그림 2의 거버넌스의 경우 (n-1)!개가 발생된다. n의 수가 증가하면 할수록 변(edge)의 수와 차이가 더 많아지게 되고 이에 따라 복잡성은 기하급수적으로 증가하게 된다.

• 두 번째 차이점은 노드 간 연결의 지속성이다. 거버먼트 방식에서 노드 자신과 연결되는 다른 노드의 수가 일정하게 제한되어 있고 항상 유지된다. 그러므로 상호 협력 위한 규약을 마련하고 이를 지켜 나가는 것, 또한 적절하게 이행되고 있는지를 감시하는 모니터링 등 모든 과정의 수행이 용이하다. 하지만 개방 환경에서는 노드 간 연결이 지속된다는 것을 보장할 수 없다. 특정 사안별로 연결이 새로 생기기도 하도 또 끊어지기도 한다. 네트워크 자체가 생명체처럼 계속 변화하게 된다.

• 세 번째 차이점으로 공공 업무 내에서 상호 연결되는 노드들은 서로 유사한 개념적 동일성을 가지고 있지만 개방 환경에서는 이를 전제로 하지 않는다. 공공 업무는 동일 조직이나 법규, 가치관, 업무의 유사성을 전제로 연결되지만, 개방 환경은 무관한 노드들이 서로 하나의 문제를 풀기 위해 한시적으로 연결 관계를 갖는다. 매우 낯선 몇 개의 노드가 특정 사안에 대해 매우 강한 연결고리를 가지게 된다.

• 네 번째 차이점은 노드 간 연결에 대한 방향성의 차이이다. 공공 업무는 계층형 트리구조로 구성되어 상위레벨의 노드에서 하위레벨의 노드로 영향이 전파되는 단방향의 연결 구조를 가지게 되므로 Leaf Node에서 모든 연결이 종료된다. 개방 환경에서는 노드 간 연결이 양방향성을 가지게 되어 loop를 통한 되먹임 현상 등을 통해 연결의 시작과 종료를 명확하게 할 수 없는 문제점이 있다. 예를 들어, 노드 1에서 노드 4로 연결은 1 → 4 일수도 있지만 4 → 1일 수도 있다. 즉, 노드 1과 4는 거버넌스 환경에서 주체도 될 수 있고 대상도 될 수 있다.

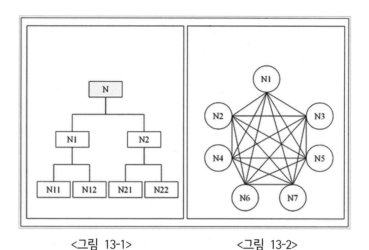

<그림 13-1>   <그림 13-2>

• 다섯 번째 차이점은 특정 노드가 변화를 이용하여 네트워크 전체의 변화를 예측할 수 있는지에 대한 문제이다. 앞서 제시된 차이점과는 다른 차원의 차이점으로 네트워크의 형질이나 방향에 관한 것이다. 변화를 예측해야 하는 이유는 데이터 개방과 관련된 어떤 의사결정이 전체 이해관계자에게 어떤 영향을 미치는지를 판단해야 하기 때문이다. 데이터 거버넌스에서 어떤 데이터 모델과 데이터를 변경했을 때 어플리케이션, 정보판단의 변화, 외부 기관이나 기업에 연계된 데이터의 변화 등을 종합으로 볼 수 있어야 하기 때문이다. 우선 그림 1.의 공공 업무에서 시간 t 시점에 N이 변할 경우 영향은 t+1 시점에 N1과 N2에 미치게 되고, t+2에는 N11, N12와 N21, N22에 영향을 미치게 됨으로써 모든 변화는 종료된다. 반면 그림 2.의 개방 환경에서는 시점 t에서 N1이 변할 경우 t+1에는 N2⋯N7까지 모든 노드에 변화가 전달된다. 그리고 다음 t+2에는 앞서 전달된 모든 노드의 변화값들이 다시 다른 모든 노드에 영향을 미치게 됨으로써 최초의 변화를 발생시켰던 그 노드에도 영향이 미치게 된다. 되먹임 현상이 발생되는 네트워크는 네트워크 상태(전 노드)가 언제 더 이상 변화가 없는 안정 상태(stable state)가 되는지 예측이 불가능하다. 개방 환경에서 변화의 영향을 예측하기 위해서는 정방 행렬(square matrix)을 사용한다. 아래 그림 4.는 그림 3.의 현실세계를 개방 환경으로 표현한 그래프이다. 행렬의 값들은 노드 간 변화의 영향도를 나타낸다. 예를 들어 e12는 노드 1의 변화가 노드 2에 미치는 영향(연관성)을 수치로

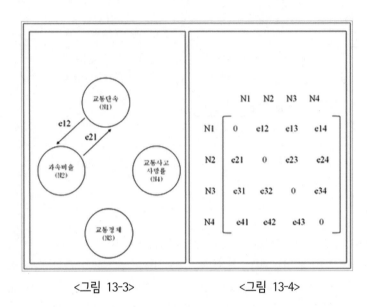

<그림 13-3>   <그림 13-4>

다음 〈그림 13-5〉에서는 행렬 곱을 이용하여 사회 현상의 변화를 예측하는 방법을 제시한다. 그림의 우측에 표기된 dNn은 노드 n의 변화값으로 거버넌스에 작용하는 힘(또는 변화)의 정도를 나타낸다. 행렬 곱에 의해 도출된 rNn의 값들은 노드 n의 상태값의 변화를 말하고 이것은 다음 단계 (t+1)의 입력값으로 작용한다. 이러한 과정을 반복하다 보면 rN1…n이 특정 오차범위 내에서 더 이상 변화하지 않고 반복되는 패턴을 보이는데 이것을 안정화 상태로 보고 예측이 종료된다.

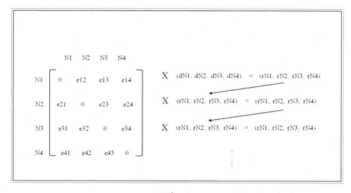

<그림 13-5>

위에서 제시한 바와 같이 개방 환경에서 지배구조를 확보하고자 할 때 의사결정은 현실세계에 많은 영향을 일으키기 때문에 복잡한 예측 절차를 필요로 한다. 그럼에도 불구하고 개방 환경이 필요한 이유는 현실세계가 개방된 데이터 환경처럼 거버넌스 방식으로 지배구조를 요구하고 있기 때문이다.

13.1.3. 개방 데이터 환경의 거버넌스에서 힘의 다양성

소수가 다수를 통제한다는 것은 그것을 이끌고 가거나 유지시켜줄 힘이 필요하다. 과거에는 법률, 규칙, 무력이나 자본과 같이 단순하면서 명확하고 오랫동안 유지되는 힘이 있었지만, 최근에는 복잡·다양하게 계속 변화하고 있다. 공공 업무에서 데이터가 한정적으로 사용되던 시기에는 한 주체에 의해 하나의 목표로 추진되었다면 이제는 다수 이해관계자가 각자의 목표를 가지게 되었다. 결국 개방 데이터 환경에서는 하나의 현실세계 내에 다수의 이해관계자와 거버넌스 목표가 있고 그 목표를 달성하기 위해서 필요한 다양한 힘이 있다는 것을 이해해야 한다. 공공 업무 내부와 같이 단순한 구조와 힘으로 판단하고 개방 환경의 거버넌스를 접근하는 경우, 구조 자체를 움직이는 다양한 힘들을 이해하지 못하게 되어 힘들 사이의 충돌을 예방하지 못한다. 충돌은 갈등을 유발하게 되고 결국 거버넌스 자체를 실패로 이끌게 된나. 이러한 충돌과 갈등을 간과하면 강한 힘을 이용하여 일시적으로 목표를 달성하였다 하더라도 지속적인 갈등에 휩싸여 목표 수준을 유지할 수 없는 문제가 발생한다. 개방 환경하의 거버넌스에서는 구성원 전체가 다른 형태의 힘을 가지고 있다는 사실과 그 힘이 언제든지 발휘될 수 있다는 것을 명심해야 한다. 개방 환경의 거버넌스는 단순히 힘을 행사하여 목표를 달성하는 것이 아니라 과정을 통해 다양한 힘의 원천을 파악하고 그 힘을 적절하게 사용될 수 있도록 정책 수립과정에서 합의를 이루고 합의된 결정을 유지시킬 수 있는 (절대로 형식에 치우치지 않는) 공동의 관리체계를 만들어야 한다. 앞서 설명한 협치와 공치는 이런 의미를 가진다. 다수가 각자의 고유한 목표나 이해관계 목적을 달성하면서 공동의 거버넌스 목표를 달성하기 위해서는 이해관계자가 의사결정과정에 참여하고 협동과 공동의 통치체계를 통하지 않고서 달성될 수 없기 때문이다. 앞서 설명한 세계란 단어와 연관되어 생각해 보면 세계 내에 존재하는 구성원 간, 그리고 세계 간 거버넌스를 고민해야 한다.

13.1.4. 다 계층 데이터 거버넌스

어떤 조직이나 현실세계에서 필요한 거버넌스는 유일하게 하나만 존재하는 것이 아니다. 여러 거버넌스 체계들이 구성원들이 되어 또 다른 차원에서 거버넌스 체계를 구성할 수 있다. 특히 개방 데이터 환경과 같이 이질적인 집단에 의해 이해관계가 상충되는 경우 더 많은 거버넌스가 요구된다. 예를 들어 IT 거버넌스는 기업 거버넌스의 하나의 구성원이지만, IT 거버넌스 자체적으로도 하나의 거버넌스 체계이다. 거버넌스가 작용하는 세계에 따라 거버넌스의 동력인 힘의 종류와 강도가 완전히 차이가 나기 때문에 독립적인 거버넌스 체계로 구성된다. 정부 3.0의 경우 이러한 힘의 차이가 공공 기관 내부 부서 간, 공공 기관 간, 공공과 민간 간, 공공의 정보를 활용하는 민간 간, 정책을 감시하

는 시민단체나 언론 등에서 매우 복잡하게 나타난다. 공공 데이터의 민간개방
에서 이러한 차이를 극복하지 못한다면 거버넌스는 성공할 수 없다.

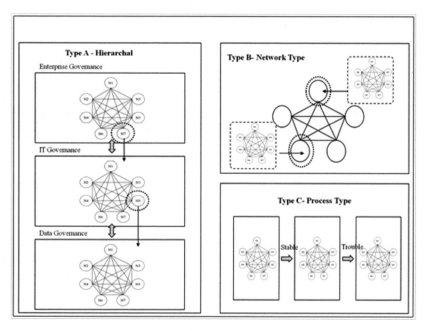

<그림 13-6>

위 〈그림 13-6〉은 거버넌스 체계가 다른 차원의 거버넌스 체계에서 구성원
으로 참여하는 형태를 제시한 것으로 계층형, 네트워크형, 프로세스형으로 제
시하였다. 각 거버넌스 유형별로 특징을 제시하면 다음과 같다.

- 첫째, 계층형 거버넌스 체계는 상위 거버넌스 목표를 달성하기 위해 하위 거버넌스 체계가 구성된다. 하위 거버넌스 체계는 상위 거버넌스 체계의 구성원으로 참여한다. 이 유형의 특징은 하위 거버넌스 체계에서 논의되는 의사결정은 상위 거버넌스 체계의 목표를 전제로 한다는 것이다. 그림의 예에서 볼 때, IT 거버넌스 체계의 목표는 기업 거버넌스의 목표 하에 존재하는 것이다.

- 둘째, 네트워크형 거버넌스 체계는 계층형 거버넌스 체계와 외형적인 모습이 유사하지만 상·하위 계층이 존재하지 않는다. 네트워크형 거버넌스 체계에서 도형의 외곽에 위치한 거버넌스 체계의 목표나 의사결정의 전제는 도형의 중심 거버넌스 목표와 반드시 일치하지 않는다. 즉, 각각의 거버넌스 체계는 도형의 위치에 무관하고 독립적이고 자율적인 목표를 가진다. 복잡한 거버넌스 체계에서는 거버넌스 체계 간에 서로 연결되어 있다.

- 셋째, 프로세스형 거버넌스 체계는 한 거버넌스 체계가 안정화 또는 갈등상태에 놓일 때 다른 거버넌스 체계로 이전하는 것이다. 새로운 거버넌스 체계는 새로운 이해관계자와 구성을 가지게 된다. 특히 환경이나 사회계층간의 갈등은 갈등이 심해질수록 새로운 이해관계자의 참여가 늘어나고 더욱 복잡한 양상을 띠게 된다.

13.1.5. 개방 데이터 환경의 거버넌스에 대한 오해와 잘못된 접근

거버넌스란 의도된 가치나 질서, 기획이나 디자인과 사회 구성원들의 부단한 상호작용이 빚어내는 역동성이 어우러져 만들어 내는 사회적 변화 내지는 전환 과정인 셈이다. 거버넌스란 원래 청사진대로 운영되는 어떤 선험적 상호작용의 양식이나 과정을 전제하는 것이 아니라는 점을 시사하는 것이기도 하다.[5]

따라서 거버넌스가 제대로 동작한다는 것은 사회 자체가 어느 정도 수준까지는 불안정하다는 것을 의미하는 것이고 그것을 극복해 나가는 과정임을 인정해야 한다. 마치 어린 초등학생들이 서로의 의견을 토론하는 모습을 지켜보

---

5) 박재창, 『한국의 거버넌스』, 아르케, 2010, 122쪽.

는 것 같이 말이다. 중요한 것은 결론이 아닌 토론 그 자체이다. 데이터의 경우에도 이것은 마찬가지이다. 현재의 데이터 상태가 불안정하고 더 나은 가치의 데이터 상태로 나아가는 과정을 전제하지 않는 이상 거버넌스는 필요가 없기 때문이다. 흔히 데이터에 대한 대규모의 구조적 변화와 품질 개선 이후 현재의 데이터 상태를 완전하다고 보고 이를 유지하고자 동일한 양식과 규칙, 절차로 규정하는 것은 거버넌스의 본질적 특성이 아니다.

13.2. 개방 데이터 환경의 사용자 참여

13.2.1. 사용자 참여의 필요성

온라인에서 이루어지는 대화와 소통이 새로운 사용자 참여의 공간을 열었기 때문이라는 진단에 대해서는 아무도 이의를 제기하는 이가 없다. 산업 사회적 생산양식에 기초한 사회관계에 조응하기 위해 등장했던 대의제가 정보사회의 심화와 더불어 이제 더 이상은 소구력을 가질 수 없게 되었다. 그러나 반대의 경우, 거버넌스의 정책과정에서 비일상적인 사용자의 참여를 과연 정당화해도 되느냐가 핵심적 논점이다. 사용자 참여는 기본적으로 자발성에 기초하고 있기 때문에 목표나 과업을 사전에 정해두지 않는 경향이 있으며, 구체적으로 누구를 상대로 접촉하고 압력을 행사할 것인지에 대해서도 심각하게 숙려하지 않는 경향이 있다. 보다 중요한 것은 거버넌스적 책임의식 없이 꼭 성공하거나 쟁취하려는 목적의식이 취약하다는 점도 문제다. 또한 전문성을 신뢰할 수 있느냐 도 핵심적 논점 가운데 하나다. 그럼에도 불구하고 민간이나 이해관계자 가운데에서 자생적으로 생겨난 대의집단에 주목하는 이유 중 하나는 최근 공공 갈등으로 인한 충돌에 대한 해법으로 정서적으로 접근하는 것에 대한 중요성이 점차 증가하고 있기 때문이다. 전문가적인 판단과 식견에 의해 합리적으로 내안을 모색하는 것만이 능사가 아니며, 공적인 이익의 증가는 궁극적으로 사용자가 정서적으로 최대한 만족하는 접점에서 찾아야 한다는 주장이 강해지고 있다. 미국의 시민사회단체 가운데 하나인 아메리카스픽스(AmericaSpeaks)가 창안한 '21세기 마을회의(21st Century TownHall Meeting)'는 국가와 시민사회를 이어 주는 담론장치로서 매우 논리적이고 실용적이며, 무엇보다도 민주주의의 철학적 원리에 충실하다는 평가를 받고 있다.6)

13.2.2. 개방 데이터 환경과 사용자 대표성

원래 전통적인 개발방법론과 정보 모델링은 사용자의 요구사항이나 비즈니스 정책이 상당기간 고정되어있기 때문에 당연히 이들의 변화에 대한 조정과 타협, 또는 준비를 진행할 수 있는 시간 공간이 예비 되어 있다는 전제하에 구성되었다. 그러나 정보사회의 속도성은 공공 데이터에 대한 대응 소요시간과 즉각적인 비즈니스 대응체계로 재편되면서 개방 데이터 사용자 대표성의 핵심이라고 할 수 있는 조정과 타협, 또는 준비 시간을 없애 버렸다. 또한, 개방 데이터 환경에서는 복잡성 증가함으로 인해, 대의자들에 의한 문제해결의 대안을 모색하기가 쉽지 않다. 개방 데이터 환경을 이끌어 가는 네트워크 구조의 복잡성은 거버넌스 문제가 높은 기술력이나 전문성을 가지지 않고서는 풀 수 없으나 민간의 대표자는 이런 능력을 모두 갖출 수가 없다. 또한, 개방 데이터 범위와 이해관계자의 대상범위를 혁신적으로 확장하게 되면서 서로가 공유하는 이해관계를 찾거나 조정과 타협을 이뤄내기 힘들게 만든다. 더 중요한 것은 정보자원의 유동성이 커지면서 대표자에 대한 일반 사용자의 의존성이 매우 줄어들게 되었다는 점이다. 개방 데이터를 활용하는 사용자는 이러한 의존성이 매우 약하다. 거버넌스 과정의 정보자원을 배타적으로 독점하거나 가촉성

---

6) 위의 책.

및 전문성에서의 우월적 지위가 무너지면서 더 이상 대의자에게 부여했던 권위를 절대시하거나 추종하지 않게 되었다. 전통적인 협회나 단체에만 의지하지 않고 사용자 스스로 거버넌스 과정에 참여하고자 하는 자신감과 의지를 확대하게 되었다. 사용자들은 그 대표들에게 공식적이고 단순한 양식의 의견교환이 아니라 좀 더 지속적인 대화와 소통이 전제되어야 한다고 보게 되었다. 이것은 개방 데이터 환경에서 전자투표나 의견 청취, 데이터 소요에 대한 가치 판단을 지속적으로 할 수 있는 정보 창구가 있어야 함을 뜻한다. 이제는 거버넌스나 서비스가 제공되지 못하는 것을 문제 삼는 것이 아니라 상호 간의 연결이 단절된다는 것 자체를 문제 삼게 되었다(Coleman, 2005: 4).

13.3. 개방 데이터 환경의 보편적 시각, 개념 데이터 모델

13.3.1. 전사적 데이터 모델의 한계

Chen의 전사적 데이터 모델은 Codd의 RM(Relational Model)을 바탕으로 엔티티와 관계 형태를 기본적인 개념으로 적용하여 현실세계를 표현 하였다. 이를 ERM(Entity Relational Model)이라하고 최종 사용자의 입장에서 본 3가지의 기본 요소(엔티티, 관계, 속성)를 사용하여 다이아그램으로 표현한다. Chen의 ERM은 시스템 분석 및 설계, CASE 등에 가장 널리 사용되는 방법이다. 현재 공공 데이터와 민간 기업의 경우 전사적 또는 사용자의 범위를 어디까지로 둘 것인지에 대한 차이는 있지만 대부분 Chen의 ERM을 적용하고 있다.

하지만, Chen의 방법은 '전사'에 대한 명확한 범위를 요구(이를 개념 데이터 모델링이라 한다)하고 사용자와 요구사항을 명확하게 식별한 후 이를 전제로 데이터 모델이 작성되는 방법을 취하고 있다. 이러한 현상을 구체적으로 확인할 수 있는 방법은 전사적 데이터 모델(ER Diagram)에서 주체가 정의되어 있지 않디는 것을 보면 알 수 있다. 예를 들이 서비스를 제공받는 대상과 제공되는 서비스에 대한 엔티티는 정의되어 있지만 제공 당사자는 정의되어 있지 않는 것을 보면 쉽게 파악할 수 있다. 제공자는 '전사(Enterprise)'로 불리는 기업이나 기관을 의미하고 기본적으로 '나(I)'라는 생략된 주어를 포함한다. 따라서 전사적 데이터 모델은 기업이나 기관의 입장에서 '내가 ~을 하다'라는 방식으로 제공되는 1인칭 언어를 사용하고 있다. 이것은 데이터를 제공받는 다른 기업이나 기관의 입장에서는 인정할 수 없는 형태가 된다. '나(I)'란 주체가 바뀌어 있기 때문이다. 'A기관이 보기에는 ~', 'B기업이 보기에는 ~'이라 해야 적절한 표현이 될 것이다. 이처럼 전사적 데이터 모델이 주관적인 데이터 모델이 될 수밖에 없는 이유는 앞서 설명한 바와 같이 데이터가 사용되는 범위를 개념적 영역, 즉 정해진 사용자의 명확한 범위 내에서 사용하는 것을 전제로 하였기 때문이다.

공공 데이터 개방과 같은 불특정 다수의 사용자를 기반으로 하는 경우, 또는 다수의 주체를 기반으로 한 데이터 환경에서는 전사적 데이터 모델에서 작성된 데이터가 구조적으로 일정부분 변화를 동반해야 하는 필요성이 있다. 특히, 전사적 데이터 모델링 환경에서는 데이터값이 가장 중요했으나, 공공 데이터 개방 환경에서는 데이터값(Value)이 얼마인지보다 누가 기록했는지가 더 중요할 때가 많다. 신문기사의 경우, 어떤 기사인지를 먼저 보는가? 아니면 어느 신문사인지를 먼저 보는가? 공공 데이터 개방 환경에서는 거버넌스 과정에서 행정기관의 공식적 조사와 함께 부처의 대립된 의견, 시민단체의 조사결과, 민간 기업의 반박 조사 결과 등이 혼재 될 수 있다.

13.3.2. 보편적(객관적) 데이터 모델

공공 데이터 개방 환경에서는 특정한 관점이나 시각에 제한 없이 누구나 동일하게 접근할 수 있는 데이터 모델링 방법을 찾아야 한다. 이것은 모델링 당

시 누가 활용할 것인지를 전제할 수 없고 누구의 데이터와 구조적으로 결합될지도 모르기 때문에 '전사적 데이터 모델링 방법으로 개념적 영역의 한계를 최대한 확장한다.'해서 이뤄질 수 없다. 데이터를 바로 보는 3인칭의 서술이 필요하다. 이를 이 책에서는 보편적 또는 객관적 데이터 모델이라 한다. 전사적 모델에서는 대상만 설명되고 주체는 설명되지 못했다면 보편적 데이터 모델에서는 주체와 대상이 모두 설명되어야 하고 다른 모델과의 구조적 결합(Schema Integration)이 매우 중요하다. 즉, 어디에서나 사용될 수 있는 모델링 방법이여야 한다. 전사적 데이터 모델에서는 기업이나 기관의 비즈니스 모델을 직관적으로 설명할 수 있는 능력이 요구되었다면, 보편적 데이터 모델에서는 특정 비즈니스 모델을 나타내는 것이 아니라 여러 비즈니스 모델을 통합할 수 있는 능력이 더 필요하다(모델이 아닌 데이터로 비즈니스가 설명된다).

아래의 예는 보편적 데이터 모델의 간단한 예로 마스터 데이터를 더욱 확장하여 전사적 데이터 모델과 정보 아키텍처 설계에 활용한 것이다.

모델의 위쪽에는 마스터 데이터들로 구성된 영역이고 아래쪽에는 운영 데이터로 구성되어 있는 영역이다. 운영 데이터 영역에서 마스터 데이터를 참조 가능한지를 사전에 정의하는 것이 중간에 비즈니스 규칙 영역이다.

- 마스터 데이터 영역은 현실세계의 모델링 대상을 정의하는 영역으로 주관적 관점이나 시각이 개입되지 않은 순수한 객체 그대로를 데이터로 표현한다.

- 운영 데이터 영역은 6하 원칙에 의한 최소한의 언어 도구로서 어떤 현상을 설명하는 영역이다. 이것은 객관적 사실을 그대로 표현하되 누가 그 기록했는지를 반드시 포함한다.

- 운영 데이터 영역은 사전에 정의된 문법적 규칙만을 속성으로 하고 마스터 데이터를 참조만할 수 있다. 수많은 마스터 데이터 중에 특정 데이터나 분류를 참조할 수 있는지를 정의한 영역이 바로 비즈니스 규칙 영역이고 규칙화된 데이터를 확인해야만 특정 비즈니스를 이해할 수 있다.

이러한 모델링 패턴은 모델링 과정을 단순하게 해 주고 비즈니스를 가시화 하는데 오히려 도움이 된다는 연구가 있다. 데이터 모델이 특정 비즈니스에 종 속되지 않고 보편적인 내용만 기술함으로써 보편성과 객관성을 가지며 오히려 데이터 모델링에 대한 접근의 용의성을 높여준다고 하였다.

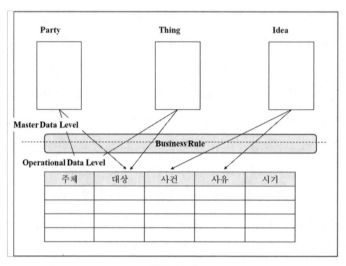

<그림 13-7>